黄迎新 ◎著

# 整合营销传播理论
## 批|评|与|建|构

**The Theoretical Criticism and Construction of
Integrated Marketing Communications**

人民出版社

# 目 录

# 表 目 录

# 图 目 录

# 学术规范与真理探求(代序)

## 一

迎新博士的《整合营销传播理论批评与建构》研究的对象是整合营销传播理论。该理论的始作俑者便是大名鼎鼎的美国西北大学的丹·E.舒尔茨博士。

舒尔茨博士是个和蔼可亲的老头,于学术颇多贡献。整合营销传播是舒尔茨博士在一项项目结题报告中提出的,很快便在学界与业界同时引起极大反响。

我于整合营销传播这一概念是极为认同的。我在《20世纪广告传播理论研究》中讨论到未来的营销传播时就曾明确提出过一个命题:永远的整合营销传播。这是因为,在营销环境与传播环境日益复杂的背景下,任何单一的营销传播手段都不足以成功的执行营销,整合营销传播是未来营销传播的一个基本方向。

然而,时至今日,我于整合营销传播理论却有纠结,至少在两个层面上。一是它目标与手段的背离。整合营销传播的理论目标是寻求与消费者的有效沟通,但在具体手段的运用上却是对准一个目标,通过多种传播手段,以统一的口径进行反复诉求。这究竟是在消解生产者与消费者的信息不对称,还是在强化这种信息不对称呢?在这里,沟通便只是一个虚幻的愿景。二是其内涵的无限扩大。整合营销传播初次提出时,我们尚能明确其核心内涵,后来舒氏对其的多次演绎,包括来华的多次布道,却让我们陷入一片混沌和迷茫。舒氏在极力扩展其内涵来发展该理论,大有以整合营销传播来替代整合营销之势。邓肯博士说:整合营销传播只是整合营销冰山的一角。整合营销与整合营销传播是两个不同的概念,整合营销传播是无法实现对整合营销的替代的。

## 二

　　学术是讲求规范的。迎新博士首先从学术规范的角度来认知舒氏的整合营销传播。

　　我们经常所说的"范式"，是最高的一种理论状态。在社会科学领域能称得上范式的，也许只有社会学与经济学。在广告学领域，至今还没有一种理论形态可以称之为范式的。舒氏的整合营销传播提出后，在美国广告界引发多重争议与讨论，即使是推崇者，也认为它充其量只能算做一种"准范式"，也就是说舒氏的整合营销传播离范式还相距甚远。

　　退而论其次。作为一般的理论形态，需建立其核心概念，尤需有核心的理论命题。吾辈愚笨，甚至上下讨教过，至今仍无法抽绎舒氏理论之核心命题。也许是出于无知，我只能妄言，舒氏的整合营销传播，与其说是一种理论形态，还不如说是一种观点或主张来得切实。

　　古希腊哲学家亚里士多德说："吾爱吾师，吾更爱真理。"学术是追求真理。迎新博士敢于直面美国的大牌教授，甚至是广告领域被视为教父级的教授，直面常人奉为圣典的理论命题，而提出自己的思辨，其勇气实实可嘉。

　　提出质疑——重新建构，是迎新博士论文的基本思维逻辑。迎新博士力图重新建构整合营销传播的理论框架，并尝试为其确立一个理论安放点，用力甚勤，用思甚深。尽管在有些问题上未免稚嫩，却处处透现出作为一个年轻学者的精神与睿智。

## 三

　　整合营销传播导入大陆，反复出乎寻常，一时间，无论学界还是业界，言必称之，用"炙手可热"来形容一点也不夸张，其实，在美国，包括在欧洲，甚至在韩国、日本，乃至我国的台湾、香港，都不曾如此"热闹"过。

　　从一个方面讲，这是中国社会转型过程中"思想贫乏"的一种心态的折射，说得好听点，是出于一种大国的包容心态和开放心态。但从另一个方面讲，未必不是一种功利的需求与功利的驱动？我曾在许多场合下讲过，切忌在整合营销传播的口号下,导致广告的泛专业化发展。

　　如果我记得不错的话,在大陆学界,卫军英博士较早对舒氏的整合营销传播予以关注,予以质疑,尽管这种质疑是有限的,但其所表现出的学者对此的理性思考,却是极为可贵的。我经常思考,学者是干什么的?学术是干什么的?我以为学者代表着社会的公平与正义,学术的终极目的是追求真理。因此,对所有事物的判断,学者都应以公平为立场,以追求真理为目标,只有这样,学术方能合乎人类理性的发展。

　　我之为学甚浅,道理却是明白的。迎新博士师从于我,他说是幸事,我却觉得对他有所亏欠,不然,他会有更大的成就,会获得更大发展。

　　谨为序。

张金海

2011 年 11 月 20 日于武昌·珞珈山

# 导论  IMC理论:反思与建构

"整合营销传播(IMC)"这个概念诞生于20世纪80年代中后期,至今已有20年了。从20世纪90年代初期开始,IMC作为一个理论研究范畴得到营销学、广告学和公关学学者的持续关注,并形成一股研究IMC的热潮。同时,在营销实务界,企业、广告公司、公关公司等开始实施整合营销传播计划,"IMC"成为实务界津津乐道的时尚。无可否认的是,"IMC"已经毫无争议地成为营销学和广告学的一个基本概念,成为营销实务的一个潮流。

但是,表面的热闹无法掩盖一个尴尬的事实:无人能说清楚什么是IMC、无人能确定IMC的价值大小。正如"盲人摸象"一样,每一个瞎子都能说出自己心目中的大象是何模样,但每个瞎子都只是部分正确。IMC研究者和实践者对IMC的认识也是如此,尽管大家都在谈论IMC,但几乎没有两个人的IMC是相同的。

理论研究的本质是探究事物的真相,理论研究的目的或者在于兴趣或者在于实用或者兼而有之。作为广告学理论研究者,笔者多年来对IMC充满了兴趣,也有太多的疑问:到底何为IMC?它的涵盖范围有多广?它的本质属性是什么?它到底是一个概念、一种观念、还是一种理论?它是一种管理战略还是一种管理策略?它是一个目的还是一个过程?它的理论价值和实践价值大小如何?它目前运用上存在什么障碍?它的前景如何?这些疑问凝结于心,如一团乱麻,"剪不断,理还乱"。揭示出IMC真相,是本书的一个目的。另外,IMC毕竟不是一个哲学论题,它有其坚实的实践基础和广阔的用武之地,因此本书的另一个目的是希望能够做到"究"以致用,能够对营销实务界的IMC实践提供有益的借鉴。

# 第一节　IMC 研究文献综述

## 一、IMC 研究的兴起

### （一）IMC 研究在美国的起源及盛行

20 世纪 80 年代早期,还没有出现"整合营销传播(IMC)"这个概念。Dyer(1982)认为,广告与其他商业传播的外在基本观点和内在概念都存在明显界线。因此,广告、促销、宣传等的理论和实践都以各自分离的方式或手段被讨论。[①]

"整合营销传播(IMC)"一词最早出现于 20 世纪 80 年代中期的美国广告公司,"20 世纪 80 年代,众多公司意识到了战略性整合促销工具的必要性。它们开始尝试利用整合营销传播(IMC),即协调各种有利于沟通消费者的促销要素和营销行为。"[②]据美国西北大学的唐·舒尔茨(Don Schultz)教授介绍,当时一些广告公司率先组成包含广告、促销、宣传的跨业务小组,并冠之以"整合营销传播(IMC)"。此概念得到当时美国 4A's 主席 Keith Reinhard 和执行总监 John O' Toole 的欣赏,1988 年他们与西北大学麦迪尔新闻学院联合实施一个旨在推动 IMC 在 4A's 发展的研究项目。[③] 1989 年出现了第一个 IMC 定义[④],1991 年 Caywood、Schultz 和 Wang 发表了第一个 IMC 调查报告。[⑤]

1990 年、1993 年西北大学和科罗拉多大学相继开设"整合营销传播(IMC)"硕士学位课,许多过去研究广告、促销、公关等课题的学者转而研究 IMC。到 20 世纪 90 年代中期,"IMC"已经成为美国营销、广告、公关领域的主流话语,出现一批 IMC 研究学者,像西北大学的唐·舒尔茨(Don Schultz)教

---

① See Kitchen Philip J, Brignell Joanne, Li Tao, Spickett Granham(2004), "The Emergence of IMC: A Theoretical Perspective", *Journal of Advertising Research*, 2004 March, p. 20.

② ［美］乔治·贝尔齐、迈克尔·贝尔齐:《广告与促销——整合营销传播视角》(第6版),张红霞、庞隽译,北京:中国人民大学出版社 2006 年版,第 10 页。

③ 据笔者 2007 年 12 月 31 日与唐·舒尔茨教授的电子邮件交流所得。

④ See Schultz Don E. (1995). Should students learn IMC? Marketing News, 29(20), p. 10.

⑤ See Caywood C. , Schultz Don E. , Wang P. (1991), "Integrated Marketing communications: Asurvey of National Goods Advertisers", unpublished report. Bloomington, in: *Medill School of Journalism*, Northwestern University.

授和科罗拉多大学的汤姆·邓肯（Tom Duncan）教授等成为最早一批"IMC"教授。

唐·舒尔茨自从 20 世纪 80 年代末开始研究 IMC，至今发表论文近 200 篇，出版专著 13 部，其中 IMC 代表作有三本：*INTEGRATED MARKETING COMMUNICATIONS：Pulling It Together，Making It Work*（1992）、*COMMUNICATING GLOBALLY*（2000）和 *IMC：THE NEXT GENERATION*（2003）。*INTEGRATED MARKETING COMMUNICATIONS：Pulling It Together，Making It Work*（1992）① 是 IMC 的开山之作，由舒尔茨（Don E. Schultz）、田纳本（Stanley I. Tannenbaum）、劳特朋（Robert F. Lauterborn）三人合著，书中提出了许多新概念、新观念、新思想，例如"4C 代替 4P"、"以消费者为中心"、"传播即营销，营销即传播"、"进入数据库的世界"、"整合营销传播的循环本质"、"整合营销传播企划模式"等，振聋发聩，轰动美国营销界和广告界，影响力波及全球，成为 IMC 研究里程碑式的著作。*COMMUNICATING GLOBALLY*（2000）② 是舒尔茨的又一力作，由他和英国的凯奇合著，他们从全球化的视角考察整合营销传播，提出了整合营销传播有从低到高的四个层次，并论述了 IMC 八个步骤、九种能力、九大障碍等，同时开始从品牌和客户投资回报（ROCI）的角度思考 IMC。*IMC：THE NEXT GENERATION*（2003）③ 是舒尔茨夫妇的一本新作，书中提出"价值型整合营销传播"概念，着重解决企业最关心的核心问题：投入与回报。他们提出"IMC 五步循环模式"，并对客户投资回报率（ROCI）进行深入研究，希图通过资产回报来证明整合营销传播的有效性。除了这 3 本著作外，唐·

---

① See Schultz Don E. , Stanley I. , Tannenbaum, Robert F. Lauterborn（1992）, *Integrated Marketing Communications：Pulling It Together & Making It Work*, Lincolnwood, IL: NTC Business Books, 1992. 国内有 3 个译本：吴怡国译：《整合营销传播：谋霸 21 世纪市场竞争优势》，呼和浩特：内蒙古人民出版社 1998 年版；《整合行销传播：21 世纪企业决胜关键》，北京：中国物价出版社 2002 年版；吴磊等译：《新整合营销》，北京：中国水利水电出版社 2004 年版。

② See Schultz Don E. , Kitchen Philip J. （2000）, *Communicating Globally：An Integrated Marketing Approach*, by McGraw-Hill. 中译本：[美]舒尔茨（Schultz Don E. ）、[英]菲利普·J. 凯奇：《全球整合营销传播》，何西军等译，北京：中国财政经济出版社 2004 年版。

③ See Schultz Don E. , Schultz Heidi（2003）. *IMC, The Next Generation：Five Steps For Delivering Value and Measuring Financial Returns*, by McGraw-Hill. 中译本：[美]唐·舒尔茨、海蒂·舒尔茨：《整合营销传播：创造企业价值的五大关键步骤》，何西军等译，北京：中国财政经济出版社 2005 年版。

舒尔茨还发表了大批与 IMC 相关的论文。作为 *Marketing News*(《营销新闻》)杂志的专栏作家,他从 1993 年至今发表文章 160 余篇,为 IMC 在美国的普及摇旗呐喊。另外,他在 *Journal of Advertising Research*(《广告研究杂志》)、*International Journal of Advertising*(《国际广告杂志》)、*Advertising Age*(《广告时代》)等刊物上的论文也很有分量。唐·舒尔茨很重视 IMC 在国际上的传播,在印度、日本、中国等地不断巡回讲学,大大提高了 IMC 在全球的影响力。但唐·舒尔茨的研究仍存在许多问题,例如他的研究前后有许多不一致的地方,说明他的研究缺乏一个逻辑严密的理论框架。他对 IMC 的定义前后提出了四五个之多,让人无所适从。他不注意区分 IMC(整合营销传播)、IM(整合营销)和 IC(整合传播)之间的界限,导致 IMC 外延无限张大。尽管他看到品牌与 IMC 之间存在某种密切关系,但没有充分论证。他的理论研究中非常强调营销环境中"消费者导向"这一变化,但他提出的解决 IMC 问题的所有"药方"都是以企业为导向的。舒尔茨是从广告学研究转向 IMC 研究,这使他的 IMC 研究视角局限于营销学的领域,缺乏从管理学、传播学、社会学、心理学等其他学科驾驭 IMC 研究的能力。这些问题导致他所倡导的 IMC 理论在国内外备受质疑。

汤姆·邓肯(Tom Duncan)是美国科罗拉多大学波尔得分校的教授,与西北大学的唐·舒尔茨一道被人并称为"整合营销传播学说的两座山头"[1]。他著有三本 IMC 专著:*DRIVING BRAND VALUE:Using Integrated Marketing to Manage Profitable Stakeholder Relationships*(1997)、*IMC:Using Advertising and Promotion to Build Brands*(2001)和 *PRINCIPLES OF ADVERTISING AND IMC*(2004)。在 *DRIVING BRAND VALUE:Using Integrated Marketing to Manage Profitable Stakeholder Relationships*(1997)[2]一书中,邓肯区分了 IMC(整合营销传播)与 IM(整合营销)的差别,认为 IMC 只是 IM 的"冰山一角",他认为 IM 的重点是品牌价值与品牌资产的经营管理,为此他提出整合营销十大方法。

[1] 李世丁:《整合致胜:打造强势品牌的锐利武器》,广州:广东经济出版社 2001 年版,第 39 页。

[2] See Duncan Tom, Moriarty Sandra E. (1997), *Driving Brand Value:Using Integrated Marketing to Manage Profitable Stakeholder Relationships*. 中译本:廖宜怡译:《品牌至尊:利用整合营销创造终极价值》,北京:中国财政经济出版社 2000 年版。

在 *IMC:Using Advertising and Promotion to Build Brands*(2001)①一书中,他首先提出了整合营销传播的定义,指出整合营销传播是一个持续增加销售、利润和品牌权益的循环过程。他提出一个核心命题"整合营销传播建立了品牌关系,品牌关系造就了品牌",并对 IMC 的四个层次、五个参与者和营销传播职能等做了较详细的分析。在 *PRINCIPLES OF ADVERTISING AND IMC*(2004)②一书中,他指出"整合营销传播:既是理念又是流程",整合营销传播的目标是"创建和维护品牌关系"。通过分析"品牌—客户接触点"和"整合营销传播计划",指出了整合营销传播的具体路径。书中还对整合营销传播工具如广告、消费者销售促进与包装、渠道营销、人员销售、公共关系、直接营销、体验接触等做了详细论述。汤姆·邓肯的著述比唐·舒尔茨的少,但更加集中,其理论框架比唐·舒尔茨更规整。他的许多研究很有创见,例如将品牌、利益相关者、关系等融入 IMC 研究之中,非常具有启发性。但是,他的研究也是在广告学研究基础上展开的,他所提出的 IMC 定义、流程模式、效果测量、实践障碍解决等内容缺乏科学的论证,无法令人信服,他的 IMC 研究也因此仍是一家之言。

除舒尔茨和邓肯两位大家外,美国还有一批 IMC 研究学者,如约瑟夫·施吉(M. Joseph Sirgy)③、乔治·贝尔齐和麦克尔·贝尔齐(Geoge. E. Belch & Micle. A. Belch)④、特伦斯·辛普(Terence A. Shimp)⑤、理查德·J. 塞米尼克(Richard J. Semenik)⑥、赖瑞·佩斯(Larry Peray)⑦等。他们基本上都是从广

---

① Duncan Tom(2001),*IMC:Using Advertising and Promotion to Build Brands.* 中译本:周洁如译:《整合营销传播:利用广告和促销建树品牌》,北京:中国财政经济出版社 2004 年版。

② Duncan Tom(2004),*Principles of Advertising and IMC.* 中译本:廖以臣、张广玲译:《广告与整合营销传播原理》(原书第 2 版),北京:机械工业出版社 2006 年版。

③ 参见[美] Sirgy M. Joseph(约瑟夫·施吉):《整合营销传播——一种系统的视角》(影印本),北京:清华大学出版社 1998 年版。

④ 参见[美]乔治·贝尔齐、麦克尔·贝尔齐:《广告与促销——整合营销传播展望》,张红霞等译,大连:东北财经大学出版社 2000 年版。

⑤ 参见[美]特伦斯·辛普:《整合营销传播:广告,促销与拓展》(第 6 版),廉晓红译,北京:北京大学出版社 2005 年版。

⑥ 参见[美]理查德·J. 塞米尼克:《促销与整合营销传播》,徐惠忠、张洁译,北京:电子工业出版社 2005 年版。

⑦ 参见[美]赖瑞·佩斯(Larry Peray):《整合行销传播策略——从企划、广告、促销、通路到媒体整合》,王镛、洪敏莉译,台北:远流出版社 2000 年版。

告学和营销学角度出发,对自己以前的研究领域(广告、促销、公关、直效营销等)进行拓展,他们的 IMC 研究成果没有超出舒尔茨和邓肯的范围。

20 世纪 90 年代中期,美国高校营销学和广告学教材纷纷进行改版,新版中普遍增加 IMC 的内容。例如威廉姆·伯尔登(William O. Bearden et al.)等人的《营销原理及视角》、皮特·迪克逊(Peter R. Dickson)的《营销管理》(第 2 版)、菲利普·科特勒(Philip Kotler)的《营销管理》(第 10 版)、威廉姆·阿伦斯(William F. Arens)的《当代广告学》(第 5 版)、威廉姆·维尔斯(William Wells)等人的《广告原理及实践》(第 5 版)、托马斯·罗塞尔(J. Thomas Russell)等的《开普勒广告教程》(第 13 版)、托马斯·欧奎因(Thomas C. O' Guinn)等人的《广告学》(第 2 版)等都有专门章节论述 IMC。审视这些改版的教科书,尽管 IMC 的分量并不太多,论述也是点到为止,但改版这一形式变化本身已经说明 IMC 是营销学和广告学不能忽略的基本术语和研究对象了。

**(二)IMC 研究在全球的蔓延和普及**

从 20 世纪 90 年代中期开始,IMC 概念从美国向全世界扩散,世界各地相继出现 IMC 研究。

在欧洲,1995 年英国出版了 Lon Linton 和 Kevin Morley 的《整合营销传播》,书中对现存 IMC 理论在欧洲的适用性进行了研究。另外像英国菲利普·J. 凯奇的《21 世纪企业沟通》[①]、英国克里斯·费尔的《整合市场传播》[②]、德国曼弗雷德·布鲁恩的《传播政策》[③]等一批 IMC 研究专著也较有影响。

在亚洲,日本电通公司于 1993 年 12 月在《月刊广告》杂志上第一次介绍了 IMC。1994 年早稻田大学的小林太三郎教授出版《生存广告 12 章——新广告的构筑和其方向》,论述了 IMC 在日本适用可能性。印度、韩国和中国台湾地区大约在 1994 年前后相继引进了 IMC。舒尔茨(Schultz,1996)发表了关于印度广告主的一项调查报告,指出印度营销人员在 1995 年显然已经很熟悉

---

① 参见[英]菲利普·J. 凯奇、[美]唐·舒尔茨:《21 世纪企业沟通》,北京世纪英闻翻译有限公司译,北京:中国商务出版社 2004 年版。
② 参见[英]克里斯·费尔:《整合市场传播》,杨琳译,北京:经济管理出版社 2005 年版。
③ 参见[德]曼弗雷德·布鲁恩:《传播政策》,易文译,上海:复旦大学出版社 2005 年版。

IMC 概念了①。另外,像泰国 Anantachart(2001)的研究②、菲律宾 Kliatchko(2002)的研究③也引人关注。

国际上 IMC 研究还有一个现象是跨国联合研究很普遍。例如 Eagle 等人对新西兰广告公司和营销人员开展的调查(Eagle et al,1999)④、Kitchen 和 Schultz 开展的关于英、美、新西兰、澳大利亚和印度多国比较研究(Kitchen &Schultz,1999)⑤、Kallmeyer 和 Abratt 在南非开展的研究(Kallmeyer &Abratt,2001)⑥、Reid 在澳大利亚开展的研究(Reid,2003)⑦。这些联合调查和研究加快了 IMC 在全球的传播。

由此可见,IMC 现在已经为全球的广告公司、企业营销人士和相关学者广为接受的概念,IMC 已经成为一个全球性研究课题。当然,各国 IMC 研究还有一个不断深入和自主创新的过程,从目前研究现状看基本停留在对美国 IMC 研究成果的介绍和引进阶段。

## 二、我国 IMC 理论研究综述

### (一)IMC 传入中国

1992 年美国西北大学唐·舒尔茨等三人的《整合营销传播》一书出版后,

---

① See Schultz Don E. (1996), *IMC Has Become a Global Concept*. Marketing News,1996,30(5),p.6.

② See Anantachart,S. (2001), "To Integrate or not to Integrate: Exploring how Thai Markers Perceive Integrated Marketing Communications", in Roberts, M&. King, R. (eds), *The Proceedings of the* 2001 *Special Asia-Pacific Conference of the American Academy of Advertising*, University of Florida, Gainesville,Florida,pp.66-73.

③ See Kliatchko J. (2002), *Understanding Integrated Marketing Communications*, Pasig city, Philippines:InKwell Publishing.

④ See Eagle L. C., Kitchen P. J. (2000). "IMC, Brand Communication, and Corporate Cultures:Client/Advertising Agency Co-ordination and Cohesion", *European Journal of Marketing*, 2000,34(5/6),pp.667-686.

⑤ See Kitchen,Schultz(1999), "A Muti-Country Comparison of the Drive for IMC", *Journal of Advertising Research*,1999,39(1),pp.21-38.

⑥ See Kallmeyer J., Abratt R(2001), "Perception Of IMC and Organizational Change among Agencies in South Africa", *International Journal of Advertising*,2001,20(3),pp.361-380.

⑦ See Reid M. (2003) "IMC-performance Relationship:Further Insight and Evidence from the Australian Marketplace", *International Journal of Advertising*,2003,22(2),pp.227-248.

引起我国的香港和台湾一些学者的注意。1994 年台湾率先将此书翻译成中文繁体版的《整合行销传播》(台北:滚石文化 1994 年版)。1995 年中山大学卢泰宏教授访问台湾,将《整合行销传播》带回大陆。从 1996 年 9 月到 1997 年 10 月卢泰宏在《国际广告》杂志上先后发表 IMC 系列文章 7 篇,成为我国国内系统介绍 IMC 的第一人。

**(二)IMC 理论研究在中国兴起**

1997 年我国国内出现由北京三木广告公司编著的《整合营销传播》,这是我国第一本对 IMC 的介绍性著作。① 1998 年内蒙古人民出版社出版唐·舒尔茨等三人的《整合营销传播》,将台湾繁体中文版转换为简体中文版,这是大陆第一本 IMC 译著。② 之后,唐·舒尔茨的这本《整合营销传播》在国内又先后有了三个不同的翻译版本,这反映出国内营销界对整合营销传播的巨大兴趣。

从 1997 年起,期刊上出现一些介绍 IMC 的论文,例如:胡吟的《IMC——世界营销策略新趋势》(《商业研究》1997 年第 4 期)、尤丽云的《对中国广告业的启示:整合营销传播》(《中国第三产业》1997 年第 11 期)、竺培芬的《论 90 年代崛起的整合营销传播学》(《上海交通大学学报(哲学社会科学版)》1998 年第 2 期)、张珂的《浅谈整合营销传播》(《广西商业高等专科学校学报》1998 年第 4 期)、申光龙的《谈整合营销传播(IMC)》(《IT 经理世界》1999 年第 2 期)、谢景芬的《整合营销传播的实践与思考》(《广东商学院学报》1999 年第 4 期)、杨同庆的《整合营销传播》(《中外管理导报》1999 年第 4 期)等,不过 2000 年以前有关 IMC 的论文数量不大,每年学术期刊上论文数不超过 10 篇,且基本上是西方 IMC 理论介绍性质的论文。

2000 年唐·舒尔茨应孔繁任邀请出席上海召开的中国首届"金鼎奖"颁奖仪式,从此每年来中国讲学布道。唐·舒尔茨说:"自 2000 年年初,我和海蒂开始了中国大陆的定期旅行。我们已在大多数中国主要城市举办了讲座、会议和培训班。我们开始在北京大学和清华大学等著名大学开设面向 EMBA 的营销传播课程。这使我们认识了一些营销领域里学术界和实务界的中国的

---

① 参见北京三木广告公司编著:《整合营销传播》,北京:工商出版社 1997 年版。

② 参见[美]舒尔兹、田纳本、劳特朋:《整合营销传播:谋霸 21 世纪市场竞争优势》,吴怡国译,呼和浩特:内蒙古人民出版社 1998 年版。

同行。至今,我们还是坚持每年花 4—6 个星期的时间来访问这些中国的学校并且讲授一些课程、举办一些培训以及开展研究工作,而且还为不断增加的各类中国企业举办一些研讨班或是会议。"①唐·舒尔茨在中国的活动对于 IMC 在中国的普及无疑起到推动作用。

**(三)IMC 理论研究在中国的成就**

第一,IMC 专著逐年增多。据笔者统计,从 1997 年我国第一本 IMC 著作出版至今,共有 30 余本以"整合营销传播"为题的著作,其中包括译著 17 本、专著和编著 13 本。国外译著以美国学者的著作为主,像唐·舒尔茨、汤姆·邓肯、塞米尼克、辛普、贝尔齐等人的 IMC 著作很受欢迎。国内学者的 IMC 专著或编著多以介绍性为主,例如王方华②、竺培芬③、李世丁④等人的著作属于此类。有"半个中国人之称"的韩国学者申光龙⑤和浙江大学的卫军英⑥因为著作都是在其博士论文基础上撰写而成,其著作中含有一些自己的研究成果,因此成为国内研究 IMC 的代表性学者。

第二,IMC 论文出现燎原之势。从 IMC 论文统计来看,从 1997 年至今,国内发表的题目中含"整合营销传播"和"IMC"的论文,大约有 344 篇。其中,中国期刊全文数据库中以"整合营销传播"为题的论文有 248 篇,以"IMC"为题的论文有 57 篇,共计有 305 篇。中国优秀硕士学位论文全文数据库以"整合营销传播"为题论文 32 篇、以"IMC"为题的 3 篇,共计 35 篇。中国重要会

---

①　[美]唐·舒尔茨、海蒂·舒尔茨:《整合营销传播:创造企业价值的五大关键步骤》,何西军等译,北京:中国财政经济出版社 2005 年版,"中文版序言"第 2 页。

②　王方华,上海交通大学管理学院教授,相关代表作为《整合营销》(太原:山西经济出版社 1998 年版)。

③　竺培芬,上海交通大学人文社会科学学院教授,相关代表作为《整合营销传播学》(上海:上海交通大学出版社 2000 年版)。

④　李世丁,赣南师范学院工商管理系教授,国家教委"九五"规划项目"整合营销传播研究"主持人,主编出版"整合营销传播书系",代表作为《整合致胜:打造强势品牌的锐利武器》(广州:广东经济出版社 2001 年版)。

⑤　申光龙、韩国籍,现为南开大学国际商学院副教授,代表作为《整合营销传播战略管理》(北京:中国物资出版社 2001 年版)。

⑥　卫军英,浙江大学新闻与传播学院教授,代表作为《整合营销传播:观念与方法》(杭州:浙江大学出版社 2005 年版)、《整合营销传播理论与实务》(北京:首都经济贸易大学出版社 2006 年版)、《关系创造价值——整合营销传播理论向度》(北京:中国传媒大学出版社 2006 年版)。

议论文全文数据库中以"整合营销传播"为题的有4篇。① 从内容分析来看，2001年起学术期刊中的IMC论文明显增多，而且研究开始呈现出多元化趋势。企业案例式论文不少，例如有分析科龙、金正DVD、金龙公司、四特集团、三星电子、动感地带、酷儿、海尔、宜家、昆仑润滑油、金嗓子喉宝等企业或品牌实施IMC的文章。另外行业实施IMC的分析性文章也不少，例如有关于出版发行、银行、寿险、城市燃气等行业实施IMC相关文章。从管理学角度研究IMC，是许多研究者的首选，例如张爱文和王方华的《借整合营销传播提高企业核心竞争力》(《生产力研究》2003年第1期)、何佳讯和丁玎的《整合营销传播范式下的西方广告公司组织变革》(《外国经济与管理》2004年第1期)、申光龙等人的《基于整合营销传播战略的企业组织重构模式研究》(《管理科学》2004年第5期)等。从心理学角度研究IMC给人耳目一新之感，例如丁家永的《广告心理研究的新发展——"整合营销传播"的广告心理学原理》(《心理学动态》2001年第1期)、江波和彭彦琴的《整合营销传播的心理优势》(《江西师范大学学报(哲学社会科学版)》2002年第2期)。还有一些对IMC本源性问题研究的论文比较有价值，例如冯鹏义的《整合营销传播形成的理论基础及其形成过程》(《重庆工商大学学报》2002年第6期)、林晖的《探析整合营销传播的动因及现实价值》(《福州大学学报(哲学社会科学版)》2003年第3期)。这些研究开始从单一的介绍性质向自主研究性质转变。

第三，IMC成为高校广告学教育的一个研究热点。许多高校的广告学专业课程设置中，增添了"整合营销传播"作为必修课或选修课。清华大学和北京大学的MBA教育也设置了"整合营销传播"课程。近些年出版的营销学教材和广告学教材中，大多数增添了IMC的内容。在每年举办的中国广告教育研究会年会上，也经常有学者提交IMC研究论文。近些年来每年都有超过10篇以IMC为题的硕士毕业论文，且已经有四篇博士毕业论文专门研究IMC。高校教师队伍成为IMC研究的主力，每年大量的毕业生成为IMC理论和实践的生力军。

**(四)IMC理论研究在中国的主要问题**

我国IMC研究目前的主要问题是自主创新型研究匮乏。表现在：

---

① 数据库搜索时间截至2008年8月11日，搜索结果经过笔者审查后统计数据。

第一,一半以上的 IMC 著作是译著,国内学者的 IMC 著作基本是对国外学者的研究的转述和引申。

第二,大量的 IMC 论文属于"IMC 概念加企业案例"类型,理论深度不够,创新不够,研究价值不够。

第三,代表我国国内 IMC 理论研究水平的四篇博士毕业论文也存在自主创新分量不足的问题。比较四篇博士论文(见表 0-1),可以发现:韩国人申光龙的博士论文研究时间最早,他充分利用美、韩、日、中等国文献资源,从管理学角度架构自己的理论框架,表现出治学谨严、独具特色的学者风范。不过他的许多研究内容直接吸收汤姆·邓肯的研究成果,他自己提出的一些结论也有待进一步论证。来自中国台湾的刘国基也是较早研究整合营销传播的学者,其在后记中也坦言自己的博士论文有"夹生饭"之感。武汉大学何西军读博期间翻译出版了几本唐·舒尔茨的著作,应该比别人更具优势,但是其论文没有显示出这种优势。刘国基先生和何西军先生博士论文的共同缺点是论文中知识介绍性分量过大而创新性研究分量不足。浙江大学的卫军英先生的博士论文最新,他试图将纷乱复杂的整合营销传播理论梳理清楚,论文中也提出许多有价值的命题,例如"关系达成终极价值追求"、"整合传播作为一种观念",等等。另外从文化进化论的角度论述整合传播作为一种观念的观点也颇有新意。不过从全篇论文的内在逻辑上讲,论文结构还不够严谨,部分命题的论证还缺乏力度。

表 0-1  国内四篇 IMC 博士论文比较

| 作者 | 毕业学校 | 论文题目及年代 | 主要内容 | 研究视角 |
|---|---|---|---|---|
| 申光龙 | 南开大学管理学院 | 《整合营销传播战略研究——利益相关者及营销传播管理者初探》(1998) | IMC 是一种传播战略,对营销传播管理者、利害关系者进行分析,提出新的 IMC 定义、战略模型、9S 战术等 | 管理学 |
| 刘国基 | 中国人民大学新闻学院 | 《整合营销传播系统研究》(1999) | 对美国整合营销传播研究进行爬梳,对系统模式、品牌资产、客户资料库作了分析 | 传播学系统论 |
| 何西军 | 武汉大学商学院 | 《网络时代的整合营销传播——IMC 理论模型研究》(2002) | 对 IMC 六种理论模型作了介绍和分析,对营销信息系统和金融营销的信息化理论模型作了探索 | 信息经济学传播学 |

| 作　者 | 毕业学校 | 论文题目及年代 | 主要内容 | 研究视角 |
|---|---|---|---|---|
| 卫军英 | 浙江大学新闻与传播学院 | 《整合营销传播观念及其理论构架》（2005） | 探讨整合营销传播的终极价值，分析了可获利品牌关系，指出整合营销传播首先是一种观念 | 营销学进化论 |

总的来说，我国的 IMC 学术研究质量有待提高，本源性理论探索数量少，研究视角还比较单一，自主创新研究严重匮乏。造成这种现状的原因是多方面的。首先，整合营销传播理论本身还不成熟，像核心概念、基本命题、理论价值等重大理论问题还存在很多争议，即使在理论研究较成熟的美国，创新研究也不是一件容易的事情。理论本身的难度加大了我国学者创新性研究的困难。其次，任何理论研究从初始到完善都有一个漫长的过程，理论研究的生命周期一般要经历理论引进—理论吸收—理论批评—理论创新—理论成熟这样一个过程。我国 IMC 研究至今不过十余年时间，还处在理论引进和理论吸收阶段，与发达国家理论研究存在差距是可以理解的。再次，理论研究需要实践为动力推动。西方发达国家的营销环境和传播环境为整合营销传播实践提供了条件，反过来营销和传播实践又为理论研究提供支持。我国营销环境和传播环境与西方发达国家相比还存在一定差距，因此整合营销传播实践处于较低水平，这导致整合营销传播理论研究动力不足。最后，我国学者自身的学术结构、研究方法存在一定缺陷，限制了采用新视角、新方法和新材料来研究 IMC。另外学者自身缺乏创新精神，也是导致我国整合营销传播理论研究缺乏创新的重要原因。

### 三、IMC 研究中的争议性问题

尽管 IMC 已经成为全球营销实务界和理论界的一个流行用语，但 IMC 的研究还有许多问题没有解决。在 IMC 的许多基本问题上还存在争议，这些争议不仅使 IMC 的事实真相变得扑朔迷离，也使 IMC 的价值判断变得众说纷纭。可以说，全部的争议集中体现为两大问题：一是什么是 IMC？二是 IMC 到底有何价值？

#### （一）什么是 IMC

当我们整理 IMC 文献时，可以发现在营销传播界（包括学界和实务界），几乎没有两个对 IMC 观点保持一致的人。对于什么是 IMC 这个基本问题,大家有不同的理解。其中的争议围绕 IMC 的内涵、外延而展开。

1. IMC 定义的内涵

IMC 理论的最核心概念就是"IMC"。但从 IMC 诞生至今,还没有一个众人认可的 IMC 定义。

1989 年,4A's 与西北大学联合进行了一个研究项目,其中公布了第一个 IMC 定义:"整合营销传播:一个包含附加价值的营销传播计划概念,把不同传播工具,例如,一般性广告、直接反应、销售促进、公共关系等联合起来以保证清晰性、一致性和传播效果最大化。"①这个定义包含有三层含义:其一,IMC 是一个营销传播计划;其二,IMC 是不同营销传播工具的组合运用;其三,IMC 能够带来更好的效果。这个定义的出台影响深远,直到现在大多数广告公司和企业营销人士对 IMC 的理解还停留在这个定义的内涵上。1994 年 Nowak 和 Phelps 通过对文献中 IMC 定义进行了梳理,提出"IMC"概念包含三个要素:"一种声音"、"营销传播工具的组合"、"激发行为反应"②。1997 年 Beard 指出了 IMC 两个内涵:"以一种声音说话的讯息活动"和"试图引起可测的、消费者行为反应的讯息活动"③。20 世纪 90 年代后期,大量广告学和营销学教材都把 IMC 定义为"一种声音,一种形象",例如 Russell 和 Lane 的《Kleppner 广告教程》(第 13 版,1996)、Bergh 和 Katz 的《广告原理:选择、挑战、变化》(1999)、O'Guinn 等人的《广告学》(第 2 版,2000)等。"一种声音"论成为 IMC 定义中最受欢迎和最为流行的解释。

但也有许多学者不同意"一种声音"论的解释。唐·舒尔茨曾先后三次提出 IMC 定义,可以看出他关于 IMC 内涵的思想变迁轨迹。1991 年他给出的 IMC 定义:"整合营销传播是一个针对顾客或潜在顾客的产品/服务所有信息传播渠道管理的过程,使消费者行为朝向销售和保持顾

---

① Schultz Don E. (1995), "Should students learn IMC?" *Marketing News*, 1995, 29(20), p. 10.

② Nowak Glen J., Joseph Phelps(1994), "Conceptualizing the Integrated Marketing Communications' Phenomenon:An Examination of its Impact on Advertising Practices and its Implications for Advertising Research", *Journal of Current Issues and Research in Advertising*, 1994, 16(1), pp. 49-66.

③ Beard F. (1997), "IMC Use and Client-ed Agency Relationships", *Journal of Marketing Communications*, 1997, 3(4), pp. 217-230.

客忠诚。"① 可以看出他的 IMC 定义很重视"顾客"。1993 年他又给出一个 IMC 定义:"整合营销传播是一个通过长期发展和应用对顾客和潜在顾客多种形式的说服性传播项目的过程。"②可以看出定义中强调了"长期"性。1998 年,唐·舒尔茨和海蒂·舒尔茨又提出一个新定义:"整合营销传播是一个商务过程,针对消费者、顾客、潜在顾客和其他相关的外部和内部目标受众,用以计划、发展、执行和评估合作的、可测的、说服性的长期的品牌传播项目。"③这个定义比较完整地总结了他的想法,他认为 IMC 应包含三个元素:其一,顾客或潜在顾客;其二,品牌传播;其三,长期过程。唐·舒尔茨认为自己的定义与"一种声音"论最大的不同是:新定义强调的是由外而内的过程,而老定义强调的是由内而外的过程。

汤姆·邓肯也先后三次给出过 IMC 定义。他 1992 年给出的 IMC 定义是:"一个组织运用全部战略联合的讯息和媒介达到影响品牌价值的合力。"④他 1994 年提出的定义是:"整合营销传播是一个过程,通过战略控制或影响全部讯息和鼓励有目的的对话来产生和培养与顾客和其他利益相关者可获利关系。"⑤2001 年邓肯又提出一个 IMC 定义:"简单地说,整合营销传播是一个提高品牌价值、管理顾客关系的过程。更具体点,就是通过战略性的控制或影响相关团体所接受到的信息,鼓励数据发展导向,有目的地和它们进行对话,从而创造并培养与顾客和其他利益相关者之间可获利关系的一个跨职能的过程。"⑥从

---

① 转引自 Duncan T. ,Caywood C. (1996), "The Concept Process, and Evolution of Integrated Marketing Communications", in Thorson E. ,Moore J. (eds) ,*Integrated Communication : Synergy of Persussive Voices. Mahwam*, NY:Lawrence Erlbaum, pp. 13-34。

② Schultz Don E. (1993), "Integrated Marketing Communications: Maybe Definition Is in the Point of View", *Marketing News*, 1993, 27(2), p. 17.

③ Schultz D. ,&Schultz H. (1998), "Transitioning Marketing Communication into the Twenty-first Century", *Journal of Marketing Communications*, 1998, 4(1), pp. 9-26.

④ 转引自 Duncan T. ,Caywood C. (1996), "The Concept Process, and Evolution of Integrated Marketing Communications", in Thorson E. ,Moore J. (eds) ,*Integrated Communication : Synergy of Persussive Voices. Mahwam*, NY:Lawrence Erlbaum, pp. 13-34。

⑤ Duncan T. , Caywood C. (1996), "The Concept, Process, and Evolution of Integrated Marketing Communications", in Thorson E. ,Moore J. (eds) ,*Integrated Communication : Synergy of Persussive Voices. Mahwam*, NY:Lawrence Erlbaum, pp. 13-34.

⑥ [美]汤姆·邓肯:《整合营销传播:利用广告和促销建树品牌》,周洁如译,北京:中国财政经济出版社 2004 年版,第 8 页。

汤姆·邓肯的三个定义比较可以看出,他也不赞成"一种声音"论的定义,而是强调 IMC 有三个要素:其一,品牌价值;其二,关系;其三,对话。

菲律宾亚太大学的 Jerry Kliatchko 教授于 2005 年梳理了历史上存在的六个 IMC 定义,分析了它们各自的优点和不足,并提出一个新定义:"整合营销传播是一个战略管理受众导向的、渠道中心的、长期品牌传播项目驱动的概念和过程,"这个定义强调 IMC 的四个基本内涵:(1)IMC 既是概念又是过程;(2)IMC 需要战略思维和商业管理的知识和技巧;(3)IMC 有三个相承接的和相区分的要素或支柱——受众导向、渠道中心和结果驱动;(4)IMC 包括一个扩大的品牌营销观点。①

从以上各位学者的研究可以看出,IMC 至今没有一个普遍接受一致的定义,关于 IMC 的内涵还处于探索之中。正如威廉姆·斯温(2001)所指出的:"我们喜欢它,我们正在做它,但我们还不知道它是什么。"②

2. IMC 的外延

每个清晰的概念都应该有一个清晰的内涵和外延。但 IMC 不仅在内涵上无法确定,在外延上也特别含糊。

在 IMC 概念诞生之初,其外延范围是明确的,即是营销传播工具的组合,如广告、公关、事件营销、促销、直接营销等。但随着 IMC 内涵的变化,其外延也不断扩大。1997 年,唐·舒尔茨(Schultz)和美国生产力与质量中心(APQC)联合实施了"IMC 最佳实践标杆"研究,在此研究中唐·舒尔茨第一次提出整合营销传播有从低到高的四个层次:(1)策略传播的协调;(2)市场营销传播范围的重新定义;(3)信息技术的应用;(4)财务整合以及战略整合。③ 这样,IMC 就向企业营销和企业管理领域延伸,IMC(整合营销传播)与 IM(整合营销)的差异缩小了。实际上,唐·舒尔茨在文章中经常将"IMC"(整合营销传播)、"IM"(整合营销)、"IM &C"(整合营销和传播)混用,这也

---

① See Kliatchko Jerry(2005),"Towards a New Definition of Integrated Marketing Communications(IMC)",*International Journal of Advertising*,2005,24(1),pp.7-34.

② Swain Willian N. (2001),"We Like It,We're doing It. But do We Know what It is(yet)",*An Exploratory Study of Integrated Marketing Communications*? WJMCR 4:4,September 2001.

③ See American Productivity and Quality Center(Houston:APQC,1998),*Integrated Marketing Communication :Best Practices Report*.

许与他的"营销即传播,传播即营销"①的思想有关。但这样一来,IMC 的外延变得无比宽泛,似乎一切都是 IMC 的范畴。

IMC 外延扩大的另一个趋势是与 IC(整合传播)相混淆。1996 年,索森(Esther Thorson)和摩尔(Jeri Moore)主编一本论文集《整合传播——说服声音的协同》②,已经表现出当时"IMC"与"IC"混乱使用。1997 年西北大学教授凯伍德(Caywood)出版《战略公共关系和整合传播手册》,书中用"IC"取代"IMC"③。怀特门(Ben Weightman,1999)高度评价用"IC"取代"IMC",他说:"最近,IMC 由于 IC 概念而获得新生。虽然许多人怀疑从名头中删除营销纯粹是为了平息来自公关批评的表面让步。但这个概念的出现标志着新焦点的变化,传播功能的整合规则是讯息传播到一个组织的所有利益相关者而不仅仅是顾客。"④可见,本来是针对顾客的 IMC,现在可以针对顾客、企业员工和一切利益相关者。汤姆·邓肯把"利益相关者"分为顾客、雇员、其他利益相关者(政府、社团、金融及投资团体、特殊利益集团、供应商、分销渠道成员、媒介、营销传播代理机构)。⑤ 这样,整合营销传播的对象似乎无所不包,不仅要关照外部对象,也要关照内部对象,IMC 演变为 IC 了。

从以上研究文献来看,IMC 与 IM、IC 等概念的外延纠缠在一起。难怪Kliatchko(2002)说:"在作为营销传播概念授予学位的十年后,IMC 仍然有着不同的术语,像'新广告'、'交响乐'、'360 度品牌化'、'总品牌化'、'全蛋'、'无缝传播'、'关系营销'、'一对一营销'、'整合营销'、'整合传播'。"⑥这些术语的混乱运用说明 IMC 概念的外延范围非常不清晰,这也导致我们对 IMC

---

① [美]舒尔兹、田纳本、劳特朋:《整合营销传播:谋霸 21 世纪市场竞争优势》,吴怡国译,呼和浩特:内蒙古人民出版社 1998 年版,第 69 页。

② See Esther Thorson, Moore Jeri (1996), *Integrated communication: Synergy of persuasive voises.* Mahwah: Lawrence Erlbaum Associates.

③ See Caywood, Clarke L. (1997), *The Handbook of Strategic Public Relations &Integrated Communications.* New York: McGraw-Hill.

④ Weightman Ben(1999), *Integrated Communications: Organization and Education, Public Relations Quarterly.* Rhinebeck: Summer,1999,44(2), pp. 18–19.

⑤ 参见[美]汤姆·邓肯:《整合营销传播:利用广告和促销建树品牌》,周洁如译,北京:中国财政经济出版社 2004 年版,第 8 页。

⑥ Kliatchko J. (2002). Understanding Integrated Marketing Communications. Pasig City,Philippines: Inkwell publishing.

理解的困难。

## (二)IMC 到底有何价值

学者们对 IMC 是否有价值、价值大小如何有不同的主张,主要争论围绕以下议题展开。

### 1. IMC 的新颖性如何

舒尔茨、邓肯、凯奇等人是 IMC 的热情拥护者。唐·舒尔茨等人合著的《整合营销传播》在 1994 年再版时加了一个副标题"新营销范式"①,已经把 IMC 上升为一种新的范式。唐·舒尔茨(1996)在《我们不能忍受回到大众营销》一文中说:"整合营销传播(IMC)已经在相当短的时间被导入、成长、成熟和接受。因为技术驱动和支持 IMC,它不会是另一个行将过时的营销时尚,相反,IMC 似乎是所有营销传播的未来。"②然而,也有一些学者质疑 IMC 概念的新颖性,Spotts 等人(1998)声称"IMC 的大批文献是营销研究的类似物,其错误地取代了营销,并且是对已存在概念的再次发明和再次命名"③。而 Hutton(1995)甚至把 IMC 比作"新瓶装旧酒"④。这两种截然相反的态度,反映了学者们对 IMC 价值的不同判断。

### 2. IMC 会是一种时尚吗

在所有怀疑论调中,Cornelissen 和 Lock(2000)的观点最激进,他们说:"基于 IMC 作为一个理论存在阴影,像定义缺失、正规的理论架构缺失,本研究或本假说认为 IMC 是一个管理时尚。"他们还怀疑"IMC 对营销和广告思想和实践的理论价值和实际意义",把 IMC 看做是"纯粹的辞藻",断定"IMC 是一种管理时尚,表现在它缺乏定义、影响短暂"⑤。但 Schultz 和 Kitchen 对此论调进行了反驳,他们说:"随着我们的进步,随着我们获取更多的学习和经

① See Schultz Don E., Tannenbaum Stanley I., Lauterborn Robert F. (1994), *The New Marketing Paradigm:Integrated Marketing Communications*, McGraw-Hill Professional.

② Schultz Don E(1993), "We Simply can't Afford to go back to Mass Marketing". *Marketing News*, 1993, 27(4), p. 20.

③ Spotts H. E., Lambert E. D., Joyce M. L. (1998), "Marketing Déjà vu:The Discovery of Integrated Marketing Communications", *Journal of Marketing Education*, 1998, 20(3), pp. 210-218.

④ See Hutton J. (1995), "Integrated Marketing Communications and the Evolution of Marketing Thought", *Presentted to the American Academy of Advertising Annual Conference*, New York.

⑤ Cornelissen J. P., Lock A. D. (2000), "Theroetical Concept or Management Fashion? Examining the Significance of IMC", *Journal of Advertising Research*, 2000, 40(5), pp. 7-15.

验,我们相信 IMC 的价值将变得不证自明。"①Gould（2000）也批判了
Cornelissen 和 Lock 的观点,他说:"Cornelissen 和 Lock 只抓住一种理论的一种
模式,即假定给定好的概念之间的关系,然后通过实证推导假设。"②对 IMC
是否是一种时尚的争论反映出对 IMC 价值大小的判断,换言之是否对 IMC 未
来发展有信心。

3. IMC 的实践障碍可以克服吗

许多学者都注意到 IMC 实践中存在障碍。唐·舒尔茨把"抗拒变革、组
织架构、能力和控制、营销规划系统"看做 IMC 实践的四大障碍。③ 汤姆·邓
肯认为最大的障碍在于组织内部"个人及部门之间的自我意识与权力之
争"④。不过,唐·舒尔茨和汤姆·邓肯认为通过组织结构调整和执行力的控
制,能够克服这些障碍。但一些学者显然对此缺乏信心,斯特沃德（Stewart,
1996）说 IMC 只是一个理想因为难以实践操作。⑤ 菲利普·科特勒也提出类
似的观点:"整合营销传播的确是一个好的观念,可惜实施的难度太大。"⑥

通过以上对 IMC 研究文献回顾,可以看出,IMC 研究尽管已经取得很大
的成绩,但也存在很多没有解决的问题。无论是对 IMC 的事实判断还是对
IMC 的价值判断都存在相当大的分歧。这种分歧使得人们对 IMC 的认识莫
衷一是,也大大削弱了 IMC 的实践价值。IMC 研究需要冷静的思考和踏实的
工作,IMC 研究需要新的突破。

---

① Schultz Don E, Kitchen Philip J. (2000), "A response to 'Theoretical Concept or Management Fashion?'", *Journal of Advertising Research*, 2000, 40(5), p. 17.

② Gould S. J. (2000), "The State of IMC Research and Applications", *Journal of Advertising Research*, 2000, 40(5), pp. 22–23.

③ 参见[美]唐·舒尔茨、海蒂·舒尔茨:《整合营销传播:创造企业价值的五大关键步骤》,何西军等译,北京:中国财政经济出版社 2005 年版,第 284 页。

④ [美]汤姆·邓肯、桑德拉·莫里亚蒂:《品牌至尊:利用整合营销创造终极价值》,廖宜怡译,北京:华夏出版社 2000 年版,第 31 页。

⑤ See Stewart D. W. (1996), "Market-back Approach in the Design of Integrated Communication Programs: a Change in the Paradigm and a Focus on the Determinants of Success", *Journal of Bussiness Research*, 1996, 37, pp. 147–153.

⑥ 转引自张金海:《20 世纪广告传播理论研究》,武汉:武汉大学出版社 2002 年版,第 149 页。

## 第二节　本书解决的主要问题和研究意义

### 一、本书解决的主要问题

IMC 研究已经近 20 年了,从国内外研究现状看,至今 IMC 仍然是营销学和广告学的一个研究热点。但目前的研究普遍存在两大矛盾无法解决,导致 IMC 研究进展缓慢。

第一,宏观理论体系与微观问题研究之间的矛盾。目前的研究比较多地集中在微观问题研究上,而宏观理论体系的建构严重缺乏。从国内外 IMC 研究文献看,关于 IMC 的定义、IMC 的作用、IMC 的实践障碍、IMC 的发展现状等方面的研究较为丰富,另外还有许多论文是以某某企业实施 IMC 案例的研究,还有很多研究诸如 IMC 效果测量、IMC 组织结构、IMC 数据库创建之类具体问题解决方案的论文。这些具体问题的研究当然也很重要,是我们进行宏观理论研究的重要材料。但是目前的问题是,几乎看不到对 IMC 进行整体架构的研究。国内的研究以对西方 IMC 研究成果介绍为主,而国外从宏观上有所建树的只有汤姆·邓肯和约瑟夫·施吉,前者从品牌角度构建自己的理论体系,后者从系统论的角度构建自己的理论体系。但汤姆·邓肯貌似宏大的架构只有零星的思想火花却缺乏严密的逻辑联系,约瑟夫·施吉的看似系统的理论架构只是系统论的简单复制却缺乏深刻的内涵。难怪美国有学者质疑 IMC 是否是一个理论,因为研究成果并没有显示出 IMC 是一个让人信服的理论体系。

第二,理论与实践相脱离的矛盾。目前的 IMC 理论研究主要以大学学者为主体,他们的经验主要在于促销、公关和广告等领域的研究,对于 IMC 这个全新的领域也处于摸索阶段。这样不可避免地出现以老经验看新问题的局限性。我们看到许多学者的研究,不过是把以往广告、公关、促销和直销等研究内容的简单相加,冠以"IMC"之名。这也难怪一些人要发出"IMC 根本不是什么新东西"的感慨。而在实务界,他们更关心的是 IMC 与以往传播手段有什么不同,如何才能达到真正的整合,整合后的传播效果如何,是否更节省资金。但是实务界最关心的问题得不到理论界的回应,这影响了实务界加大 IMC 投入力度的决心,也使得 IMC 实践长期低迷于低层次的传播组合策略上。实际上,一个好的理论既要有宏观全局性和前瞻性,也要有实践应用性和指导性。

但由于理论与实践的脱节,我们还没有看到这样一个理论出现。

正因为如此,本书认为:需要建构一个逻辑清楚、论证严密、结构完整的 IMC 理论,这个理论不仅在理论上能站住脚,在实践中也能行得通。而要建构这样一个理论,必须解决三个问题:一是到底什么是 IMC? 二是它有何理论价值? 三是它能否在实践中得到检验?

### 1. 到底什么是 IMC

作为一个理论,核心概念的定义和基本命题的提出是最基本的要求。在 IMC 理论建构时,碰到的第一个问题就是:什么是 IMC? 这个问题既是定义需要解决的问题,也是命题需要解决的问题。在以往的 IMC 研究中,对这个基本问题的回答五花八门,而且难为大家认可。所以本书需要解决的首要问题就是阐释清楚何为 IMC。要解答这个问题,需要我们对 IMC 概念的外延、内涵做明确而清晰的界定。一旦这个问题解决,围绕这个概念而搭建的理论大厦就可以顺理成章地展开。可以说,这个问题是建构 IMC 理论时的最基本的问题。

### 2. IMC 有何理论价值

作为一个营销学和广告学的理论,必须首先从理论上能够清晰论证其价值而后才能在实践中对其进行检验。目前的研究对 IMC 的价值判断反差很大,赞成者把 IMC 当成解答营销一切问题的灵丹妙药,反对者把 IMC 当成一个虚幻的伪命题。实际上,无论是"捧杀"还是"棒杀",其结果都是对 IMC 的伤害,都不是一种科学的精神。要探究出 IMC 的理论价值,必须回答:IMC 与其他营销传播手段有何不同? 它有什么根本属性? 其价值表现在什么地方? 其价值大小若何? 这些问题的答案能够从理论研究中得到。一旦 IMC 的理论价值能够确定,可以反过来证明这个理论本身具有存在的价值。

### 3. IMC 能否在实践中得到检验

以往的营销学和广告学理论,基本上都是来自于实务界实践工作的经验总结,例如 ROI 理论、USP 理论、4P 理论、定位理论,等等。这些理论都是旨在解决一个具体问题的理论,只称得上是"小理论"。IMC 首先来自于实务界,而后成为学界研究的一个核心问题,可以说其理论构建主要由学界进行。IMC 的目标也不是解决某个小问题,它涉及营销战略和企业品牌战略问题、涉及企业文化和思维观念问题、涉及组织结构和企业管理问题、涉及企业投入与产出回报问题,因此 IMC 可以算得上是一个"大理论"。那么,由理论界建构的"大理论"能否得到实务界的认可呢? 这需要实务界在实践中进行检验。因此,本书希望所建构的 IMC 理论能够得到实践的检验,至少从理论的角度能够回答实务界关心的问题。

### 二、本书的研究意义

进入 20 世纪 80 年代以来,全球营销环境发生重大改变。经济全球一体化、技术数字化、企业集团化、媒介和消费者细分化等,所有这些营销环境的改变迫使我们做出新的营销决策来应对变化。虽然以往那些专业分工的传播手段在新的环境下依然发挥作用,但传播效果不再那么有效,单兵作战的方式因此被多兵种联合作战的方式取代。IMC 应运而生。但是,传播手段的组合运用只是最低级的 IMC 层次,IMC 应该有其更本质的内涵和更强大的能量。IMC 路在何方? 众多的企业、广告公司、公关公司和其他代理公司的实务工作者迫切地寻找着答案。众多的广告学、营销学教授们同样探求着 IMC 的真谛,他们希望 IMC 理论取代以往的营销传播范式。但是他们至今没有建立起一个令人心悦诚服的理论体系来。IMC 在理论研究上陷入"口水战",在实践中陷入"停滞期"。这一切说明,IMC 研究到了一个"瓶颈期",必须对它进行全面的、深入地反思和研究。

本书有两大意义。

第一,在广告学和营销学领域曾经出现的所谓理论,诸如"AIDA 理论"、"ROI 理论"、"USP 理论"、"4P 理论"、"4C 理论"等,基本都是实践工作中的一些理性思考和经验总结,缺乏理论内涵和理论深度,以至于许多人怀疑广告学和营销学是否真的有理论。一个学科如果缺少理论支持是行之不远的。本书以 IMC 为理论研究对象,试图建构一个体系完整、结构严谨、描述科学的理论。由此可以证明,一个理论不是随意封号的,而是需要严格论证和建构的。本书以科学实在论和建构实在论为方法论,从概念、系列命题到整个理论框架的系统建构,最终完成对 IMC 理论的批评和建构。因此,本书所运用的理论建构的方法,可以作为广告学和营销学中其他理论建构时使用的方法,从更宽泛的角度而言,本研究方法对其他学科的理论建构也具有借鉴意义。

第二,IMC 理论研究目前处于停滞期,对 IMC 的事实判断和价值判断莫衷一是。本书冷静客观地批评了 IMC 理论中存在的问题,并对 IMC 的外延和内涵,IMC 的本质与特点,IMC 的理论价值与实践运用等问题进行了创新性研究。可以说,本书丰富了 IMC 的理论内涵,使 IMC 研究从自发到自觉、从零碎到系统,最终完成从一个概念到一个理论的转变。同时,本书对中国学者还有一个启示,科学研究不要只是抄录一些洋名词、洋概念、洋命题,中国学者应当自信自强、踏实工作,这样才是学者的自主创新,才是超越国界的学术研究。

## 第三节　本书的理论范式、研究假设、研究思路及框架

### 一、理论范式

1. 科学实在论

对"理论"自身的研究主要借寄于哲学的认识论、知识论、科学哲学、元科学等研究领域之下。认识论从世界是否可以被认识、认识与实践的关系等方面来讨论相关的"理论"与"存在"的关系问题。知识论对知识的性质、来源、目的等方面展开对"知识"的研究,而把"理论"视为一种高级知识。科学哲学以"科学"为研究对象,探讨科学与认识、科学与存在之间的关系,理论是作为"科学"的组成部分被研究。元科学也称元理论,主张以"科学"或"理论"本身为研究对象,对"理论"的定义、范畴、特征、衡量标准、外在关系等内容展开讨论。各学科从不同的角度研究"理论",对"理论"本身的内容和主张各不相同。

科学实在论是当今比较有影响的哲学流派,20 世纪 80 年代以来活跃在理论界。所谓科学实在论,根据理查德·波义德的观点,一般包括四个中心命题:(1)应把科学中的理论词项(即非观察词项)看做假定有所指的表达式,即要从实在论角度解释科学理论;(2)被实在论解释的科学理论是可以确认的,并且事实上常常被按照通常方法论标准解释的科学证据所证实为真;(3)成熟科学的历史进步是一个逼近真理的过程,后续理论建立在先前理论体系(观察和理论)的知识上;(4)科学理论的描述实在基本上不依赖于我们的思想或理论承诺①。

---

① 参见[美]R.N.波义德:《科学实在论的现状》,载灾邱仁宗主编:《国外自然科学哲学问题》,北京:中国社会科学出版社 1991 年版。

由此,本书有了自己的立足点。第一,先有外在实在后有认识,认识是对外在实在的描述;第二,认识有深浅之分,理论越成熟就越能"逼近真理",理论越肤浅就越远离存在的本质;第三,理论应该能够被科学证据所证明、所确认,理论或者可证实或者可证伪,否则不可信;第四,理论是可以描述出来的,即理论可以借由概念、命题、逻辑来表达。

IMC 理论研究以科学实在论为研究出发点,希望通过对外在实在的真实描述达到逼近真理的目的。

2. 建构实在论

理论既是对实在的描述,理论也是可以自我建构的,这是建构实在论的基本观点。建构实在论是由"新维也纳学派"于 20 世纪 80 年代提出的,代表人是维也纳大学的弗里茨·瓦尔纳(Fritz Wallner)教授,其代表作是《建构实在论》。① 该学说主张,科学成果不仅需要描述,更需要建构。他们认为客观性是建构出来的。他们并不否认既定的客观性,但又强调建构在理论中的重要性。客观存在具有实在性,建构也具有实在性。建构是虚构、创造与实在的统一。如果仅仅是描述真理,无法发挥人的主观能动性,限制了人们创造性。想象、假设是科学研究的必要组成部分。可见,建构实在论重视现实建构而非环境描述,主张通过语言的拓展、本体论的拓展和实践拓展来完成理论建构。② 理论既是对外部世界的真实陈述,又是理性思维的探究事物的结果。建构与实在并非一对矛盾,而是可以统一在"理论"之中的。

IMC 理论研究在科学实在论的基础上,强调理论建构的可能性和必要性,希望通过"大胆假设、小心求证"完成对 IMC 的理论建构。

二、研究假设

1. IMC 实践的困境源自于 IMC 理论的不成熟

基于理论是外在实在的反映和描述这个观点,本书认为目前 IMC 实践之所以停滞不前是因为 IMC 理论无法给予 IMC 实践更多的指导,这揭示出当前

---

① 参见[奥]弗里茨·瓦尔纳:《建构实在论》,王荣麟、王超群译,台北:五南图书公司 1997 年版。

② 参见谢慧敏、张志林:《科学实在论的范式转移:从"描述"到"建构"》,《广东青年干部学院学报》2002 年第 1 期。

IMC 理论研究的紧迫性,同时也揭示出当前 IMC 理论研究存在重大的缺陷。为此本书指出,IMC 还不是一个理论,还有待我们去发现、去建构这个理论。

2. IMC 是一种"对话—关系—战略"方式,不是一种信息控制传播方式

众多的研究者认为 IMC 是多种信息渠道传递"同一种声音",本书认为在一个信息渠道多样、受众信息需求多样的时代,控制传递同样的信息既是不可能的也是不合理的。为此,本书提出 IMC 是一种与顾客不断"对话"的过程,是企业与顾客建立良好关系的手段,是企业的一种营销战略思维方式。其核心思想是"以顾客为中心"展开营销信息传播活动,通过满足消费者信息需求达到关系的建立,并最终产生品牌价值。

3. IMC 的理论价值是其能够产生品牌资产

IMC 的理论价值并不是让某次传播活动的效果最大化,也不是通过使众多的渠道发出一致的信息。其价值在于通过实施 IMC 来达到整合企业的品牌战略思路,协调各种信息传播活动,使之围绕消费者需求展开,通过长期的与消费者的双向信息沟通,使传递的企业形象信息与消费者头脑的品牌印象产生重叠,从而使消费者在认知、情感和行为上有利于企业,最终形成品牌资产。


### 三、研究思路

1. "破"与"立"相结合

本书进行理论建构,是在众多研究学者的研究成果的基础上进行。但只有打破已有的理论框框,才能建构出有创造性的理论来。本书首先打破了对 IMC 的迷信,对 IMC 理论研究存在的问题进行反思,并批评了 IMC 的种种谬误。批评是为了揭示真相,批评也是为了建构。批评意识和建构意识是研究者必须具备的素质。破而不立,或者立而不破,都是研究的一个偏颇。因此,本书首先批驳已有诸多假设和命题的荒谬性,然后提出的自己假设和命题。有"破"有"立"、"破""立"结合,是本书的一个思路。

2. 思辨研究和实证研究相结合

本书以理论批评与理论建构为题,无疑需要大量的思辨研究。在前人成果的基础上,去伪求真、去粗存精,不断分析与综合,不断归纳与演绎,这就是一个思辨的过程。但由于 IMC 本身并非一个纯哲学的课题,它是一个实践性

很强的课题,本书也将采用实证研究方法。例如本书实施一个"IMC 在中国实践现状"的问卷调查,以考察中国目前 IMC 实践中存在的问题。本书也参考、引用国内外的大量 IMC 实践案例来阐述自己的观点。思辨研究和实证研究相结合,会让研究更有说服力。

### 四、研究框架

在导论部分,提出了论题和总体研究思路。通过对国内外相关文献综述,找出 IMC 理论研究中存在的问题,从而提出本书所研究的问题、研究意义、研究范式、研究假设和研究思路。

第一章对现阶段的 IMC 理论进行了质疑和批评。研究指出 IMC 目前还不是一个成熟的理论,处于理论前范式阶段。同时对此阶段 IMC 理论的理论范畴、理论目的和理论适用性进行了批评。本章是本书理论的基础,也是彰显本书研究价值的部分。

第二章对 IMC 理论概念系统进行了清理,这是建构 IMC 理论的起点。通过 IMC 与 IM、IMC 与 IC、IMC 与 MC 之间的概念比较研究,清晰地界定"IMC"的外延,从而规范 IMC 的理论范畴。

第三章对 IMC 理论的命题系统进行了重新构建,主要目的是厘清 IMC 的内涵。对当前"一种声音"论的批判,旨在指出其荒谬性和破坏性。然后建立正确的命题系统。提出三个有内在联系的命题:IMC 是一种对话、IMC 的目标是建立关系、IMC 是一种战略。最后提出了一个外延清晰、内涵科学的"IMC"定义。

第四章揭示了 IMC 的理论价值。既批驳了 IMC 无价值论,又批判了夸大价值的错误。本章论述了 IMC 在创建品牌和维护品牌中的作用,揭示了 IMC 产生品牌资产的缘由,并指出其 IMC 最大的价值在于能够带来品牌资产。

第五章主要从实践的角度来讨论 IMC 理论的社会价值。对 IMC 实践中的障碍一一进行分析,并对如何克服这些障碍提出了自己的建议。通过解决 IMC 实践存在的重大问题,进一步帮助 IMC 理论发挥其作用。

第六章对 IMC 理论在中国实践应用的历程、现状和前景进行了分析。通过问卷调查和统计分析,得出我国现在仍处于理论低层次应用阶段。由于我国自主品牌发展战略和网络媒介迅速发展,IMC 的应用前景乐观。

# 第一章　对 IMC 理论的质疑与批评

尽管 IMC 一词的出现已有 20 年,在全球范围内,营销界和广告界围绕 IMC 展开了大量的学术讨论,出版了大批书籍,发表了众多论文,许多学者理所当然地把它看做是一个理论。但是,本书认为 IMC 至今还不是一种理论形态,它还只是一个观念。或者说,IMC 理论尚处在构建阶段,即处于理论的前范式时期。

## 第一节　什么是理论

### 一、"理论"研究综述

虽然在我们的知识系统和科学领域中大量存在各式各样的理论,但对于"理论"自身的研究还很不充分。"理论"的定义、范畴、特征、衡量标准、结构、与"事实"和"实践"的关系、价值大小等问题仍在探索之中。回顾和梳理学术界对"理论"的研究,有助于我们对"理论"的理解,同时能够提供我们一个判断是否是"理论"的标准。

"理论"研究始于哲学中关于认识与存在的关系的思考。古希腊哲学的智者学派提出"人能否获得对象世界的知识"这一命题,成为怀疑主义和相对主义的渊薮。柏拉图则肯定了"理念世界"的存在,强调知识原本存在于内心深处,人是通过"回忆"来还原"理念世界"。亚里士多德也承认客观实体为科学认识的对象,指出"感觉"和"理智"是揭示"原因"的手段,"感觉"把握其特殊的具体的"形式",而"理智"把握其一般的普遍的"形式"。

近代哲学家们更多地关注"知识"、"科学"等问题,认识论转向构成了科学哲学起源的理论背景。被誉为"近代哲学之父"的笛卡尔是"唯理论"派的创始人,区分了主体和客体,认为主体不能获得与客体完全一致的认识,真的知识来自于人的"纯粹理智","我思故我在",理智的完满性由上帝保证。"唯理论"的另一位代表人物莱布尼茨继承了笛卡儿的思想,他把知识分为两种:一种是像数学、逻辑、形而上学等来自于天赋和纯粹理智的真理,另一种是依据理由而建立的自然科学的或然真理。与笛卡儿同时代的培根则是"经验论"的创始人,他把科学知识分为经验知识层次和理论知识层次,认为二者需要人的直接经验为认识基础,并提出"知识就是力量"的口号。另一位"经验论"代表人物洛克,则提出"白板说",认为"心灵是一块白板",即一切观念直接或间接来源于人的内外知觉。休谟也是"经验论"派代表人物,把人的认识能力严格限制在感觉范围内,把知识分为两类:"观念联系"的知识和"实际事情"的知识。具体说,前者指的是数学,后者指的是经验科学。但休谟对"知识源于经验事实的归纳"这一点产生怀疑,指出归纳也无法证明科学知识的普遍必然性,即著名的"休谟问题",这极大动摇了"经验论"的根基。康德对"休谟问题"的反思,导致他提出"纯粹理性批判"。他试图建立形而上学的体系,区分了形而上学与数学、与自然科学的界限,指出形而上学是超验的而非经验的。他综合"经验论"和"唯理论"双方的观点,提出"先天综合"是回答科学知识的普遍必然性和客观有效性的答案。黑格尔用宏大的哲学体系旨在证明"宇宙是一个理性体系","理性构成世界的内在的、固有的、深邃的本性,或者说,理性是世界的共性。"①可见,近代哲学家们主要从客观存在与认识的关系角度来解释知识,而理论作为一种高层知识涵盖在他们的论述中。

　　19 世纪中期,哥白尼革命、牛顿力学体系、蒸汽机发明等使科学地位空前高涨。以孔德为首的实证主义对黑格尔哲学发起攻击。他们指出,只有科学才是真知识,主张哲学应当使用科学实证方法而排除形而上学方法。第二代实证主义(马赫主义)干脆将"实证哲学"换成"科学哲学"。20 世纪初在反对新黑格尔主义的浪潮中,诞生了逻辑经验主义。实际上,逻辑经验主义不是一个观点一致的学派,包括了以石里克为领袖的维也纳学派、以赖欣芭赫为代表的柏林学派、以卢卡谢维奇为代表的波兰学派。维也纳学派坚持孔德、马赫的实证主义传统,故也称为"逻辑实证主义"。逻辑实证主义学派最先提出"元科学(metascience)"概念,希望建立一门以科学为研究对象,研究科学的性质、特

_____

① ［德］黑格尔:《小逻辑》(第 2 版),贺麟译,北京:商务印书馆 1980 年版,第 80 页。

征、形成和发展规律的学科,并希望把某种科学理论形式化,研究形式化理论的性质和结构,故也称"元理论"。20 世纪中期,中欧的实证主义与美国的实用主义结合,诞生了奉行休谟、穆勒的经验主义潮流,所以改称为"逻辑经验主义"。其中代表人物是卡尔纳普,提出了概念系统逻辑化的"构成体统",主张每一层概念与下一层概念具有还原关系,构成一个演绎模型。"逻辑经验主义"之后兴起了"科学实在论"。其创始人为美国科学哲学家塞拉斯,代表人物还有普特南、夏皮尔、邦格、理查德·波义德、罗姆·哈瑞等人,科学实在论因此对逻辑经验主义的逻辑结构展开了批判,也对波普尔的"证伪原则"、对库恩的"范式论"、对费耶阿本德的"不可知论"展开了批评。这之后又出现了达米特等人的"反实在论"、法埃因的"无实在论"等。"理论"研究在争论中趋向多元化,趋向本体化。其他关于"理论"的重要理论有英国哲学家卡尔·波普尔提出"理论先于观察"、法国哲学家阿尔都塞提出"理论实践"、美国哲学家汉森提出"理论渗透"、美国哲学家费耶阿本德提出"理论多元论"等,大大丰富了"理论"研究。

**二、科学实在论:本书的"理论"立场**

综上所述,"理论"研究至今还没有形成一个专门的领域,借寄于哲学的认识论、知识论、科学哲学、元科学等研究领域之下。"理论"研究众说纷纭,流派纷呈,因此对"理论"本身的观点选择取决于不同的视角选择。本书接受科学实在论的立场来看待"理论"。

实在论是当今最有影响的哲学流派之一,科学实在论是它的一个分支,20世纪80年代以来活跃在理论界。所谓科学实在论,根据理查德·波义德的观点,一般包括四个中心命题:(1)应把科学中的理论词项(即非观察词项)看做假定有所指的表达式,即要从实在论角度解释科学理论;(2)被实在论解释的科学理论是可以确认的,并且事实上常常被按照通常方法论标准解释的科学证据所证实为真;(3)成熟科学的历史进步是一个逼近真理的过程,后续理论建立在先前理论体系(观察和理论)的知识上;(4)科学理论的描述实在基本上不依赖于我们的思想或理论承诺。①

---

① 参见[美]R. N.波义德:《科学实在论的现状》,载邱仁宗主编:《国外自然科学哲学问题》,北京:中国社会科学出版社1991年版。

科学实在论主张,科学知识是陈述事实,依据所陈述的事实必有真假,正确的理论必定指称真实存在的实体,科学理论是对世界的描述,这种描述越来越趋向真实,理论的发展就是向描述真实程度的逼近,科学理论的理论术语指称一定的实体,并且所指称的实体是存在的。从以上表述不难看出,科学实在论主要关心两大核心论题:(1)科学理论的命题具有真值,即真理问题;(2)科学理论的术语具有指称,即指称问题。"科学实在论不是没有它的批评者,但看起来它是最可接受的,并且不断以不同的面貌出现而获得强有力的支持与倡导。"①

我国学者中对"理论"本体研究的最重要的人物应当是著名哲学家金岳霖。他的宏著《知识论》是关于知识理论的一部里程碑式的著作,主要研究了知识的"理"。他说:"知识底内容也有两种,一是普通的理,一是特殊的事实;但是因为对象与内容不同,也许我们要称普遍的为理念或念理,特殊的为意事或事意","知识论底对象是知识底理"②。书中对"什么是理论"也有论述,他说:"所谓理论,就意思底内容说,就是根据意念或概念底图案或结构以为推论;就思想底对象说,就是根据理以为推论。……所注重的是正确的概念底结构及其所表示的理。"③书中对"理论追求什么"的看法是"追求通与真",他说"我们要求理解知识这一现象就是对于这一对象要求得一通的理论。理论总是一思想结构或图案。一思想图案有一致与否底问题。所谓一致颇不易说,低限度底要求是没有冲突,高限度底要求是部分之间有蕴涵关系或内在的关系。一思想图案底通就是一思想图案底真与一致。此前所谓通不只是一致,而且有真底意思;我们在这里故意把'通'字限制一致,因为我们要特别注重真。所谓真更是不容易说,无论如何,它不是一思想图案个部分之间底关系。所谓真总是要满足我们底真正感。……通不必真,真也不必通。我们要求理解一对象,就是因为要得到一通而且真的思想图案。不通不真,我们底要求当然不能满足,通而不真或真而不通我们底要求也不能满足。假如二者不能兼

---

① Rohrlich, Fritz (2001), "Cognitive Scientific Realism", *Philosophy of science*, 2001 (68), p.185.
② 金岳霖:《知识论》,北京:商务印书馆1983年版,第2页。
③ 同上书,第778页。

得，与其通而不真，不如真而不通，照此说法，真更重要。"①金岳霖整个理论架构是在"实在论"基础上，他说："如果有人一定要给本知识论安上主义，我们似乎只能称它为实在主义的知识论。"②

科学实在论的基本观点值得我们借鉴，提供给本书关于"理论"的基本视角。

### 三、"理论"的定义、特征、评判标准
#### (一)"理论"的定义

首先来看看各种工具书对"理论"(theory)的定义。《剑桥国际英语词典》的解释是："理论：一种正式的定律陈述，围绕一个研究主题去解释一个事实或事件或更普遍的一种观念或说明。"③《朗文当代高级英语辞典(新版)》对"theory"有 5 个解释，其中第 2 条解释"理论：关于某个主题特别是科学主题的一般原理或观念"④。《哲学大辞典》中解释为："理论(theory)：人们在实践中，借助一系列概念、判断、推理表达出来的关于事物的本质及其规律性的知识体系。是系统化了的理性认识。包括概念、原理、学说、假说等形式。"⑤《新编简明哲学辞典》中的解释为："理论：现实在思维中概括反映的形式。'理论'一词用于哲学著作中有两个基本意义。按广义来说，这是指一般的科学、知识，以区别于人们的实践活动。理论产生于实践的基础之上，但它并不仅仅是概括实践经验，而是大大向前迈进一步，揭示事物的新的联系和新的方面，从而帮助实践更成功地掌握事物。从狭义来说，理论是具有严格固定形态的知识。在认识这个或那个客体时，人从对它的外部描述开始，记录下它的个别特性、方面。然后，深入到客体中，揭示客体所遵循的规律，这样人才能转而解释事物的特性，把有关事物的各个方面的知识联系起来构成一个统一的完整的体系。这时所得到的关于事物的各个方面的深刻而又具体的知识，也就是

---

① 金岳霖：《知识论》，北京：商务印书馆 1983 年版，第 87 页。
② 同上书，第 18 页。
③ 《剑桥国际英语词典》，上海：上海外语教育出版社 2004 年版，第 1441 页。
④ 《朗文当代高级英语辞典》(新版)，北京：外语教学与研究出版社 2005 年版，第2077 页。
⑤ 冯契主编：《哲学大辞典》，上海：上海辞书出版社 1992 年版，第 1409 页。

具有一定内部逻辑结构的理论。"①《中国大百科全书·哲学Ⅰ》的定义是："理论(theory)概括地反映现实的概念和原理的体系。它是系统化了的理性认识的结果。人们在实践中获得关于客观事物的感性认识,随后对它进行加工制作,上升到理性认识;再把这种理性认识按照一定的逻辑进行必要的整理,使之形成理论。任何理论都是由概念和原理构成的,是概念和原理的系统。但是,只有那些从实践中产生又被实践证实为正确地反映了客观事物发展规律的理论才是科学的理论。科学的理论对于实践只有重大的指导意义。理论和实践是对立的统一。理论必须与实践相结合。离开实践的理论是空洞的理论,离开理论的实践是盲目的实践。理论和实践的统一是具体的、历史的统一。理论将随着客观世界和人的实践活动的发展而发展。"②

综合以上定义,我们认为:人存在于客观世界中,出于好奇或者实用目的,对客观世界不断进行观察和思考,并希望能够"知事"和"明理",在此基础上积累起来的各种经验、判断、归纳、推理等构成了整个知识系统。而其中一部分知识不是来自于直接的观察和感觉,而是来自于理性的分析和思辨,表现出高度概括、高度抽象、高度系统的特点,它虽然还不是真理但向真理逼近,这种高级阶段的科学知识我们称之为理论。

**(二)"理论"的特征**

从上述总结的"理论"定义可以看出,"理论"有以下特征。

第一,理性思维是理论生成或理论构建的方式。理论是人的高级理性认识,必须借助于人的理性思维才能形成对于外在事实的概括性、真实性陈述,因此感性认识(感觉、知觉、表象等)只能形成外在事实的初步、表层、具体的判断,还不是理论。只有理性认识(概念、判断、推理等)才能揭示事物的本质、运动发展规律,才是所谓的理论。著名文学理论家乔纳森·卡勒(Jonathan Culler)提出任何可以被称为"理论"的话语都应具有四大定义特征:(1)理论首先应该是"跨学科的话语",其影响和应用不能局限于某一领域;(2)任何理论都应该同时带有"分析性和思辨性";(3)理论应该是"对常

①　[苏]H.B.布劳别尔格、H.K.潘京:《新编简明哲学辞典》,高光三等译,吉林:吉林大学出版社1983年版,第131—132页。

②　《中国大百科全书·哲学Ⅰ》,北京:中国大百科全书出版社1987年版,第465页。

识的批判,对理所当然概念的盘诘";(4)理论具有内在的反思倾向,是"有思想的思想,是对我们借以产生意义的那些范畴的探究"①。其实,除第 1 个特征外,后 3 个都是表达一个意思:理性思维是理论的一大特征。

第二,科学语言是理论的表达方式。周林东认为:"任何理论的内容都是用语言来表述的,科学理论则是用科学语言表述的。从语言层面上看,科学主要地表现为一种陈述系统。所谓科学理论的语言结构也就是指构成该系统的陈述之间的关系。"他还说:"科学理论本身是由各种知识单元构成的,它们分别是概念、定律、定则、定理、公式、原理和学说。其中概念是最基本的知识单元,有了概念就可以进行判断,提出各种各样的命题,形成定律乃至整个理论和学说。""为了规范和简单起见,我们可以把科学理论的构成要素简化为三:术语、定律和理论。"②约翰·齐曼则说:"毫无疑问,理论属于概念世界,只能以语词、数学公式或图表等符号形式进行表达或交流。"③正因为如此,我们有时即使不看具体内容,单凭语言形式就能断定一种陈述是否是理论。

第三,系统结构是理论的逻辑组织方式。任何理论,无论它多么简单,也是通过一系列概念、命题按照一定的逻辑规则组织在一起的。实际上,外在世界的逻辑组织方式决定了理性的逻辑组织方式,内在的系统结构只是外在世界的一个"摹构"。约翰·齐曼则说:"但理论有其自身的地位。我们已经指出,一个解释必须比它的被解释更抽象、更概括,这样才能把一个解释系统置放在另一个解释系统内部,依次扩展成一个覆盖域不断增大的等级体系。"④内格尔认为:"为了分析起见,区分理论的三个成分将是有益的:(1)一种抽象的演算,它是该系统的逻辑骨骼,且'隐含地'定义了这个系统的基本概念;(2)一套规则,通过把抽象演算与具体的观察材料联系起来,这套规则实际上便为该抽象演算指定了一个经验内容;(3)对抽象演算的解释或模型,它按照那些或多或少比较熟悉的概念材料或可以形象化的材料使这个骨骼变得有血

---

① 转引自刘亚猛:《什么是"理论"》,《外国语言文学》2006 年第 4 期。

② 周林东:《科学哲学》,上海:复旦大学出版社 2004 年版,第 141 页。

③ [英]约翰·齐曼:《元科学导论》,刘珺珺等译,长沙:湖南人民出版社 1988 年版,第 43 页。

④ 同上。

有肉。"①

第四,社会价值是理论的内在目标。理论虽然是高度概括化的知识,但理论自身价值的体现依赖于社会。正如冯契所言:"一个新的科学理论,能否被承认或公认,取决于两个互相联系的因素或条件:科学理论成果自身的价值和社会因素即科学理论评价的标准。"②首先,理论需要社会来认可,最高深的理论也需要众多的追随者、传播者和研究者,因此只有当理论成为该相关领域比较一致的范式时,才能够确定其为理论。正如约翰·齐曼所说:"学术科学是一种社会建制,它在可能达到的最广泛的范围里,致力于建立观点的合理的一致性。"③其次,理论需要社会实践来检验。"只有那些从实践中产生又被实践证实为正确地反映了客观事物发展规律的理论才是科学的理论。科学的理论对于实践只有重大的指导意义。理论和实践是对立的统一。理论必须与实践相结合。离开实践的理论是空洞的理论,离开理论的实践是盲目的实践。理论和实践的统一是具体的、历史的统一。理论将随着客观世界和人的实践活动的发展而发展。"④

### (三)"理论"的评判标准

对于是否应该有一个"理论"的评判标准,不同的学派有不同的主张。逻辑实证主义认为存在一个评价科学合理性(即理论)的客观中立指标;而历史主义则认为"理论评价标准随科学的发展而发展",强调标准的变迁和社会语境;而以费耶阿本德为代表的相对主义则否认这个指标的存在,他们的标志性口号是"怎么都行"。本书接受实在论的观点,认为科学理论是可以确认的,并且事实上常常被按照通常方法论标准解释的科学证据所证实为真。因此,考察"理论"的评判标准,将有助于我们后文对 IMC 是否是理论的判断。

亨普尔提出"整体论"观点,认为理论系统的评价涉及清晰性、精确性、形式的简单性、说明力和预测力。奎因认为,合理的可接受的理论应当具备 7 个优点:一致性、保守性、温和性、简单性、普遍性、可反驳性、精确性。⑤ 库恩则

---

① [美]欧内斯特·内格尔:《科学的结构——科学说明的逻辑问题》,徐向东译,上海:上海译文出版社 2002 年版,第 107 页。

② 冯契主编:《哲学大辞典》,上海:上海辞书出版社 1992 年版,第 1409 页。

③ [英]约翰·齐曼:《元科学导论》,刘珺珺等译,长沙:湖南人民出版社 1988 年版,第 19 页。

④ 《中国大百科全书·哲学Ⅰ》,北京:中国大百科全书出版社 1987 年版,第 465 页。

⑤ 转引自潘天群:《科学哲学是否已走向终结?》,《中华读书报》2007 年 2 月 14 日。

认为好理论的评判标准有五个,"这五个特征——精确性、一致性、广泛性、简单性和富有成果性——都是评价一种理论是否适当的标准准则"①。我国马雷教授提出理论的"协调合理性模式",他把协调力分为经验协调力、概念协调力和背景协调力,经验协调力包括一致性、过硬性、简洁性、多样性、明晰性、统一性、精确性;概念协调力包括一致性、过硬性、简洁性、明晰性、统一性、贯通性、深刻性;背景协调力包括实验、技术、思维、心理和行为等②。

我们认为,上述这些标准是一些评判是否是"理论"的定量标准,真正的理论的评判标准应该包括定性和定量两部分。因此,结合"理论特征"和"评判标准",本书建立如下理论评判标准(见图1.1):

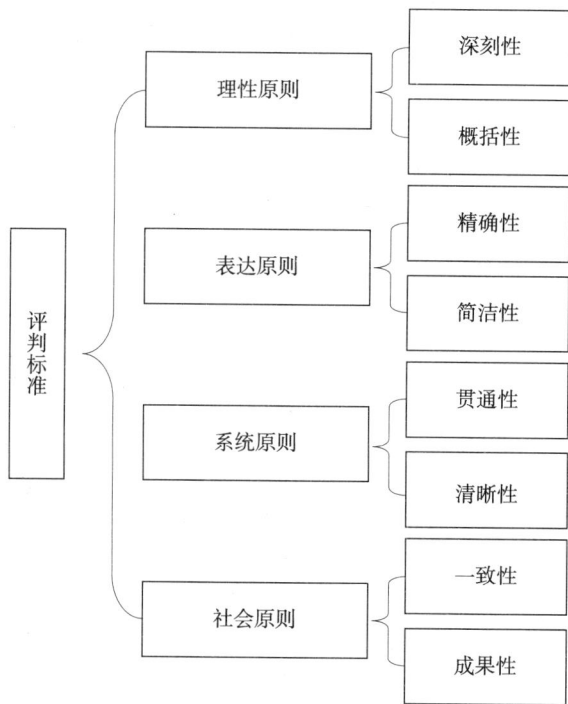

**图1.1 理论评判标准**

---

① [美]托马斯·库恩:《必要的张力——科学的传统和变革论文选》,范岱年、纪树立等译,北京大学出版社2004年版,第313页。

② 参见马雷:《冲突与协调——科学合理性新论》,北京:商务印书馆2006年版。

# 第二节　IMC 是一个理论吗

## 一、理论概念还是管理时尚——IMC 研究争论的一大焦点

在 2000 年 9—10 月(Vol. 40)的美国《广告研究杂志》(*Journal of Advertising Research*)上,同期刊登了两篇文章,一篇是约普·P. 科勒森(Joep P. Cornellssen)和安德鲁·R. 洛克(Andrew R. Lock)的《理论概念还是管理时尚?——IMC 的价值检验》,另一篇是唐·舒尔茨(Don E. Schultz)和菲利普·凯奇(Philip J. Kitchen)的文章《对"理论概念或管理时尚"的回应》,这两篇文章针锋相对,对 IMC 的现状和前景看法完全相反,引起广泛的争论,成为 IMC 研究的一大焦点。前者的引用高达 42 次,后者的引用达 24 次,可见这次论战影响之大。

科勒森和洛克认为:过去十年 IMC 作为一个理论概念、观念、技术或者一个单纯的辞藻获得广告公司主管、营销和广告实务人士、流行出版物作者和营销及管理学者越来越多的认可。但还是没有人能够说清 IMC 对于营销界和广告界无论是思想上还是实践上的理论价值和实际意义。他们认为 IMC 不能成为理论是基于五个评估要素:(1)缺乏学术内容和严密性;(2)过于简单化和对策化;(3)理性主义准则是 IMC 受到采纳的一大原因;(4)玩弄辞藻是 IMC 受到采纳又一原因;(5)影响力短暂模式。在第 5 点中,他们提出了 IMC 生命周期模式,即诞生期、成长期、成熟期和衰落期,他们断言 IMC 已经进入衰落期。他们说:"基于 IMC 作为一个理论非常浅表化,像定义缺失、正规的理论架构缺失、研究缺失,于是 IMC 是一个管理时尚的假设诞生了。"[①]

舒尔茨和凯奇从四个方面对科勒森和洛克的文章进行了反驳。(1)缺乏普遍接受的定义和测量系统只能断定现在 IMC 还不是理论,只能证明 IMC 处于"前范式"阶段,并不能得出它是管理时尚的结论。(2)科勒森和洛克的第二个错误是"断章取义",只选取对自己观点有利的公关学者的文章,而且只选取引用符合自己口味的材料而不顾材料本来存在的语境。(3)广告和公关也没有很好的效果测量方式,但没有人因此说没有"广告理论"或者"公关理

---

① Cornelissen Joep P. ,Lock Andrew R. (2000) ,"Theoretical Concept or Management Fashion? Examining the significance of IMC" ,*Journal of Advertising Research* ,2000 ,40 ,pp. 7–16.

论",因此科勒森和洛克所依据 IMC 没有测量方式也不能成为它不是理论的证据。(4)科勒森和洛克观点的实质是他们的保守,他们"企图维持现状或者倒退到传统的学术理论和满足过去功能分化的时代"。舒尔茨和凯奇相信 IMC 光明的前景,他们说:"我们主张 IMC 是一个概念,它似乎能够反映那个时代世界正发生的变化,提供如何处理那些议题的新建议。我们仍不相信 IMC 是一个理论,但相信整合一般观念、过程和系统思维一定在 21 世纪领导潮流。"①

舒尔茨与科勒森的论战,第一次将一个重大的问题摆上桌面:IMC 是一个理论吗? 或者它只是一个时尚? 这个问题成为 IMC 研究的"分水岭","IMC,活着还是死去"的疑问拷问每一个 IMC 研究者。这也绝不是一个简单的回答,它牵涉不同研究者对 IMC 内涵的理解、对 IMC 价值的判断。换言之,这个问题涉及 IMC 的"真"与"通",这是理论研究真正需要解决的问题。

### 二、IMC 不是一种管理时尚

称 IMC 是一种管理时尚,潜藏两层意思:一是 IMC 已经是一种管理思维方式;二是 IMC 将很快被更新的管理思维方式代替。我们分别来讨论。

#### (一)IMC 已经是一种管理思维方式吗

IMC 最早出现在广告界。1981 年,扬·罗必凯广告公司提出"全蛋"计划(whole eggs),即把所有的传播策略集中到一起,包括广告、公关、促销、人员推销等手段综合运用,"把所有的鸡蛋装在一个篮子里",希望"一站办妥"。稍后,奥美广告公司提出"交响乐"(Orchestration)口号,即把不同的传播组合运用,就像交响乐队不同乐器一起演奏,发出和谐美妙的声音。这些都是最早IMC 思想的萌芽。20 世纪 80 年代中后期,"IMC"一词诞生,立即受到广告界的欢迎,1989 年 4As(美国广告代理公司联合会)大力推行此概念。1991 年,西北大学联合 4As 和 ANA(美国广告主协会)实施了美国第一个 IMC 全国性调查,结果发现美国消费品企业管理人员已经开始接受"整合"的思想。②

---

① Schultz Don E. ,Kitchen Philip J. (2000) ,"A Response to ʻTheoretical Concept or Management Fashion?ʼ"*Journal of Advertising Research*,2000,40(5),pp. 17–21.

② See Caywood C. ,Schultz D. E. ,Wang P. (1991) ,"Integrated Marketing Communications:A Survey of National Goods Advertisers,unpublished report. Bloomington",in *Medill School of Journalism*,Northwestern University,June 1991.

1993 年,唐·舒尔茨撰文宣称"整合营销传播现在是营销最热门的话题之一"[①]。更多的实证调查结果表明,美国无论是企业营销人员还是广告公司管理者都普遍接受"IMC"的概念,并在实践中加以运用。[②] 而众多的营销学著作增添 IMC 的章节,大量的广告学教材改名为 IMC,反映出 IMC 确实已经成为营销界的一种新的思维方式和管理方式了。菲利普·凯奇(Philip J Kitchen)等人说:"这样仅仅是十年的时间,IMC 概念已经横扫整个星球,并成为一声号角,——不仅是营销和营销传播文献,而且成为营销的内在组成部分,甚至许多公司的传播战略。"[③]因此,我们的回答是:IMC 已经是一种管理思维方式。

**(二)IMC 将很快被更新的管理思维方式代替吗?**

1. IMC 目前依然在实务界盛行

在科勒森(Cornellssen)和洛克(Lock)的《理论概念还是管理时尚?——IMC 的价值检验》论文发表的次年,威廉姆·斯温(Willian N. Swain)在美国营销界展开了一次大型实证调查,旨在研究美国营销界对 IMC 的最新看法。他把被调查者分为七个群体,基本涵盖了学界和业界的整个营销界对象。七个群体是广告代理公司主管、公关公司主管、企业营销主管、企业公关主管、广告和营销学术界、公关学术界以及网络开发商。每组样本量 400—500,最终总共收到有效问卷 203 份。通过问卷分析得出很多有意思的结论。问卷中其中的一个问题是:"你觉得 IMC 的地位:(1)持久的;(2)一个重要的过渡期;(3)一个不重要的过渡期;(4)一个正在消逝的时尚;(5)已死或不知道/不回答。"统计结果是:203 个回答者中 153 个选择了"持久",接近 75%;27 个选择"一个重要的过渡期",达 13%;3 个选择"一个不重要的过渡期";7 个选择"一个正在消逝的时尚";2 个选择"已死"。后三者选择加起来不到回答者的

① Schultz Don E. (1997),"Integrated Marketing Communications:Maybe Definition is in the Point of View",*Marketing news*,1993,27(2),p. 17.

② See Duncan T. R,Everrett S. E. (1997),"Client Perceptions of Integrated Communication",*Journal of Advertising Research*,1993,32(3),pp. 30-39;Kitchen P. J.,Schultz D. E. (1997),"Integrated Marketing Communications in US Advertising Agencies:An Exploratory Study",*Journal of Advertising Research*,1997,37(5),pp. 7-18.

③ Kitchen Philip J,Brignell Joanne,Li Tao,Spickett Granham (2004),"The Emergence of IMC:A Theoretical Perspective",*Journal of Advertising Research*,2004,March,p. 21.

6%,可见大多数回答者认为 IMC 是一个持久的、重要的现象。正如作者在论文中对多数营销人士关于 IMC 态度的描述"我们不能定义它,我们不能测量它,但我们喜欢它,我们正在使用它"①。

2.IMC 诞生的时代因素仍然发挥作用

IMC 之所以诞生于 20 世纪 80 年代后期并能在 90 年代流行开来,是于当时的时代环境的巨大变革分不开的。

科特勒对营销环境的变化总结了以下几点:(1)技术进步;(2)全球化;(3)政府减少管制;(4)私有化;(5)顾客强势;(6)定制化;(7)激烈的竞争;(8)行业趋同;(9)零售业的变化;(10)甩开中间商②。

唐·舒尔茨在他的第一本《整合营销传播》中对营销环境的改变总结了几点:(1)大众分众化;(2)媒介零细化;(3)权力下移化;(4)注意浅尝化。③在他的《全球整合营销传播》中又总结了几点:(1)数字化;(2)信息技术;(3)知识产权;(4)传播系统。④ 在他的《整合营销传播——创造企业价值的五大关键步骤》中他说:"20 世纪 80 年代中期开始出现三个变化:(1)数字化;(2)品牌化;(3)全球化。"⑤

雷德和韦克福德对于营销传播环境的变化总结了五点:(1)大众营销忠诚度下降;(2)更多相关目标传播的紧密程度增加;(3)营销传播者变为品牌管理者的需求增加;(4)增加测量/提高传播回报。⑥

综合上面各种观点,我们对 IMC 诞生的时代因素总结如下。

(1)经济全球化。20 世纪 80 年代以来,伴随着全球经济自由化和市场化

---

① Swain Willian N. (2001),"We Like it,We're doing It. But do We Know what It is(yet)"? *An Exploratory Study of Tntegrated Marketing Communications*,WJMCR 4:4,September 2001.

② 参见[美]菲利普·科特勒、凯文·莱恩·凯勒:《营销管理》(第 12 版),梅清豪译,上海:上海人民出版社 2006 年版,第 13—14 页。

③ 参见[美]舒尔兹、田纳本、劳特朋:《整合营销传播:谋霸 21 世纪市场竞争优势》,吴怡国译,呼和浩特:内蒙古人民出版社 1998 年版,第 8—37 页。

④ 参见[美]唐·舒尔茨、[英]菲利普·J.凯奇:《全球整合营销传播》,何西军等译,北京:中国财政经济出版社 2004 年版,第 3—6 页。

⑤ [美]唐·舒尔茨、海蒂·舒尔茨:《整合营销传播:创造企业价值的五大关键步骤》,何西军等译,北京:中国财政经济出版社 2005 年版,第 8—11 页。

⑥ See Reid M.,Wakeford N. (2002),"Integrated Marketing Communications and Performance", *ANZMAC* 2002 *Conference Proceedings*,p.131.

改革的浪潮,经济全球化的进程空前加速。一方面,在世界范围内,各国、各地区的经济相互交织、相互影响、相互融合成统一整体,即形成"全球统一市场",包括商品、服务、技术、信息、劳动力、货币资本、贸易、市场竞争的全球化;另一方面,在世界范围内建立了规范经济行为的全球规则,并以此为基础建立了经济运行的全球机制,其中世界贸易组织(WTO)协议就是最基本、最重要的全球经济规范规则。在经济全球化浪潮中,国际贸易和全球传播对营销提出了新的要求,如何实现跨文化的有效传播成为跨国集团经营战略的一个难题。"全球化战略,本土化执行"成为大多数集团的方针,而这种方针的实施需要"整合"信息资源,实现有效传播。

(2)媒介"碎片化"。20 世纪 80 年代以来,由于电脑、网络的迅速普及和数字技术的广泛应用,媒介形态发生变化。一方面新媒介大量出现,另一方面传统媒介不断细分化,最终导致媒介"碎片化"。"碎片化"的媒介在传播时需要定位于特定分众,但"碎片化"的媒介又是处于一个统一的组织结构中,因此如何协调不同的媒介形式,形成区分明确、优势互补的经营格局,成为各大媒介机构经营考虑的重点。而对于广告公司和广告主来说,如何选择媒介和媒介组合,成为一个关键问题。在这种背景下,对"整合"的关注顺理成章。

(3)企业集团化。20 世纪 80 年代以来,企业的兼并、收购之风盛行,跨国、跨地区、跨行业的企业合并为一个"巨无霸",或者几个不同类型的媒介合并为一个超级"航空母舰"成为司空见惯的现象。企业集团化意味着企业需要重新整合内部人力资源、财力资源、信息资源,重新制定新的经营战略。无论是实行"单一品牌"战略、"多品牌"战略、还是"家族品牌"战略,实行整合传播都是必然的选择。

(4)技术数字化。数字技术是我们这个时代的标志性传播技术。数字技术是以二进制数字"0"和"1"为编码程序的一种技术,其典型应用是在计算机和网络上。数字技术在信息容量、信息链接抓取、信息复制、信息储存、信息传播速度、信息清晰度、信息丰富度、信息自由度等方面都有着自身的优势,成为新的技术革命。它也带来了政治、经济、社会和文化面貌的巨大变化。对于企业来说,数字技术的运用带来了网络营销、数据库营销、直接营销、电子商务等新的营销方式。对于消费者来说,数字技术使消费者拥有了主动搜寻信息和传播信息的手段,他们不再是被动的"受传者"。传播方式从"推动"(Push)

转变为"拉动"(Pull)。因此,企业信息传播不再能够完全控制整个传播过程了,他们必须对品牌接触的信息进行必要的整合,以利于自身的形象。

直到今天,经济全球化、媒介"碎片化"、企业集团化、技术数字化的步伐仍未停止,因此 IMC 的生存环境依然如故,IMC 就依然有其存在的理由,就不能说它是一种时尚。"毫无疑问世界已经变化了,传播的本质和形式已经发生改变,因此营销和传播发展和管理的实践一定发生改变。也毫无疑问不断增长的各种类型的商务正被组织成一个系统或进步方法。互联网和万维网已经永远地改变了传播系统。那种认为不搞 IMC 就能回到没有整合的、功能分离的、不相关联的传播系统的人,请面对今天日常商务管理激烈斗争的现实吧。价值链、整合系统、网络、程序、关系,所有这些都是 21 世纪商业管理符号,也一定成为传播管理符号。维持现状,似乎是 Cornelissen 和 Lock 论点的关键要素,但不是一个理性营销传播管理方式,也不能得到太多的专业实践支持。"①唐·舒尔茨对科勒森的这段批评是相当有力的。

科勒森认为 IMC 是一种管理时尚,这个观点是 8 年前提出来的,8 年过去了,但 IMC 似乎并未成为昙花一现的现象,众多的企业、广告公司、媒介仍然在运用它,虽然 IMC 本身还有很多缺陷,其理论内涵需要界定,其实践需要新突破,但整合的思想无论在理论还是在实践方面保持连贯性。从当前企业组织面临的外部环境压力下,越来越多的企业组织把 IMC 作为营销管理战略的一部分。

所以,无论从实践现状还是发展潜力看,IMC 都不是一种时尚。

### 三、IMC 还不是一种理论

#### (一)学术界对 IMC 是否是一种理论没有达成共识

1. 中国学术界普遍认为 IMC 是一种理论

1996 年 IMC 引入中国大陆,引起学术界的关注。据笔者统计,从 1996 年至今,国内共出版以"整合营销传播"为题的著作(包括专著、编著、译著)达 30 余种,这些书多数是把 IMC 作为一种新的营销学理论来介绍的。例如卫军

---

① Schultz Don E. ,Kitchen Philip J. (2000) ,"A Response to 'Theoretical Concept or Management Fashion?'" *Journal of Advertising Research* ,2000 ,40(5) ,p. 19.

英教授目前已经出版 3 本"IMC"专著了,像《整合营销传播理论与实务》、《关系创造价值——整合营销传播理论向度》,显然是作为一种理论来研究的。

另外,大多数"广告学概论"性质的教材,也增添了"整合营销传播"的内容。大致分两种情况:一种把 IMC 作为"传播策略",基本放在"整体策划实务"部分来介绍,像王军元的《现代广告学》、张健康的《广告学概论》都是如此;另一种是把 IMC 作为"广告学理论"来介绍,像杨海军的《现代广告学》、李宝元的《广告学教程》就是这样。有的教材甚至这样介绍:"整合营销传播(Integrated Marketing Communication,IMC)是 20 世纪 90 年代市场营销界最为重要的理论,兴起于商品经济最为发达的美国。整合营销传播理论作为一种实战性极强的理论,得到了企业界和营销理论界的广泛认可。"①

张金海先生的《20 世纪广告传播理论研究》是国内屈指可数的广告理论研究专著,对 20 世纪广告理论界的重大理论进行了清晰的梳理和学理的批评,其中上、中、下篇都讨论了"整合营销传播",也是把它作为一个重大理论命题来研究。②

胡晓云的论文《现代中国广告学理论研究历程及现状》,对中国 1979 年后的广告学理论研究作了详细的介绍,通过文献内容分析得出国内广告学理论研究有 16 大主要命题,其中第 3 项是 IMC。③

从我国学者的研究来看,IMC 无可置疑地已经是一种营销学、广告学理论。笔者认为,对 IMC 进行理论研究是从理论上对一个已经存在的现实现象的归纳和陈述,只能说明它具有学术价值,但并不能由此断言它一定就是一个理论。理论的判定不是我们随意"封号"的,也不是靠人多势众"抬"出来的。理论是对外在实在的理性表述,是真实和有意义的知识体系,有着一定的评判标准。

2. 美国学术界普遍认为 IMC 还不是一种理论

20 世纪 80 年代中后期,IMC 在美国实务界诞生,随后进入美国学术界,至今仍然是营销、广告学术界的一个热门话题。笔者对美国三大广告期刊

---

① 吕巍主编:《广告学》,北京:北京师范大学出版社 2006 年版,第 37 页。

② 参见张金海:《20 世纪广告传播理论研究》,武汉:武汉大学出版社 2002 年版。

③ 参见胡晓云:《现代中国广告学理论研究历程及现状》,《现代广告·学刊》2005 年总第 110 期。

*Journal of Advertising Research*(JAR,《广告研究杂志》)、*International Journal of Advertising*(IJA,《国际广告杂志》)、*Journal of Advertising*(JA,《广告杂志》)进行以"IMC"为关键词的搜索,结果搜到:JAR 有 65 篇论文、IJA 有 6 篇论文、JA 有 70 篇论文,足见 IMC 已经成为广告学术界的主流话语。但是以"IMC theory"为关键词,仅仅在 JAR 搜到 1 篇论文。可见,美国学术界普遍没有把 IMC 当做一种理论。

皮特(Leyland F. Pitt)等人的论文《三种主流广告期刊的理论状况:研究笔记》①,从一个侧面证实了上面的结论。在他们的论文中,他们选取 JAR、IJA、JA 三大广告杂志,分析了从 1991 年 1 月到 2001 年 12 月总共 11 年的 1000 篇论文,得出了一些很有意思的结论。

(1)1000 篇论文中明确提到"某某理论"为框架的论文有 170 篇,占总数的 17%;

(2)论文中提到的理论前十位是:① Persuasion theory(说服理论);② Social comparison theory(社会比较理论);③ Socialisation theory(社会化理论);④ Emotion theory(情感理论);⑤ Classical conditioning theory(阶层状况理论);⑥ Information processing theory(信息过程理论);⑦ Learning theory(学习理论);⑧ Means end chain theory(工具终端链理论);⑨ Prospect theory(期望理论);⑩ Agency theory(代理理论)。

(3)理论出自的学科排名:① Psychology(心理学);② Sociology(社会学);③ Economics(经济学);④ Philosophy(哲学);⑤ Literature(文学);⑥ Drama(戏剧);⑦ Marketing(营销学);⑧ Advertising(广告学);⑨ Commerce(商业);⑩ Biology(生物);⑪ Law(法学)。

(4)170 篇论文中,仅仅有 5 篇文章基于广告学理论,2 篇基于营销学理论,说明广告杂志上有理论的论文,大多数依赖广告学和营销学以外学科中的理论。

很遗憾的是,他们的论文中没有说明哪 7 篇论文引用了广告学和营销学的什么理论。

---

① See Pitt Leyland F., Berthon Pierre, Caruana Albert, Berthon Jean-Paul(2005), "The State of Theory in three Premier Advertising Journals: A Research note", *International Journal of Advertising*, 2005, 24(3), pp. 241-249.

我们从舒尔茨、邓肯、贝尔齐等人的专著中未发现"整合营销传播理论"的字眼,从托马斯·罗塞尔(J. Thomas Russell)、托马斯·欧奎因(Thomas C. O'Guinn)等人的广告学教材中,也没有发现作为理论来介绍。倒是舒尔茨在他与科勒森论战的那篇论文中,三次说到"IMC 还不是一个理论"。斯温通过实证调查也得出结论:"本书的结果是 IMC 还不是一个黏性的和有效的范式、理论或者实践。"[1]

**(二)用理论评判标准来推断 IMC 是否是一种理论**

上节我们已经提出了一个"理论评判标准",见图 1.1 所示。理论评判标准包括 4 大原则、8 个评判指标。下面我们来逐一分析 IMC 是否达到了我们的评判标准。

1. 理性原则

理性原则包含两个指标:深刻性和概括性。从目前 IMC 的研究成果看,这两个指标都未达到。Shawn M Benkahla 对 10 种不同刊物(4 种公关类刊物、4 种广告类刊物、2 种营销类刊物)近 15 年的 IMC 文章作了内容分析,其中一个结论是:更多的文章是关于 IMC 的运用和实践。文章最后说:"通过研究发现 IMC 是一个正在成长的领域。涵盖两个重要方面(公关、广告)的新项目仍有一些缺陷,限制了理论的作用。一个例子是 IMC 定量检验方法还没有设计出来。只有当 IMC 能够精确计划和有效测量,它才能成为一种观念而不仅仅是现实运用。"[2]可见,即使在美国,IMC 研究重点也是放在操作层面上,理论概括性和深刻性还远远不够,这仍有一个发展过程。

2. 表达原则

表达原则的两个指标是:精确性和简洁性。任何理论都需要用科学语言表达出来,理论程度越高,所使用的语言越精确、越简洁。但目前 IMC 表述还很成问题。举例来说,1993 年,舒尔茨给出 IMC 一个新定义:"整合营销传播是一个通过长期发展和应用对顾客和潜在顾客多种形式的说服性传播项目的

[1]　Swain William N. (2004), "Perceptions of IMC after a Decade of Development: Who's at the Wheel, and How Can We Measure Success?" *Journal of Advertising Research*, 2004 March, p. 56.

[2]　Benkahla Shawn M(2006), "A Study of The History and Use of Integrated Marketing Communications Within Publications from 1991-2005", *Thesis for the degree of Master of Science in Journalism*, West Virginia University, 2006.

过程。IMC 的目标是影响或直接作用选定的传播对象的行为。IMC 考虑品牌或公司接触的所有来源,即顾客或潜在顾客获得产品或服务的未来信息的潜在传送渠道。而且,IMC 利用所有与顾客和潜在顾客相关的各种传播形式,也是他们接受的传播形式。总之,IMC 过程始于顾客和潜在顾客,然后回到决定和界定的形式和方法中,这样说服性项目能够被开发。"①其实,就语言运用而言,舒尔茨在营销界是有口皆碑的,但他给出的这个新定义冗长、不简洁。这只能说明 IMC 的理论性还不够。

3. 系统原则

系统原则有两个指标:贯通性和清晰性。在所有指标中,IMC 最欠缺的是这两个指标。系统原则要求理论组成层次应当条理清晰、结构逻辑分明,概念群、命题群能够各就各位,它们之间又有内在的、必然的联系,能够互相贯通、互相支持。但目前我们连最基本的概念群、命题群也无法得到明确的、一致的确定,更不必说建立它们之间的逻辑联系。有学者对舒尔茨的"整合营销传播"理论进行批评,其中一点是"舒氏理论缺乏严谨性和连贯性,内在逻辑性不强,论述显得有些杂乱"。② 其实,不仅舒氏的整合营销传播研究缺乏严谨性和连贯性,其他人的整合营销传播研究同样存在这个毛病,这不是个人的特殊现象,而是一个理论的普遍现象,只能说明理论还不成熟,或者根本还不是一个理论。

4. 社会原则

社会原则有两个指标:一致性和成果性。一致性指此理论获得科学研究共同体大多数人的认可,把它作为一种理论。成果性指理论具有理论价值和实践价值,这些价值受到了检验,并获得社会的公认。目前 IMC 的概念已经获得大多数人的认可,作为一种管理观念也在实务界得到推广。但是,关于 IMC 的内涵、意义等重大议题,营销学术界还存在很大争议。另外,IMC 在实践推行中还有许多障碍,使其价值未能完全发挥。因此,只能说社会原则的两个指标也还未完全达到。

综上所述,IMC 经 8 大指标检验,都未能达标。因此,IMC 至今还不是一

① Schultz Don E. (1993),"Integrated Marketing Communications: Maybe Definition Is in the Point of View",*Marketing News*,1993,27(2),p.17.

② 陈欢:《重新审视整合营销传播》,《中国广告》2002 年第 1 期。

种理论。

### 四、IMC 处于理论前范式阶段

#### (一)理论前范式阶段和后范式阶段

根据科学实在论和建构实在论的观点,理论是对客观实在的描述,是理性思维对现象本质的探索结果。理论探索需要发挥人的主观能动性,可以假设、证实和建构。因此,理论的完成,并不是一朝一夕的结果,而是理论研究共同体长期前赴后继不断完善的结果,这是一个不断逼近真理的过程。牛顿提出光粒子说,但他承认:"我之所以比别人看得远,是因为我站在巨人的肩膀上。"因此,并不存在一个一开始就很成熟的理论,理论从幼稚到成熟都有一个过程。

在科学哲学领域的众多学者承认科学进步的合理性。内格尔(E. Nagel)提出了一个逻辑经验主义的科学进步模型,他认为科学进步永远是内容较多的理论取代内容较少的理论,且前者包含后者,也就是说在新旧理论之间存在可通约性。[1]

历史主义科学哲学家托马斯·库恩也主张科学进步的合理性,但反对逻辑经验主义的理论可通约性,他认为一个范式取代另一个范式可以是革命性的而不是累积性的。"范式"(Paradigm)是库恩反复使用的一个概念。库恩在自己的书中不同场合多次使用"范式"一词,但并未给出确切的定义。从库恩书中可以看出,他对"范式"概念的主要内涵有三种理解:其一,"范式"是公认的模式。他说:"按照其已确定的用法,一个范式就是一个公认的模型或模式(Patten),在这一意义上,在我找不出更好的词汇的情况下,使用'Paradigm'(范式)一词似颇合适。"[2]其二,"范式"是一个科学共同体共有的东西。他说:"范式是一个成熟的科学共同体在某段时间内所接纳的研究方法、问题领域和解题标准的源头活水。""一个范式就是一个科学共同体的成员所共有的东西,而反过来,一个科学共同体由共有一个范式的人组成。"[3]其

---

① See Nagel(1961), *The Structure of Science*, New York, pp. 336–337.

② [美]托马斯·库恩:《科学革命的结构》,金吾伦、胡新和译,北京:北京大学出版社 2003 年版,第 21 页。

③ 同上书,第 95、158 页。

三,范式是一门科学成熟的标志。他认为一个领域进入常规研究的标志,就是拥有一个范式,这是一门科学达到成熟的标志。他把科学发展分为以下几个时期:第一,一门科学没有形成统一范式前,处于前范式阶段;第二,在形成统一范式后,进入常规科学阶段;第三,常规科学发展到一定阶段,进入危机阶段;第四,为了克服危机,需要寻找新的范式,新旧范式交替时,科学处于革命阶段。如此循环往复,导致科学的不断进步。①

因此,在库恩看来,科学理论可以分成成熟理论与不成熟理论(后范式和前范式)。前范式理论阶段相当于婴儿期,后范式理论阶段相当于成人期。理论从婴儿期到成人期,游戏规则发生了根本改变,也就是说,一个范式此时在这个领域建立起霸权地位。范式是一个理论研究共同体认可和遵循的研究方法、范例或成果。成熟理论比不成熟理论更科学、更进步。

**(二)IMC 不是理论范式**

库恩说:"我所谓的范式通常是指那些公认的科学成就,它们在一段时间里为实践共同体提供典型的问题和解答。"②因此,范式是一个理论研究共同体公认的研究方法和科学成就。但是,至今我们在整合营销传播研究领域还没有看到这样的范式。

从 20 世纪 80 年代后期开始,众多的营销学和广告学学者在 IMC 领域进行相关研究。但是至今还没有形成在一个共同范式领导下的理论研究共同体。其具体表现在:第一,缺乏一个共同的理论框架。众多学者是在营销学领域建立理论框架,但由于对 IMC 本体研究的重点和兴趣存在分歧,导致建构的理论框架相差很大,例如代表人物唐·舒尔茨同汤姆·邓肯的理论框架就完全不同。第二,缺乏共同的理论结论。各位学者对 IMC 的定义、特点、模式、价值和基本命题的结论各不相同,反映出对 IMC 现象缺乏一致的认识,对 IMC 问题缺乏公认的答案。第三,缺乏共同的研究方法。许多学者采用的研究方法是沿用营销学和广告学的研究方法,对于 IMC 本体研究如何开展,学者们缺乏共识。因此,在 IMC 研究中,一些学者使用分析法,另一些学者使用

---

① 参见[美]托马斯·库恩:《科学革命的结构》,金吾伦、胡新和译,北京大学出版社 2003 年版,第130—155 页。

② [美]托马斯·库恩:《科学革命的结构》,金吾伦、胡新和译,北京:北京大学出版社 2003 年版,"序言"。

总结法;一些学者使用归纳法,另一些学者使用演绎法;一些学者使用定性研究,另一些学者使用定量研究。

　　缺乏共同的理论框架、理论结论和研究方法,说明在 IMC 研究领域的学者没有形成科学共同体,缺乏共同的理论范式。因此,IMC 还不成其为一个理论,它处于理论的前范式阶段,它到达后范式阶段还需 IMC 研究者们的共同努力。

## 第三节　IMC 理论批评

　　处于前范式阶段的 IMC,理论体系尚未形成。在目前的理论形成期,许多问题没有解决。当前的理论形态存在以下三个主要问题,如不解决将直接影响此理论的科学性和应用价值,同时对于一个理论范式的建构产生障碍,故必须予以批评。

### 一、对 IMC 理论范畴的批评

　　在目前的 IMC 理论形态中,关于 IMC 的范畴大小的说法很多,缺乏一个一致的意见。对于"整合营销传播"的范畴,目前至少有三种观点。其一,整合—(营销)传播。"营销"作为"传播"的定语,构成一个偏正词组,其范畴在"传播",且限制在"营销传播"。其二,整合营销—传播。意思是对营销进行整合,再把整合后的营销,进行有选择地传播。这里的范畴放在"营销"上,"传播"是可有可无的附加物。其三,整合—(营销+传播)。即所有的营销和所有的传播都在整合之列,"营销传播"构成的是联合词组,这里的范畴是最大的。那么,哪种定位是正确的呢?

　　唐·舒尔茨早期的著作中,对 IMC 的范畴还是很清晰地定位于"营销传播"范围中。无论是他早期提出的 IMC 定义、还是早期提出的 IMC 模式,都明白地指出 IMC 是"广告、公关、直接营销、促销、事件营销等营销传播工具的组合"。但是在他后期的著述中,对 IMC 的范畴不断扩大,他在使用"整合营销传播"同时,时而使用"整合传播",时而使用"整合营销",时而使用"整合营销和传播",表现出很大的随意性。这种随意性或许与他特意淡化"营销"与"传播"界限的观念有关。在他的第一本《整合营销传播》著作中,他就提出

"营销即传播,传播即营销"的命题。① 此命题的提出,显然旨在打破传播与营销的界限,但这样一来,也取消了二者的界限,使得定位于信息传播活动和物质经营活动的两个概念,成为混为一谈的"怪胎"。而"整合营销传播"原本清晰的范畴,变得含混不清。似乎一切营销领域的问题、一切传播领域的问题,都可以用 IMC 来解决。IMC 的范畴无限扩大的同时,IMC 理论也成为一个"神话"。但是,看起来很美的理论只是一种纸上谈兵,一旦进入实践领域,就发现处处受阻、障碍多多。IMC 并非无所不能的"全民超人"。IMC 确实能够发挥作用,但其作用仅仅限制在传播领域,而且是营销传播领域。超出了"营销传播"的范围,IMC 就无能为力。因此,本书赞成第一种观点,将"整合营销传播"范畴定位"(营销)传播"内。IMC 不应该也不能够无限扩大其作用范畴,它的根本职责只是在如何更有效地传达营销信息,来帮助企业改善与消费者的关系,从而实现营销目标。

## 二、对 IMC 理论目标的批评

IMC 理论所想达到的目标是什么呢? 在目前理论形态下,众多学者坚持认为是控制信息传播,使之保持传播的一致性。在 1989 年 4A 发布的第一个"IMC"定义中,已经可以看出此理论的目标:提供清晰、连贯、一致的信息。该定义是:"这是一个营销传播计划概念,要求充分认识用来制定综合计划时所使用的各种带来附加价值的传播手段——如普通广告、直接反映广告、销售促进和公共关系——并将其结合起来,提供具有良好清晰度、连贯性的信息,从而使传播影响力达到最大化。"②20 世纪 90 年代中期,美国广告学教科书中对 IMC 的定义,普遍采用"以一种声音说话的讯息活动"。舒尔茨在 1995 年一篇《五年 IMC 回顾》文章中说:"当我刚开始研究 IMC 时,我主要关注外部传播项目如何被组织和整合。换句话说,如何把广告、销售促进、直接营销和

---

① 参见[美]舒尔茨、田纳本、劳特朋:《整合营销传播》,吴怡国等译,呼和浩特:内蒙古人民出版社 1998 年版,第 69 页。

② Schultz Don E. (1995), "Should Students Learn IMC?" *Marketing News*, 1995, 29 (20), p. 10.

公共关系合并起来。一种形象,一种声音。许多人现在还是这样看整合。"①
确实,至今对于 IMC 的目的,绝大多数学者还是认为"发出一种声音"。

企业营销实务界也很认同 IMC 的这个目标。原因正在于,营销信息变得
越来越难以控制。科特勒的观点最能代表实务界的心声,他说:"问题在于,
这些信息通常来自公司的不同渠道。广告信息由广告部或代理公司策划和实
施。人员销售沟通由销售管理部门设计。其他职能部门负责公共关系、销售
推广、直销、网站和其他形式的营销沟通。"而其后果就是:"公司常常未能将
各种沟通渠道进行整合。结果是消费者接收到了一大堆混乱的信息。大众广
告说的是一方面,价格促销传达的是另外一种信息,产品标志又是另外一回
事,而公司的销售宣传资料又全然不同,至于公司的网站则又与上述内容都不
相关。"②刚好,整合营销传播理论宣扬的"将混乱的信息整合成清晰一致的信
息"目标,与企业想达成的目标一致,于是这个目标成为 IMC 理论中少有的理
论界与实务界的共识。

但是,这个目标只考虑到信息的传播者,却没有考虑到信息的受者。企业
在整合信息时,可能只选择符合自身利益的信息,再通过各种传播工具发布出
去,只要保持"一种声音"即可。但消费者需要的是更全面的信息,他们却没
有渠道得到这样的完全信息。于是,信息传播成为一种不对称也不公平的行
为,而传授双方处于非均衡的权力博弈中。以"三鹿奶粉"事件为例,早在
2007 年安徽、陕西等地已经发现因食用"三鹿"奶粉而出现结石病症的患儿。
但企业却一直将消费者反馈的意见隐瞒不报,仍大肆宣传自己是营养丰富的
奶粉。直到 2008 年 9 月整个事件被媒体曝光,三鹿集团还组织公关人员前往
百度,商谈 300 万封闭百度搜索引擎中的所谓"负面信息"。从企业的角度,
他们正是按照整合营销传播理论目标行事的,但是消费者在所谓的"一种声
音"面前遭受到了巨大的伤害。因此,整合营销传播的这个理论目标显然存
在问题。

唐·舒尔茨也看出了 IMC 理论目标的偏离,他多次强调消费者在整合营

---

① Schultz Don E. (1995),"Making Mid-decade Course Corrections",*Marketing News*,1995,29
(4),p. 10.

② [美]菲利普·科特勒、加里·阿姆斯特朗:《市场营销原理》(第 11 版),郭国庆等译,北
京:清华大学出版社 2007 年版,第 382 页。

销传播中的重要性。例如他指出 4P 被 4C 取代,他说:"过去是'消费者请注意',现在已经被'请注意消费者'取代了。"①又例如他强调自己的 IMC 定义跟以往定义的差异,他称自己的定义中传播是由外而内,传统定义中传播是由内而外。但是,舒尔茨又时时刻刻从企业角度出发来开展 IMC,他的 ROCI 理论就是旨在提高企业传播效果的理论。在《整合营销传播——创造企业价值的五大关键步骤》前言中,他也明确提出整合营销传播的目的:"整合营销传播方法主要是以战略以及价值为驱动力的,其目的是回答管理高层与股东所提出的各种问题,即:我们应该在营销传播上花多少钱?我们可以从这些投资中得到多少回报?多长时间才能从回报中盈利?"这样,唐·舒尔茨一方面强调以消费者为中心,另一方面强调以企业利益为上。他又无法将二者关系协调理顺,因此成为一个悖论。

实际上,整合营销传播必须以消费者为中心来展开。过去的传播是单向的,是企业中心的。在新的媒介传播环境下,这种传播方式已经没有效果了。沟通、对话、交流,才是新传播的本质特点。

企业与消费者的关系既是对立的,也是统一的。在新的市场环境下,品牌成为双方共同追求的目标。而整合营销传播可以帮助企业树立品牌和维护品牌,同时只有在消费者心目中留下良好的综合的品牌印象,才能转化为品牌资产。因此,整合营销传播理论的目标就是以消费者信息需求为中心,通过各种对话方式建立双方良好的关系,最终形成品牌资产。

### 三、对 IMC 理论适用性的批评

尽管 IMC 理论还不成熟,但在营销实务界和理论界掀起的热潮令人瞠目。从 2001 年起,唐·舒尔茨每年到中国巡讲、布道,所到之处欢声雷动。顶着"IMC 之父"、"世界营销大师"的光环,舒尔茨每场报告会的收费不菲,据说每场在 5 万元以上,难怪舒尔茨说后悔没有早点来中国。

营销实务界和理论界对 IMC 的非理性热情,使它变成了一个空洞无物的流行符号,大家议论它、使用它,却不知道它是什么。

---

① [美]舒尔茨、田纳本、劳特朋:《整合营销传播》,吴怡国等译,呼和浩特:内蒙古人民出版社 1998 年版,第 21 页。

　　IMC 确实是一个很好的理论,也能够对企业的营销产生重大效益,但是 IMC 理论有着自己的适用范围和适用条件。

　　IMC 理论有着自己的适用范围。即它只能在营销传播领域发挥作用,不能随意夸大 IMC 在企业中的作用,不能指望 IMC 解决企业经营、企业管理和企业文化建设的所有问题。事实上,IMC 不能解决企业的材料供应问题、不能解决产品生产问题、不能解决技术研发问题、不能解决资金周转问题、不能解决物流问题、不能解决人力资源问题。即使在营销领域,它也不能解决定价、渠道建设、产品质量、售中和售后服务等诸多问题。IMC 解决的只是如何让营销传播能够起到更佳的效果,如何通过关系建立产生品牌价值。

　　IMC 也有自己的适用条件。在唐·舒尔茨第一本《整合营销传播》(1992)出版时,网络媒介还没有普及,营销传播手段被限制在广告、公关、直效营销、促销等工具上。当时的设想只是如何把这几种传播工具整合起来,产生一种合力。但如何整合,却无人说得清楚。20 世纪 90 年代以来,网络新媒介迅速崛起,被看做是"第四媒介"。全球网民人数 1997 年是 7000 万,到 2007 年达到 12 亿[①],而 2010 年年底的统计数据显示全球网民人数突破 20 亿。[②] 网络经济也被看做是"新经济"的代表,企业网站、网络营销、电子商务、客户关系管理、数据库已经广泛运用于企业经营活动中。2003 年以后,网络技术升级,从 web1.0 转变为 web2.0,更多的网络形态诞生。搜索引擎、网络视频、网络游戏、博客、即时聚合、播客、社会化网络软件等网络形式受到网民的欢迎,CGM(消费者自生媒介)成为新的时尚。在这种背景下,IMC 理论转化为实践应用,才有了现实的可能性。首先,新媒介技术使消费者权力上升。凭借网络媒介,消费者可以主动搜寻、编制、发布信息,也可以表达对企业、品牌、商品的意见,信息传播再也不是企业单方面控制的形式。企业与消费者的对话成为可能。其次,营销传播手段的丰富性,使企业营销传播投入大大降低。在传统大众媒介传播时代,营销传播手段少且昂贵,不管如何整合,花在广告和公关上的资金动辄上千万。网络媒介时代,企业可以通过企业网站发布信息,也可以通过 BBS 论坛、QQ 聊天、Email、博客和播客等形式发布信息。

---

　　①　参见《全球网民人数达 12 亿》,中青网,http://www.youth.cn,2008 年 1 月 14 日。
　　②　参见《统计数据显示全球网民人数突破 20 亿》,大洋网,http://news.21cn.com/world/guojisaomiao/2011/01/28/8086549.shtml,2011 年 1 月 28 日。

这些形式无须多少资金投入。最后,企业也可以通过网络媒介收集消费者信息需求信息,建立顾客资料库,这样双方信息交流更有针对性,也更有效果。总之,在传统大众媒介传播时期,整合营销传播仅仅是一个美好的愿景,难以真正实施,而到了网络传播时期整合营销传播的应用具有了现实可能性。

整合营销传播理论发展是一个长期的过程,在现阶段的理论形态下,无论在理论范畴、理论目的还是理论适用性方面都存在问题。必须对此理论进行认真研究,构建出一个更合理、更科学、更全面、更深刻的理论体系。

# 第二章　概念系统的清理

## ——IMC 理论建构的起点

IMC 还不是一个理论,从前范式阶段向后范式阶段的转变,需要理论创新和理论建构。富有建设性的理论批评是一件并不容易的事情,而带有批判色彩的理论建构更是一件困难的事情。

不过,再复杂的理论都是由一系列概念和命题组成的。如果说,一个理论是一个大厦,命题就如同这个大厦的支柱,而概念就如同大厦的基石,正如董天策所说:“我们应当充分认识到,基本概念既是理论思维赖以展开的前提,又是理论建构获得支持的基石。”①德国哲学家汉斯·波塞尔则说:“没有理论概念,便没有理论。”②因此,从概念着手是我们的必然选择。

## 第一节　IMC 理论建构的可能性分析

### 一、建构实在论——IMC 理论建构的方法论

IMC 至今还不是一种理论,那么我们能够建构出一种理论吗?

如前文所述,理论是对外部世界的真实陈述,是理性思维的产物,是高级阶段的知识。科学实在论认为,科学理论能够无限接近外在实体,向真理逼近。主观只有与客观达到同一,才能称之为理论。似乎理论不是建构出来的,而是“描述”出来的。但许多学者对此表示怀疑。美国哲学家费耶阿本德认为外在世界的多样性决定了单一的理论描述无法达到真实,理论一元论必须被理论多元论取代。美国科学哲学家库恩用历史主义来解释科学理论的演变

---

① 董天策:《传播学导论》,成都:四川大学出版社 1995 年版,第 19 页。
② [德]汉斯·波塞尔:《科学:什么是科学》,李文潮译,上海:上海三联书店 2002 年版,第 79 页。

过程,他说:"通常一个科学理论之所以被认为比它的前任要好,不仅因为它在发现和解谜方面是一个更好的工具,而且因为它以某种方式更好地表现出自然界的真相。"①达德利·夏佩尔(Dudley Shapere)的理性实在论提出了"信息域理论",他说:"信息域概念是为了取代旧的'观察—理论'的区别,而作为一个基本的概念工具去阐述科学的本质。"②这些哲学家看来,理论是多元的、动态的,是可以被建构的。

直接明确主张理论可以被建构的学派是建构实在论派。建构实在论是由"新维也纳学派"提出的,其创立人是维也纳大学的弗里茨·瓦尔纳(Fritz Wallner)教授,其代表作是《建构实在论》。③ 1994 年他在北京一次国际学术会议上第一次向中国介绍了该学说。该学说认为,科学在这个世纪被理解为两部分:工具主义的理解部分和诠释学的解释部分。但工具主义的过度张大,使科学理解的作用仅仅变成了预言,解释作用明显稀缺,这反而损害了科学的发展。建构实在论认为必须建构新的实在论系统以加强科学的解释作用。因此建构实在论极力主张,科学成果不需要描述,而需要建构。建构实在论的出发点:客观性是建构出来的,没有既定的客观性,但又强调建构是真实的事物而不是想像的产物。这似乎自相矛盾:建构既是虚构和创造,又是实在。瓦尔纳辩解说,这并不矛盾,例如量子力学,假如人们没有把它们建构出来,它们就不会存在;但是一旦它们被创造出来,就可以提供新的活动的可能性。瓦尔纳的意思是:建构是虚构、创造与实在的统一,从内容讲是虚构的,从对于人类的意义和效果讲是实在的。建构实在论重视现实建构而非环境描述,通过语言的拓展、本体论的拓展和实践拓展来完成理论建构④。

从建构实在论角度出发,我们认为 IMC 必须进行建构才能成为具有解释力的理论,也只有当建构起来的 IMC 理论成为一种范式时,它才称得上是成熟的理论。

---

① ［美]托马斯库恩:《科学革命的结构》,金吾伦、胡新和译,北京:北京大学出版社 2003 年版,第 185 页。

② 转引自郭贵春:《当代科学实在论》,北京:科学出版社 1991 年版,第 102 页。

③ 参见[奥]弗里茨·瓦尔纳:《建构实在论》,王荣麟、王超群译,台北:五南图书公司 1997 年版。

④ 参见谢慧敏、张志林:《科学实在论的范式转移:从"描述"到"建构"》,《广东青年干部学院学报》2002 年第 1 期。

## 二、IMC 理论建构的学理基础

IMC 理论建构时,需要研究者自身拥有严谨科学的工作态度、开阔融通的知识结构、严密抽象的思辨能力。IMC 理论建构是一个不断完善、不断成熟的过程,在一个又一个巨人的肩膀上最终建构出"逼近真理"的理论体系。

### (一)大批学科为 IMC 理论建构提供理论视角和材料

IMC 理论的贯通性来自于它汲取不同学科的概念、定律、假说、理论、模型,这样的理论能够克服自身的"近视"和浅薄,显示出更强的真实性和包容性。以下学科对于 IMC 理论建构都将提供帮助,需要我们注意思考。

1. 传播学

传播学研究人类的社会信息交流活动,研究人类的一切传播现象。传播大致可分为人际传播和大众传播两大类,也有人认为还有组织传播、群体传播、网络传播等类别。"整合营销传播"说到底是一种传播行为,理所当然需要借用传播学的一些概念、定律和理论来作为理论建构材料。相关概念有:单向传播、双向传播、互动传播、人际传播、网络传播、大众传播、组织传播、媒介、技术、信息、传者、受众、编码、解码、噪音、反馈、效果等。相关理论:说服理论、效果理论、认知不和谐理论、社会认同模式、传播模式、议程设置理论等。

2. 营销学

营销学研究企业和组织的市场行为。"营销"是营销学的核心概念。也是构成 IMC 的中间一个词语。因此 IMC 理论构建必须吸纳营销学的概念、定律和理论。相关概念有:需求、消费者、顾客、交换、交易、渠道、营销组合、促销组合、市场分析、产品、销售、价格、广告。相关理论:4P 理论、4C 理论、关系营销理论、社会营销理论、需求理论等。

3. 管理学

管理学研究企业组织的计划、组织、领导和控制等行为。整合营销传播的主体是企业组织,整合营销传播的实施离不开企业领导层的支持,也可以说整合营销传播是企业管理的一种方式。因此,在 IMC 理论构建时必然涉及管理学的知识。相关概念有:组织结构、激励、信息管理系统、战略管理、生产、控制、利益相关者、企业文化、核心竞争力等。相关理论:全面质量管理理论、激励理论、委托代理理论、X 理论、Y 理论、绩效理论等。

4. 广告学和公共关系学

广告学和公共关系学是两门应用性学科,分别研究广告和公共关系行为和现象。有人认为,整合营销传播整合最大的两个领域是广告和公关。广告和公关确实存在业务上的相互渗透趋势。IMC 理论构建既离不开这两门学科的理论支持,也离不开这两门学科的实践支持。相关概念:广告、公关、大众媒介广告、网络广告、新媒介广告、事件策划、公益广告、赞助、人际关系、企业形象、品牌、品牌定位、品牌价值、跨媒介传播、媒介组合、效果测量、声誉等。相关理论:信任理论、定位理论、品牌理论等。

5. 经济学

经济学是研究人类社会中支配稀缺资源的生产和交换规律的科学。大致分为微观经济学和宏观经济学。目前又发展出众多分支,像制度经济学、信息经济学、产业经济学、社会经济学、管理经济学等。其中微观经济学和信息经济学的许多概念、理论可能对 IMC 理论建构有帮助。相关概念:成本、收益、供给、需求、稀缺资源、支付、信息资源、非完全信息、信息搜索成本、外部性、利润、报酬、消费、流通、生产、市场机制、机会、效用、竞争、制度等。相关理论:"经济人假说"理论、交易费用理论、信息不对称理论、博弈理论、需求理论、风险理论、交换理论、创新理论等。

6. 社会学

社会学是研究人类社会和社会互动的学科,主要关注社会群体、社会行为、社会结构、社会制度等社会现象。IMC 表面看是一种企业组织的管理方式,其实背后反映的是企业内部和外部的社会关系。因此,社会学的许多概念和理论可以借鉴。相关概念:人格、功能、地位、角色、社会组织、社会阶层、社会关系、社会价值、行为、社会规范、社会群体、社会网络。相关理论:结构功能主义理论、AGIL 模式、社会发展理论、冲突理论、社会互动理论、文化理论、社会整合理论等。

7. 心理学

心理学是一门研究人类心理和行为现象的科学,主要探讨心理与行为之间的关系,目前已经发展出包括众多分支的一门综合性学科,其中包括一般心理学、生理心理学、社会心理学、发展心理学、应用心理学、教育心理学、认知心理学、消费心理学、医学心理学、艺术心理学、管理心理学、军事心理学、司法心理学、体育心理学等。跟 IMC 理论建构较相关的是认知心理学和社会心理学。认知心理学研究人对客观世界的认知现象,包括感觉、知觉、记忆、想像、灵感、思维等众多心理现象。社会心理学研究个体心理在社会环境下的变化和群体心理互动,喜欢研究社会化、社会动机、社会认知、社会态度、群体流行等问题。相关概念:印象、角色、态度、模仿、组织压力、需求、记忆。相关理论:格式塔心理、需求层次理论、从众心理理论、心理构造理论等。

8. 经济社会学

经济社会学是一门既和经济学联系又和社会学分不开的交叉学科,它是运用社会学理论和方法来研究经济行为、经济结构和经济体系的一门学科,通常作为社会学的一个分支学科。整合营销传播既是经济现象也是社会现象,因此可以从经济社会学角度去研究它。过去的 IMC 研究纯粹把它作为一种微观经济行为研究,不能真正达到整合。因此,IMC 理论构建时借用经济社会学的成果会有更多的收获。相关概念:社会资本、人际关系网络、企业公民、企业伦理、炫耀消费、社会交换、关系成本、整合、权力等。相关理论:社会契约理论、企业社会责任理论、嵌入理论、网络分析理论等。

9. 系统科学

系统科学是一种泛称,指从系统的角度观察客观世界所建立的科学知识体系,以一般系统为研究对象,适用于一切综合系统和子系统,现已发展为包括一般系统论、信息论、系统论、控制论、耗散结构论、协同学、混沌论、超循环理论、突变论、一般生命系统理论、系统工程等多个分支。这其中尤其以作为基础科学层次的系统论和协同学可能对 IMC 理论构建提供帮助。相关概念:要素、环境、序参量、有序度、协同、子系统、自组织、反馈、熵增、耗散结构、突变、非平衡、层次、等级、循环链等。相关理论:系统理论、协同理论。

**(二)大批 IMC 理论研究者的前期成果为理论构建打下基础**

美国是 IMC 的诞生地,也是 IMC 理论研究成果最丰硕的国家,有一大批在此领域辛勤耕耘的学者。唐·舒尔茨教授著述颇丰,他提出的"由外而内传播模式"和"顾客投资回报模式",独具特色。汤姆·邓肯教授,围绕"品牌"建构自己的 IMC 体系,提出的"品牌关系"和"利益相关者"概念影响很广。约瑟夫·施吉(M. Joseph Sirgy)试图用系统论来建构 IMC 框架,有着不一样的视角。乔治·贝尔齐和麦克尔·贝尔齐(Geoge. E. Belch & Micle. A.

Belch)、特伦斯·辛普(Terence A. Shimp)、理查德·J. 塞米尼克(Richard J. Semenik)、赖瑞·佩斯(Larry Peray)等人的著作,跳出原来的广告学和营销学框架,试图对多种营销传播工具组合效果作总体研究。虽然这些学者关于IMC 的看法不尽相同,但他们的研究无疑是向着"事实真相"迈进。

美国广告学、营销学、公共关系的学术刊物较多,有影响的刊物主要有:第一,广告领域:*Journal of Advertising Research*(JAR,《广告研究杂志》)、*International Journal of Advertising*(IJA,《国际广告杂志》)、*Journal of Advertising*(JA,《广告杂志》)、*Advertising Age*(《广告时代》)、*Brand Week*(《品牌周刊》);第二,公关领域:*Journal of Integrated Communications*(JIC,《整合传播杂志》)、*Journal of Public Relations Research*(《公关研究杂志》、*Communication World*(《传播世界》)、*Public Relations Review*(《公关大观》)、*Public Relations Quarterly*(《公关季刊》);第三,营销领域:*Journal of Marketing*(JM,《营销杂志》)、*Journal of Marketing Research*(JMR,《营销研究杂志》)、*Journal of Business Research*(JBR,《商业研究杂志》)、*Marketing News*(《营销新闻》)等。这些刊物自 20 世纪 90 年代后,大量刊登 IMC 的研究文章。据笔者搜索资料,仅仅是 JAR、JA、IJA 三大广告杂志上的 IMC 论文达 140 余篇。而美国西弗吉利亚大学的 Shawn M. Benkahla 的硕士毕业论文《刊物(1991—2005)上的 IMC 研究历史和运用》中,选取广告、公关、营销三大类共 10 种杂志作不完全统计,有 242 篇 IMC 相关论文。[1] 可见 IMC 已经成为营销、广告、公关领域的热门研究课题。在众多论文中,有些论文很有分量。1991 年西北大学凯伍德(Caywood)等人发表了第一个 IMC 研究报告"整合营销传播:全国商品广告主调查"[2]、凯奇(Kitchen)和舒尔茨(Schultz)1997 年关于"美国广告公司对 IMC 的看法"调查[3]、凯奇(kitchen)和舒尔茨(Schultz)1999 年的美、英、澳、新、印

---

① See Benkahla Shawn M(2006),"A Study of The History and Use of Integrated Marketing Communications Within Publications from 1991 - 2005",*Thesis for the degree of Master of Science in Journalism*,West Virginia University.

② Caywood C.,Schultz D. E.,Wang P. (1991),"Integrated Marketing Communications:A Survey of National Goods Advertisers. Unpublished report. Bloomington",in:*Medill School of Journism*,Northwestern University,June 1991.

③ See Kitchen P. J.,Schultz D. E. (1997),"Integrated Marketing Communications in US Advertising Agencies:An Exploratory Study",*Journal of Advertising Research*,1997,37(5),pp. 7 - 18.

五国 *IMC* 比较研究①、威廉姆·斯温(Willian N. Swain)2001 年在美国展开了 IMC 实证研究②,这些实证调查研究为我们进一步的理论建构提供第一手资料。在 IMC 本体研究方面,舒尔茨(Schultz)1993 年的《IMC:也许现在该下定义了》③、约普 P. 科勒森(Joep P. Cornellssen)2001 年的《IMC 和营销语言进步》④、凯奇(Kitchen)等人 2004 年的《IMC 诞生:理论视角》⑤、高尔德(Stephen J. Gould)2004 年的《IMC 作为理论和作为实践与话语后结构系统:一个持续的范式变迁》⑥、卡恰考(Jerry Kliatchko)2005 年的《IMC 的新定义》⑦等,都尝试在理论构建上有所突破。

尽管目前 IMC 理论建构还远远不能让人满意,但我们对 IMC 抱有信心。理论大厦非一日能建成,需要我们不断地探索。郭贵春在介绍科学实在论的理论观时强调了四点:"第一,一个可被接受的理论必须经历足够长的'有意义'的时期;第二,这一理论解释的成功,虽然不是一个最终的保证,但毕竟给出了某种使人们信仰它的理由;第三,必须确信理论的结构在一定程度上与真正的世界结构的同质性;第四,对于所假定的试题,不作任何特殊的、更基本的、有特权的存在形式的主张。"⑧我们相信前人的"有意义"的点滴探索是理论最终建构成功的保证。

---

① See Kitchen,Schultz(1999),"A Muti-Country Comparison of the Drive for IMC", *Journal of Advertising Research*,1999,39(1),pp. 1–17.

② See Swain Willian N. (2001), "We Like it, We're doing it. But do We Know what It is (yet)?" *An Exploratory Study of Tntegrated Marketing Communications*. WJMCR 4:4,September 2001.

③ See Schultz Don E. (1993), "Integrated Marketing Communications:Maybe definition is in", *Marketing News*,1993,27(2),p. 17.

④ See Cornellssen Joep P. (2001), "Integrated Marketing Communications and the Language of Marketing Development", *International Journal of Advertising*,2001,20(4),pp. 483–498.

⑤ See Kitchen Philip J,Brignell Joanne,Li Tao,Spickett Granham(2004),"The Emergence of IMC:A Theoretical Perspective", *Journal of Advertising Research*,2004 March,pp. 19–30.

⑥ See Gould Stephen J(2004), "IMC as Theory and as a Poststructural Set of Pratices and Discourses:A Continuously Evolving Paradigm Shift", *Journal of advertising Research*, 2004 March, pp. 66–70.

⑦ See Kliatchko Jerry(2005),"Towards a new Definition of Integrated Marketing Communications(IMC)", *International Journal of Advertising*,2005,24(1),pp. 7–34.

⑧ 郭贵春:《当代科学实在论》,北京:科学出版社 1991 年版,第 19 页。

## 第二节　IMC 理论中的概念族群

### 一、IMC 理论的概念族群确定

#### (一)邦格的"概念族群"理论

每一个理论在建构时,都会面临选取与使用合适的概念来建立自己的命题和理论系统的问题。实际上,有些理论就是由其核心概念为标志的,例如广告学中的定位理论,只要能够解释清楚定位的含义,理论内涵就清楚了。但有些理论是由一组命题组成,每个命题又包含一个或数个概念,因此在理论陈述时,必须首先清楚哪些概念需要重点解释和说明,哪些概念可以当做一般事实陈述。

阿根廷籍的美国理论物理学家、科学哲学家马里奥・邦格(Mario Bunge)对物理概念进行了深入的研究,他指出,能否对物理概念给出合理的解释,首先在于能否从实在论的基础上对概念的功能给予真切的确定,从而使各个概念在理论的整体逻辑构架中各得其所,使各个概念的具体功能服从整个理论的系统功能,实现理论的整体系统性和自洽性。因之,邦格将物理概念区分为个体概念、族概念、相关概念和定量概念,并对这些概念的功能清晰的表述。在邦格看来,物理概念的语义分析的一致性特征主要在于以下几个方面:第一,指称的统一性。一个理论的概念统一,要求它的所有概念(包括公式)对于某些对象集来说,具有共同的指称。这种"集"不在任意的集合,而是一类自然的物理对象。理论所涉及的这类对象是该理论的"论域",这一论域也就构成了它的指称集。因此,论域或指称集并不是空洞的,它的所有组成部分都被假定与外在客体相配对,正是以这种方式,理论近似地把握了实在。第二,语义的类似性。所有物理概念都具有"同一家族"的理论的属性,即它们在语义上的类似性。第三,语义的封闭性。一个给定理论的属性应该是这样一种属性,即它们发生于决定这一属性的基础和这一理论的界定之内。第四,概念的相关性。一个给定理论的关键概念(基本属性)必须通过在这个理论的初始假设中的合理分布联在一起,从而表明指称的统一和概念的相关性对于获得形式的统一是必须的。①

---

① 参见郭贵春:《当代科学实在论》,北京:科学出版社 1991 年版,第45—46 页。

邦格的"理论概念"的分析能给我们启发。在 IMC 理论构建中,在理论的"论域"中有众多概念形成"同一家族",我们称之为"概念族群"。族群中的概念是合理分布联结在一起,组成一个支撑着基本命题和理论体系的系统。

**（二）IMC 理论的概念族群的确定**

IMC 理论的概念族群由哪些概念组成呢? 很显然,在 IMC 理论中,最核心的概念无疑是"IMC(Integrated Marketing Communications)"。IMC 概念又由三个单词合并成固定词组,三个单词是 I(Integrated 整合)、M(Marketing 营销)和 C(Communication 传播)。

这三个概念两两联系能够产生不同的组合,即 MC(营销传播)、IM(整合营销)和 IC(整合传播)。

这样,我们可以确定,IMC 理论的概念族群由七个概念组成:最核心级是"IMC",次核心级是"I(整合)"、"M(营销)"和"C(传播)",再外围是"MC(营销传播)"、"IM(整合营销)"和"IC(整合传播)"。这些概念相互关联,形成一个"概念族群"系统。如图 2.1 所示。

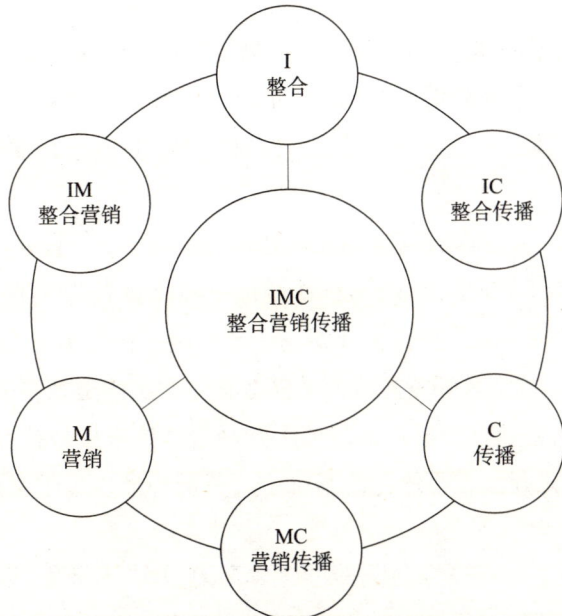

**图 2.1　整合营销传播概念系统图**

### 二、族群内概念辩义

要理解核心概念 IMC,就必须彻底理解概念族群的那些概念的内涵和外延。实际上,学术界之所以对 IMC 定义难以达成一致,很大程度上是不能在概念的外延和内涵上获得一致性。而要确定 IMC 的外延和内涵,就必须对族群内相关概念进行清理与分析,从而为进一步判断 IMC 的外延和理解 IMC 内涵奠定基础。我们对六个相关概念一一分析。

### (一)整合(**Integrated**)

"Integrated"是过去分词形式,其动词形式是"Integrate"。在《朗文当代高级英语辞典》中,对"Integrate"的解释有三种:(1)使融入,使成为一体;(2)使合并,使结合;(3)使消除种族隔离。① 《韦斯特大学辞典》的解释有五种:(1)使在一起成为一个整体;(2)融入;(3)没有种族限制;(4)数学术语,取整数;(5)带来(人格)统合。② 从这些解释看来,"整合"一词最强调的是"不同部分合在一起形成一个整体"。

为什么"整合"一词会进入 IMC 概念中,并成为一个关键词语呢? 我们认为有两个原因。

首先,"整合"的思想是西方社会主导思想,具有很强的生命力。

在哲学方面,很早就有"整体论(holism)"思想。古希腊哲学家亚里士多德关于"离开人体的手就不算人手"、"合成产物必然异于诸要素"的思想,包含着整体论关于组织、等级、系统的原则。黑格尔用"整一性(entirety and unity)"来表述对事物作辩证的有机整体把握。在《美学》一书中,黑格尔在论及自然生命的本质时提出:"生命必须作为一种身体构造的整体,才是实在的,"③揭示了整一性的"整体大于部分"的内涵。在生命科学方面,出现了"机体论"。英国数学家怀特海认为世界上具体的实体是完整的机体,整体的构造影响了其各组成部分的特性。他主张用机体论来代替机械论,把科学体系重新改造,使之建立在机体论的基础上。英国神经生理学家谢灵顿关于神

---

① 参见《朗文当代高级英语辞典》(新版),北京:外语教学与研究出版社 2005 年版,第1020 页。

② See *Webster's* Ⅱ *New College Dictionary*(1999). Houghton Mifflin Company, Boston・New York, p. 576.

③ [德]黑格尔:《美学》(第 2 版),朱光潜译,北京:商务印书馆 1979 年版,第 158 页。

经系统反射活动整合问题的研究,美国生理化学家亨德森(Lawrence J Henderson,1878—1942)关于体液调节酸碱平衡的研究,美国生理学家坎农关于神经调节功能的研究和内稳态概念的确立,都体现了整体论在生命科学中的影响。20 世纪 30—50 年代,贝塔朗菲总结了生命科学的新成就,批判了机械论和活力论,较系统地提出"机体论"即整体论的生命观,主张在整体联系中考察各个部分的活动。整体论或机体论强调其生命系统的组织化、目的性特征,反对机械论把世界图景归结为无机系统微观粒子无序的、盲目的运动,机体论后来成为一般系统论的理论基础。一般系统论认为:结构中的各要素相互联系、相互依存,由若干要素以一定结构形式联结构成的具有某种功能的有机整体。整体性、关联性、等级结构性、动态平衡性、时序性等是所有系统的共同的基本特征。1969 年普里高津提出"耗散结构理论"、1972 年哈肯提出"协同学",都使系统论研究进入一个新的阶段。在心理学方面,1912 年在德国诞生了格式塔心理学,其代表人物是韦特海默、科夫卡和克勒。"格式塔"是德语 Gestalt 的音译,意思是整体、完形。这个学派主张人的头脑中有某种"场"的力量把刺激组织成一定的完形,从而决定人看到的外界东西是什么样的。他们反对冯特学派只强调分析的做法,而认为心理现象是一个整体,整体决定其内在的部分。在社会学方面,迪尔凯姆提出了"社会团结"理论、帕森斯提出"社会整合"理论、哈贝马斯提出"交往行动"理论,均强调社会整合的意义。尤其是帕森斯的"社会整合"理论影响深远。帕森斯认为,社会系统的功能是整合,即将整个行动系统整合成一个整体。帕森斯的运用了结构—功能分析战略,对于社会系统的四个子系统的功能一一分析,由此提出"AGIL 模式",A 即适应(Adaptation),指系统必然要跟环境发生一定关系,系统为了能够存在下去,必须有从环境中获取资源的能力和拥有控制环境状态的手段;G 即目标实现(Goal attainment),任何行动系统都有目标导向,系统必须有能力确定自己的目标次序和调动系统内部的能量以集中实现系统的目标;I 即整合(Integration),要使系统作为一个整体发挥功能,必须将各部分关系协调一致,不出现分离;L 即潜在的模式维持(Latency Pattern maintenance),是指在系统运行过程中存在暂时中断,即互动中止期,要将原有的运行模式保存下来,以保证系统重新运行时能恢复过来的一种机制。① "整

---

① 参见[美]玛格丽特·波洛玛:《当代社会学理论》,孙立平译,北京:华夏出版社 1989 年版。

体"的观点在其他学科还有类似的理论,像美学有"整一律(principle of uni-formity)"、逻辑学中有"一致性"等。

其次,"整合"有着营销实践的现实需要。

20世纪80年代后期,营销环境和传播环境都发生剧烈的变化。从营销环境来说,消费者不再是没有区别的一个整体,消费者根据种族、地域、年龄、民族、教育情况、阶层、职业等分成不同的细分市场,消费者在商品选择时更加注重品位、口味和个性。"一对一"定制服务诞生,定位理论也大行其道。但是,企业在"碎片化"的消费群体面前发现传统的大众媒介的传播方式不再有效。而"碎片化"的传播意味着传播成本的增加,同时各种传播形式和传播活动带来的不同声音相互干扰,在此背景下企业组织出现"整合"传播的渴望。从传播环境来说,数字技术带来的新媒介,使消费者在商品和信息的获得上变得更加容易,他们拥有更大的主动权。在传统的"线上"传播(例如广告)和"线下"传播(例如促销)之外,互联网传播发挥了越来越大的作用。如何把这些传播形式组合在一起产生合力,是企业组织关心的问题。在此背景下,广告公司顺应潮流地提出"全蛋"(whole egg)、"交响乐"(orchestration)、"无缝传播"(seamless communication)等概念,也受到企业组织的追捧。这样,"整合"概念出台。其实,在此之前,营销界已经出现"营销组合"(Marketing Mix)、"促销组合"(Promotion Mix)等概念,但"整合"概念一出,"组合"概念就退居二线了。如今,"整合"是当今战略管理的主旋律。"兼并收购"、"集团化"、"强强联姻"、"战略结盟"、"联合营销"、"整合营销传播"、"定牌生产"、"特许经营"、"共同研究与开发"、"业务外包"、"产业集群"、"产业整合"、"产业融合"等术语的出现和流行,证明目前产业之间、企业之间和企业内部对"整合"的需求。

从以上对"整合"解析来看,该词强调主体对分散的、杂乱的存在进行调配和控制,从而达到一种系统的、整体的目标。"整合"进入营销界符合时代背景要求、符合企业组织的利益。但是,"整合"仅仅是个目标,还缺乏具体的操作方法,这为后来学者们对"整合营销传播"的不同解释埋下了隐患。

**(二)营销**

"营销"是营销学的核心概念,但是此概念的定义也多有争议。白长虹、范秀成主编的《市场学》(第3版)中,对此概念作了较好的整理,下面两个表均出自此书。①

表 2-1 显示的是美国著名的营销学专家关于"营销"的定义。从这些定义来看,都有各自的缺点,有的过于简单,有的过于烦琐,有的过于具体,有的过于抽象,有的不够全面,有的以偏概全。

表 2-1　不同营销学者提出的市场营销概念

| 作　者 | 市场营销的概念 | 缺　点 |
|---|---|---|
| 罗伊·奥尔德森 | 市场营销是消费者群体和供应者群体之间的交换 | 局限于营销的交换过程 |
| 雷·科利 | 市场营销包括公司创造性地、有效益地使自己适应所处环境的一切活动 | 过于笼统,缺乏可操作性 |
| 菲利普·科特勒 | 市场营销是个人和集体通过创造提供销售,并同别人交换产品或价值以获得其所需所欲之物的一种社会管理过程 | 未突出顾客的中心地位 |
| 马尔康·麦克纳尔 | 市场营销是给社会创造和传递新的生活标准 | 过于抽象和模糊 |
| 路易斯·E.布恩 | 市场营销是指对有关思想、产品、服务、组织和事业的概念、定价、促销和分销进行计划并加以执行的过程,目的在于创造和维持能实现个人和组织目标的关系 | 营销目标过于狭隘 |

表 2-2　美国市场营销学会在不同历史时期的市场营销定义

| 时　期 | 市场营销定义 |
|---|---|
| 1935—1984 年 | 市场营销是引导产品或服务从生产者流向消费者所实施的企业活动 |
| 1985—2004 年 | 市场营销是计划和执行关于商品、服务和创意的观念、定价、促销和分销,以符合个人和组织目标的交换的一种过程 |
| 2004 年至今 | 市场营销是一种组织职能,也是为了组织自身及利益相关者的利益而创造、传播、传递客户价值和管理客户关系的一系列过程 |

表 2-2 显示的是美国市场营销学会给出的三个"营销"定义,这些定义更具代表性和影响力,也符合当时大多数人在那个时期对营销理解的现实状况。

---

① 参见白长虹、范秀成主编:《市场学》(第 3 版),天津:南开大学出版社 2007 年版,第 6 页。

可以看出,20 世纪 80 年代中期前人们对"营销"的普遍理解是企业把商品或服务推销给消费者的过程。20 世纪 80 年代中期后,概念发生了一些改变。首先,营销主体不再是"企业"而改为"个人和组织",肯定了个人也可以进行营销活动(尤其在网络环境中)。其次,引进"交换"这个概念,也就是说,第一个定义强调的是"交易",而这个定义强调的是"交换"。这个细微的变化却反映出营销活动主体和客体之间"权力关系"的微妙变化。到了 2004 年,又提出一个新定义,又出现一些新元素。第一,引入了"利益相关者"这个概念。"利益相关者"(stakeholder)最早由弗雷曼(Freeman)提出,他说"利益相关者"是指任何能够影响或被影响完成组织目标的团体或个人。[1] 这些利益相关者包括内部的像雇员或管理层,也包括外部的组织像供应商、购买商、地方势力、股东、竞争对手、代理公司、政府等。"利益相关者"概念扩大了营销应关注对象的范围,使"内部营销"、"社会营销"、"关系营销"等理论有了基础。第二,强调了"客户"价值。这进一步把营销目标集中放在"顾客"身上。《布莱克威尔营销百科辞典》对"顾客"的解释是:"传统上讲,顾客可以定义为产品或服务实际的或潜在的购买者。营销领域的新发展是可以把组织营销环境的其他部分看做顾客。例如,内部营销理论指出一个组织可以把它的员工看做是顾客,或者把组织营销功能的其他部分看做顾客。"[2]"顾客"概念取代"消费者"概念,表明企业组织加强了对"消费者"市场的细分,同时也扩大了"消费者"的范围。

"营销"概念内涵的变化,可以说明如下三点。

第一,"买方市场"权力增加,"卖方市场"越来越"谦虚"了。路易斯·E.布恩把营销观念的变化分为四个阶段:(1)生产阶段;(2)推销阶段;(3)营销阶段;(4)关系阶段[3]。这从一个侧面看出买卖双方地位的变化。第二,更加重视"关系"而非一次性"交易"。强调与"顾客"的关系、与"利益相关者"的关系、强调"交换"而不是"交易"。第三,营销功能在企业营运中地位提升。

① See Freeman R. E. ,(1984). *Strategic Management.* Boston,MA:Pitman.

② Lewis Barbara R. ,Littler Dale(1997). *The Blackwell Encyclopedic Dictionary of Marketing.* Blackwell Publishers Ltd,1997,p.41.

③ 参见[美]路易斯·E.布恩、大卫·L.库尔茨:《当代市场营销学》,赵银德等译,北京:机械工业出版社 2005 年版,第6—8 页。

最开始只是企业中一个简单的"流通"部门,随后进入计划和执行的整个过程,包括定价、促销、分销等领域,最后成为战略管理的组成部分,创造、传播、传递客户价值和管理客户关系的一系列过程。正如科特勒在《营销管理》(第12 版)前言中指出的:"随着公司的改变,它们的营销组织也发生了变化。营销不再是一个负责有限工作的公司部门——营销必须是整个公司的事业。营销主导着公司的愿景、使命和战略计划。"①

由于"营销"概念的内涵和外延发生变化,导致营销功能的不确定性增加,这也是"整合营销传播"外延和内涵模糊的重要原因。

### (三)传播

"传播"是传播学的核心概念。国内外众多的传播学学者对"传播"概念都有自己的定义。例如邵培仁在其《传播学》(修订版)中总结了国外关于"传播"定义的常见的五种说法:共享说、影响说、反应说、互动说和过程说。② 本书总结了国内众多学者对"传播"的定义,见表 2-3。

从国内学者对"传播"的定义来看大同小异。基本上都赞成"传播是人类的信息交流"这个说法。不同的地方是,陈力丹强调了"传播"的"共享",邵培仁强调了"传播"的"目的"。

表 2-3　国内学者对"传播"的定义

| 作者 | 著作名 | 对"传播"的定义 |
|---|---|---|
| 戴元光等 | 《传播学原理与应用》(1988) | 事实上传播是信息在时间或空间中的移动和变化③ |
| 李彬 | 《传播学引论》(1993) | 传播是信息的双向流通过程,包括人际传播与大众传播两大类④ |
| 董天策 | 《传播学导论》(1995) | 传播是人们运用符号并借助媒介来交流信息的行为与过程⑤ |

---

① [美]菲利普·科特勒、凯文·莱恩·凯勒:《营销管理》(第 12 版),梅清豪译,上海:上海人民出版社 2006 年版,"前言"。
② 参见邵培仁:《传播学》,北京:高等教育出版社 2000 年版,第 28—29 页。
③ 参见戴元光、邵培仁、龚炜:《传播学原理与应用》,兰州:兰州大学出版社 1988 年版,第 36 页。
④ 参见李彬:《传播学引论》,北京:新华出版社 1993 年版,第 6 页。
⑤ 参见董天策:《传播学导论》,成都:四川大学出版社 1995 年版,第 19 页。

| 作者 | 著作名 | 对"传播"的定义 |
|---|---|---|
| 胡正荣 | 《传播学总论》（1997） | 所谓传播，就是信息的流动过程① |
| 郭庆光 | 《传播学教程》（1999） | 所谓传播，即社会信息的传递或社会信息系统的运行② |
| 邵培仁 | 《传播学》（2007） | 传播是人类的活动；传播是信息的交流；传播离不开符号和媒介；传播的目的是希望发生相应的变化③ |
| 陈力丹 闫伊默 | 《传播学纲要》（2007） | "传播"（communication）一词"共享"的基本内涵，表明其本意是双向、互动的，它是指信息、知识在时间和空间中的流动和变化④ |

　　陈力丹从词源学角度解释了传播的"共享"涵义。他说："'传播'在印欧语系的文字中，是'communication'或'kommunikotion'。它源于在古希腊的两个词根，一个是'com'，指与别人建立一种关系；另一个是'munus'，指效用、产品、作品、利益、服务等。两个词根合起来，意为'共有'、'共享'。"他还指出了"共享"对于"传播"的意义："理解这一点，对形成正确的传播观念、有效的传播行为以及富有解释力的传播研究都不无意义"。他继续指出："在传播学引介到我国的过程中，'communication'被翻译为中文的'传播'，显现出功能化的单向操作性。从'communication'的本意来看，把'传播'翻译为'交流'或'沟通'更为贴切。但由于使用'传播'翻译'communication'一词已经约定俗成，个人改变翻译用语反而容易引起学术研究中更多的误解。但是，对'传播'概念双向、互动的把握，却是我们应该具备的正确的传播理念。"⑤因此，从翻译角度讲，将"IMC"翻译成"整合营销沟通"最恰当，但约定俗成的翻译我们也只有遵循，但是我们在理解"IMC"时，要更清醒地把它看做是企业组织与传播对象的双向、互动的沟通过程而不是企业组织单向、发布信息的过程。

　　邵培仁强调了"传播"的"目的"。对于营销领域来说，传播无疑更加具有

---

　　① 参见胡正荣：《传播学总论》，北京：北京广播学院出版社1997年版，第62页。
　　② 参见郭庆光：《传播学教程》，北京：中国人民大学出版社1999年版，第5页。
　　③ 参见邵培仁：《传播学》，北京：高等教育出版社2000年版，第30—31页。
　　④ 参见陈力丹、闫伊默：《传播学纲要》，北京：中国人民大学出版社2007年版，第2页。
　　⑤ 同上。

目的性。科特勒说："对营销学所作的一个最简明的定义就是'满足他人的需求且自己也能营利'。"①"满足他人的需求"是手段，"自己能营利"才是每个企业的目的。为了达到这个目的，企业的营销传播，例如广告、公关都是经过精心策划，力求以最小的投入得到最大回报。"整合营销传播"的出发点就是把所有营销传播工具组织起来，减少传播成本，增加传播效果，但是它碰到的一个巨大的挑战是："整合营销传播"的传播效果如何测定？至少到目前还没有很好的办法，这也是为什么约普 P.科勒森和安德鲁·R.洛克极力主张 IMC 只是一个管理时尚的一大理由。本书认为，整合营销传播追求营利目的本身无可厚非，但是当把追求营利作为目的时，导致产生"营销近视症"。因此，只有弱化自身的目的性才能达到自己的目的，或者说只有当把"满足他人的需求"当做目的而非手段时，才能真正实现自己的目的。把精力放在探究如何"测定整合营销传播"的传播效果，其结果只能是无解。

### （四）营销传播（MC）

"Marketing（营销）"与"Communication（传播）"的结合产生了一个新词"Marcom（营销传播）"。唐·舒尔茨的著作和论文中经常使用"Marcom（营销传播）"，例如"New century need new marcom methods（新世纪需要新营销传播方法）"②，"New media, old problem：Keeping marcom integrated（新媒介，老问题：让营销传播整合起来）"③，等等。

什么是"营销传播"呢？Delozier（1976）在《营销传播过程》中对"营销传播"的定义是："整合一系列市场刺激物的过程，目的是激起市场中想达到的一系列反应并建立起市场讯息的渠道接收、解释和行动，以期修正当前公司讯息和发现新的传播机会。"④查理士·费尔在《营销传播：环境、战略和应用》（2002）一书中作如下定义："营销传播是一个组织与其不同类型的受众形成对话的管理过程。在了解受众传播环境的基础上，一个组织开发和表达给不

①　[美]菲利普·科特勒、凯文·莱恩·凯勒：《营销管理》（第12版），梅清豪译，上海人民出版社2006年版，第6页。
②　Schultz Don E.（1998）. New Century Need New Marcom Methods, *Marketing News*,1998,32(3),p.12.
③　Schultz Don E.（1999）. New Media, Old Problem：Keeping Marcom Integrated, *Marketing News*,1999,33(7),p.11.
④　Delozier（1976）,*The Marketing Communication Process*. London：McGraw-Hill.

同的利益相关者群体讯息,并根据他们的反应来评估和行动。这个过程的目的是对组织、产品或服务定位(或重新定位)在目标市场的人的心中,影响他们的感知和理解。最终达到产生态度和行为反应的目标。"①菲利普·科特勒(2006)则认为:"营销传播是公司直接或者间接通知、说服和提醒消费者,使消费者了解公司出售的产品或品牌的办法。从某种意义上说,营销传播代表了品牌的'声音',是一种可用来与消费者展开对话或建立关系的方法。"②从三位学者的定义中,可以得出"营销传播"有如下特征:(1)传播主体为企业组织;(2)传播内容是各种与市场相关的信息;(3)传播目的是影响消费者或利益相关群体的态度和行为反应。

营销传播的目标由许多不同的传播工具来共同完成。菲利普·科特勒(2006)认为:

营销传播组合(marketing communications mix)由六个主要的传播工具组成:

1.广告:有明确的主办人以付款方式进行的创意、商品和服务的非人员展示和推广活动。

2.销售促进:各种鼓励、试用或购买商品和服务的短期刺激。

3.事件和体验:公司为创造日常的或特定的与品牌相关联的活动和方案。

4.公共关系与宣传:设计各种方案以促进或保护公司形象或它的个别产品。

5.直接营销:使用邮寄、电话、传真、电子信箱或互联网以直接传播,或征求特定顾客和预期顾客的回复。

6.人员推销:与一个或多个预期购买者面对面接触以进行介绍、回答问题和取得订单。③

汤姆·邓肯则介绍了8种"营销传播组合"工具:广告;直接营销;公共宣

---

① Chris Fill(2002). *Marketing Communication: Contexts, Strategies and Applications* (3 edition). Pearson Edication Lit. 2002, p. 12.

② [美]菲利普·科特勒、凯文·莱恩·凯勒:《营销管理》(第12版),梅清豪译,上海:上海人民出版社2006年版,第600页。

③ 同上书,第600—601页。

传;销售促进;人员推销;包装;事件及赞助;客户服务。①

　　"整合营销传播"与"营销传播组合"最大的不同在于前者追求"整体性",而后者只是简单的结合。唐·舒尔茨在"新媒介,老问题:让营销传播整合起来"一文中指出,组织在新媒介、新营销、新传播不断出现的今天总是面临一个老问题,他们不断地发展独立的销售促进部门、独立的直接营销部门、独立的公关部门、独立的事件营销部门等,"差异化发展"是他们的口号。但这样一来,合作和凝聚力成为问题,解决问题的唯一办法是整合②。而文章并没有提出具体该如何整合,因此"整合"和"组合"的界限依然很模糊,这也是许多人不能区分"整合营销传播"与"营销传播组合"的重要原因。

### (五)整合传播(IC)

　　"整合传播"是"整合企业的传播"的简称。"营销传播"只是整个"企业的传播"的一部分。曼弗雷德·布鲁恩在《传播政策》中这样界定"企业的传播":"企业的传播是一个企业使用的所有传播工具和传播措施的总和,其目的是向内部和外部的重要目标受众展示这个企业的面貌和成就,并(或)形成与这些目标受众之间的互动。"③由此可见,企业信息传播大致可以分为两大类:内部传播和外部传播。

　　内部传播一般也称为组织沟通,罗伯兹(1984)年说:"组织沟通是凝结组织的一种社会纽带。"④组织沟通的目的是能够指挥行动、保证组织内的行动一致和形成一种企业文化。组织沟通分为正式沟通和非正式沟通。正式沟通一般是关于工作业务的讯息传播形式,它包括三种主要模式:(1)上行沟通;(2)下行沟通;(3)平行沟通。非正式沟通一般是与工作业务不相关的信息流动,像小道消息、流言、玩笑等。

　　企业外部传播指向组织以外的个人、利益相关者群体、消费者、公众等进

---

　　①　参见[美]汤姆·邓肯:《广告与整合营销传播原理》(原书第 2 版),廖以臣、张广玲译,北京:机械工业出版社 2006 年版,第 6—11 页。

　　②　See Schultz Don E. (1999). New Media, Old Problem: Keeping Marcom Integrated, *Marketing News*, 1999, 33(7), pp. 11-12.

　　③　[德]曼弗雷德·布鲁恩:《传播政策》,易文译,上海:复旦大学出版社 2005 年版,第 2 页。

　　④　Roberts K. H. (1984). *Communication in organizations*. Chicago: Science Research Associates (queto), p. 4.

行的信息流动形式。企业外部传播分为营销传播和非营销传播。营销传播（MC）上文已有阐述，不再赘述。非营销传播包括接受新闻媒介采访、与供应商的谈判、外部融资洽谈、办理各种手续时与政府部门打交道等。

由此，我们可以看出，企业传播、组织内传播、组织外传播和营销传播有着大小关系，如图2.2所示。

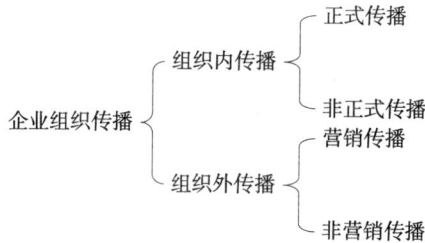

```
                                    ┌── 正式传播
                      ┌── 组织内传播 ┤
                      │             └── 非正式传播
        企业组织传播 ┤             ┌── 营销传播
                      └── 组织外传播 ┤
                                    └── 非营销传播
```

**图 2.2　企业组织传播关系图**

可见，营销传播在企业传播现象中只是其中的一个组成部分，而非全部。整合营销传播（IMC）也只是整合传播（IC）的一个组成部分而已。

**（六）整合营销（IM）**

前面我们对"营销"概念已经做过分析，按照美国市场营销学会（AMA）的最新定义是："市场营销是一种组织职能，也是为了组织自身及利益相关者的利益而创造、传播、传递客户价值和管理客户关系的一系列过程。"

传统的营销业务主要指"营销组合（Marketing Mix）"，指企业组织规划和实施的一系列营销活动。不同学者对营销组合有不同的说法，见表2-4。

对这些学者的"营销组合"理论进行比较可以发现，基本上包含四种基本营销工具：产品工具、价格工具、销售工具和传播工具。我们的"整合营销"实际上是对这四种营销工具进行整合。科特勒对"整合营销"的定义是"营销者的任务是设计营销活动和整合全部营销计划，为消费者创造、传播和传递价值"。他说："整合营销的两大主题是：（1）传播和传递价值要通过不同的营销活动；（2）以合作效益最大化来调整不同的营销活动。换句话讲，设计与执行营销计划时是要全盘考虑的。该过程需整合需求管理、资源管理和网络管理。"①

---

① ［美］菲利普·科特勒、凯文·莱恩·凯勒：《营销管理》（第12版），梅清豪译，上海：上海人民出版社2006年版，第19—20页。

而博比·卡尔德(Bobby J. Calder)和爱德华·马尔索斯(Edward C. Malthouse)认为整合营销有三个主题:(1)整合目标消费者市场的营销活动;(2)整合时间和其他消费者行为维度;(3)整合标准媒体和其他沟通机会。①

表2-4　营销组合学说②

| | |
|---|---|
| 麦卡锡(McCarthy 1960) | 产品<br>价格<br>地点<br>促销 |
| 古滕贝格(Gutenberg 1960) | 销售方法<br>产品设计<br>价格政策<br>广告 |
| 迈福特(Meffert 2000) | 产品和品种政策<br>价格和缔约政策<br>分销政策<br>传播政策 |
| 贝克尔(Becker 2001) | 确定产品政策工具<br>确定分销政策工具<br>确定传播政策工具 |
| 尼施拉克、迪希特、赫尔施根<br>(Nieschlag/Dichtl/horschgen 2002) | 产品和品种政策<br>报酬政策<br>分销政策<br>传播政策 |

　　"整合营销"虽然已经向"整合管理"延伸,但不能表明二者业务的重合,更不能简单地以"整合营销"取代"整合管理"。企业的整合管理包括研究和开发、采购、生产、销售、服务、物流、会计、财务、人力资源、行政等众多环节,营销只是其中一环。加强"营销"意识很有必要,但由此认为"整合营销"是医治企业所有病症的药方,无疑是太天真了。

　　由此我们可以看出,"企业管理"比"企业营销"范畴大,"企业营销"比"营销传播"范畴大。不能用"整合营销(IM)"代替"整合管理",也不能用"整合营销传播(IMC)"取代"整合营销(IM)"。

---

　　①　参见[美]道恩·亚科布奇、博卡·卡尔德:《凯洛格论整合营销》,邱琼、王辉锋译,海口:海南出版社、三环出版社2007年版,第8页。
　　②　参见[德]曼弗雷德·布鲁恩:《传播政策》,易文译,上海:复旦大学出版社2005年版,第8页。

# 第三节　IMC 概念外延的清理

## 一、对 IMC 概念外延扩张的批判

### (一)什么是外延

一个科学理论的概念都应该有科学的定义。定义旨在表明一个词项的意义。词项定义时需要确定两个方面的意义:外延意义和内涵意义。所谓"外延",是指"一个普通词项可以正确适用的对象的汇集构成那个词项的外延","普遍词项指谓的所有对象并且仅仅那些对象共同拥有的属性集,称做那个词项的内涵"。① 外延与内涵有着密切的关系。当一个词项内涵发生改变时,其外延也将发生改变;当一个词项的内涵固定下来时,其外延也就固定。可以说,词项的外延由内涵决定,但外延的不固定也影响着内涵的固定,当外延不清晰时,内涵常常更加混乱。本节旨在清理 IMC 概念的外延,IMC 概念的内涵将在下一章中清理。

### (二)IMC 概念的外延扩张的四个阶段

IMC 概念的外延自概念出现以来不断在发生着变动,当然这种变动与 IMC 概念的内涵的变动密切相关。IMC 概念的外延大致分为四个时期:

1. 外延定位于"整合营销传播工具"阶段(20 世纪 80 年代末至 90 年代中期)

IMC 概念出现于 20 世纪 80 年代中后期,直至 90 年代中期,基本上都把 IMC 概念的外延定位在"营销传播工具的组合"上。

1989 年 4A's 提出了第一个 IMC 定义,定义如下:

这是一个营销传播计划概念,要求充分认识用来制定综合计划时所使用的各种带来附加价值的传播手段——如普通广告、直接反映广告、销售促进和公共关系——并将其结合起来,提供具有良好清晰度、连贯性的信息,从而使传播影响力达到最大化。

这个定义中,非常明确指出 IMC 是一个营销传播计划,整合对象是营销

---

① ［美］欧文·M. 柯匹(Irving M. Copi)、卡尔·科恩(Carl Cohen):《逻辑学导论》(第 11版),张建军、潘天群等译,北京:中国人民大学出版社 2007 年版,第 134 页。

传播工具"如普通广告、直接反映广告、销售促进和公共关系"等。

在唐·舒尔茨的第一本 IMC 专著(1992)中,也非常明确地提出了"整合营销传播企划模式",见图 2.3。从图 2.3 可以看出,整合营销传播是一个整体企划过程,从"建立消费者/潜在消费者资料库"开始,直到最终"营销传播工具组合"结束。外延非常清晰:"整合营销传播"只是"营销工具"中的"传播"的范畴,"整合营销传播"是对"直效营销"、"促销活动"、"公共关系"、"事件营销"、"广告"等营销传播工具进行整合。

**（消费者/潜在消费者资料库）**

| | | | | |
|---|---|---|---|---|
| **资料库** | 人口统计 | 心理统计 | 购买历史 | 产品类别网络 |
| **区隔/分类** | 我牌忠诚使用者 | 竞争品牌使用者 | | 游离群 |
| **接触管理** | 接触管理 | 接触管理 | | 接触管理 |
| **传播目标和策略** | 传播策略 | 传播策略 | | 传播策略 |
| **品牌网络** | 品牌网络 | 品牌网络 | | 品牌网络 |

**营销目标**：维持使用习惯／建立使用习惯／试用／增加购买量／建立忠诚度／获取、扩大使用率

**营销工具**（每组）：产品／价格／配销／传播

**营销传播战术**：直效营销／广告／促销活动／公共关系／事件营销 等

**图 2.3　整合营销传播企划模式(唐·舒尔茨等,1992)①**

---

① 参见[美]舒尔茨、田纳本、劳特朋:《整合营销传播》,吴怡国等译,呼和浩特:内蒙古人民出版社 1998 年版,第 79 页。

2. 外延定位于"整合内外传播"阶段(90 年代中至 90 年代末)

舒尔茨在 1995 年一篇《五年 IMC 回顾》的文章总结了五点经验,其中第五点是"内部和外部整合"。他说:"当我刚开始研究 IMC 时,我主要关注外部传播项目如何被组织和整合。换句话说,如何把广告、销售促进、直接营销和公共关系合并起来。一种形象,一种声音。许多人现在还是这样看整合。过了几年,我开始认识到内部传播整合的重要性,它是整个过程的一部分。我们真的需要开始像思考外部营销一样思考内部营销。如果雇员、销售人员、顾客服务人员、零售商和其他渠道人员不能在过程中合并,我们永远不能真正整合。"①

汤姆·邓肯也同意这种观点,他说:"整合营销传播的另一个基本原则是:当一个组织无法完成内部整合,要想在现有顾客、潜在顾客和其他利益相关者中对品牌进行外部的整合即使有可能,也会非常困难。"②汤姆·邓肯认为"利益相关者"(也译为"关系利益人")是整合时应关注的目标,他把"利益相关者"主要分为以下几个群体,见图 2.4。

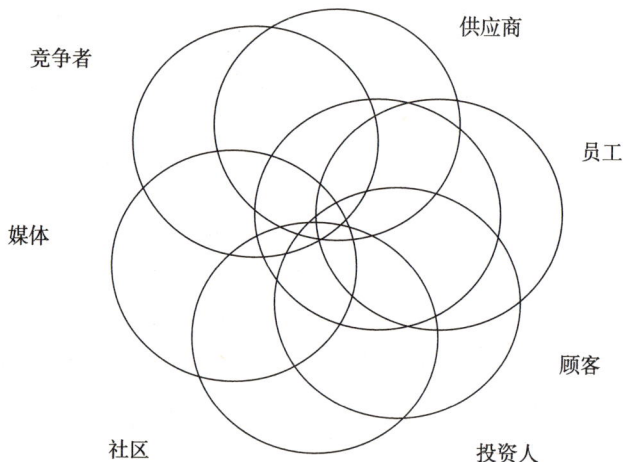

**图 2.4 关系利益人之间的关系图(汤姆·邓肯,1997)③**

---

① Schultz Don E. (1995). Making Mid-decade Course Corrections. *Marketing News*, 1995, 29 (2), p.10.

② [美]汤姆·邓肯:《整合营销传播:利用广告和促销建树品牌》,周洁如译,北京:中国财政经济出版社 2004 年版,第 21 页。

③ 参见[美]汤姆·邓肯:《品牌至尊:利用整合营销创造终极价值》,廖宜怡译,北京:中国财政经济出版社 2000 年版,第 63 页。

可以看出,与第一个阶段相比,整合的外延扩大了,整合的对象也扩大了。"消费者"变成"顾客",内部"员工"也成为重要整合对象,还加上其他利益相关者如供应商、投资人、竞争者、媒介、社区等。IMC 的外延向企业内部和企业外部两个方向同时延伸,而这种延伸,必然导致整合营销传播向企业管理领域延伸。我们前面分析了企业的"整合传播"(IC)概念,它包含组织内和组织外传播两部分。由此可见,这个时期"整合营销传播"延伸成为"整合传播"。

3. 外延定位于"接触点整合"阶段(90 年代末至 21 世纪初)

舒尔茨在第一本书(1992)中已经注意到"接触"的重要性。他说:"我们对'接触'的定义是:凡是能够将品牌、产品类别和任何与市场相关的讯息等资讯,传输给消费者或潜在消费者的'过程与经验'。根据这样的定义,我们发现能够接触消费者的方式,可谓成千上万。举例来说,'接触'就可能包括邻居、朋友的口碑、产品包装、报纸报道、杂志与电视的资讯、商店内的推销话术、待客之道与产品在货架上的位置等。"①不过当时提出此概念只是作为"数据库"建设的一个要点。1998 年,海曼(Hayman)和舒尔茨在广告研究基金会的一次学术会议上,提出"接触点"(touch point)概念。此后关于"接触点"的讨论形成 IMC 研究一个热点问题,像 Schultz&Barnes(1999)②、Davis&Dunn(2002)③、Fortini-Campbell(2002)④等都有相关研究。2004 年 Don E. Schultz、Bill Cole 和 Scott Bailey 发表《在营销传播实施"接触点"方法》一文,他们回顾了三个基本营销传播测量模式,像投资回报(ROI)、品牌投资回报(ROBI)和顾客投资回报(ROCI)。他们认为下一步的测量模式是接触点投资回报(ROTPI)。他们认为 ROTPI 是最贴切的测量营销传播投资回报的方式,因为这种方法能够让营销者计算特定的顾客接触成本和投资回报。⑤ 汤姆·邓肯

---

① [美]舒尔茨、田纳本、劳特朋:《整合营销传播》,吴怡国等译,呼和浩特:内蒙古人民出版社 1998 年版,第 75 页。

② See Schultz, D. E. & Barnes, S. (1999). *Strategic Brand Communication Campaigns*. Lincolnwood, IL: NTC/Contemporary Publishing.

③ See Davis S., Dunn M. (2002). *Building the Brand-Driven Business*. Jossey-Bass, USA.

④ See Fortini-Campbell L. (2002). *Presentation made at the Strategic Communications Management Seminar*, Kellogg Gradute School of Management, Northwestern University, November.

⑤ See Schultz Don E., Cole Bill, Bailey Scott(2004). Implementing the 'Connect the dots' Approach to Marketing Communication, *International Journal of advertising*, 2004, 23(4), pp. 455-477.

则将"接触点"发展为"品牌接触点",他把"品牌接触点"分为三类,他说:"有三种品牌接触点:公司创建的接触点,它们是公司特别传播努力的结果;固有的接触点,它们是在产品购买和使用过程中自动形成的接触点;顾客创建的接触点,它们是由顾客发起的接触。"①在随后的著作中,汤姆·邓肯修订为"品牌—客户接触点",他说:"顾客接触到品牌和公司的任何情形都被称做品牌—顾客接触点。接触点的概念告诉我们,除了营销传播信息之外,还有各种品牌信息,媒体不是联结顾客与品牌信息的唯一方式。……接触点信息一定要整合,从而确保信息的一致性"②。他把接触点分为四类:公司创造的接触点、内在固有的接触点、非预期的接触点和顾客创造的接触点。"非预期的接触点是指未预料到的与品牌的联系,超出了公司的控制范围。"③"非预期的接触点"概念的加入,使我们看到,整合营销传播的目标是整合一切信息,既包括可以控制的信息,也包括不可控制的信息。

4.外延定位于"整合品牌传播"(21世纪初至今)

"BC"(品牌传播)这个概念是随着品牌研究热而进入 IMC 领域,两者关系如此密切,许多学者甚至在两者之间划等号。唐·舒尔茨说:"品牌已经或者正在向具有活力的轴心转变,所有市场营销和传播都围绕这个轴心运转","品牌是整合营销传播的钥匙"④。而汤姆·邓肯更是把自己的整合营销传播理论建立在品牌传播的基础上,他的核心命题是"整合营销传播建立了品牌关系,品牌关系造就了品牌"⑤。他对"整合营销传播"的定义是"简单地说,整合营销传播是一个提高品牌价值、管理客户关系的过程"⑥。他还说:"使用整合营销传播是为了要整合品牌信息的所有来源。"⑦所以,在唐·舒尔茨和

① [美]汤姆·邓肯:《整合营销传播:利用广告和促销建树品牌》,周洁如译,北京:中国财政经济出版社2004年版,130—131页。
② [美]汤姆·邓肯:《广告与整合营销传播原理》(原书第2版),廖以臣、张广玲译,北京:机械工业出版社2006年版,第70页。
③ 同上书,第73页。
④ [美]舒尔茨(Schultz Don E.)、[英]菲利普·J.凯奇:《全球整合营销传播》,何西军等译,北京:中国财政经济出版社2004年版,第54—55页。
⑤ [美]汤姆·邓肯:《整合营销传播:利用广告和促销建树品牌》,周洁如译,北京:中国财政经济出版社2004年版,第67页。
⑥ 同上书,第8页。
⑦ 同上书,第20页。

汤姆·邓肯的著作和论文中,也经常能看到"品牌传播"这个概念,他们都没有区分这两个概念的外延的不同。在实务界,很多广告公司喜欢用"IBC(整合品牌传播)"代替"IMC(整合营销传播)",例如 20 世纪 90 年代奥美整合传播公司为 IBM 公司实施了一次成功的"整合品牌传播"项目,他们认为"整合营销传播的实质就是整合品牌传播",并提出了一个公式:"整合营销传播+品牌资产=整合品牌传播。"①学界中,汤姆·邓肯不止一次使用"整合品牌传播",例如在 1998 年的一篇论文中他说:"公司跟理解和实践整合品牌传播的传播代理公司结成伙伴。"②其他使用过 IBC 的学者有 Taylor & Francis③,R Wallace④,L Eagle 等人⑤,O Holm⑥ 等。Interbrand 公司的整合传播企划总监 Carolyn Ray 于 2004 年 8 月发表《整合品牌传播:强有力的新范式》一文,力数整合营销传播实践有三大难以克服的缺陷:(1)创造这个概念的代理公司拘泥于媒体的偏见;(2)客户自己很难真正执行一个整合的传播计划;(3)IMC 的起点在价值链的最底端,导致有效性受到影响。因此,作者主张"向新的范式发展","导入整合品牌传播(IBC),一种整合了多种传播活动的整体传播战略,包括:公关、广告、投资者关系、互动或内部传播——用以管理公司的宝贵资产——品牌。整合品牌传播源自于品牌价值管理,它的核心理念是通过品牌管理实现价值最大化。"文章中作者还提出实施整合品牌传播的十大步骤。⑦

**(三)对 IMC 外延扩张的批判**

以上我们对学术界关于 IMC 外延的变化大致脉络进行了归纳,可以看出 IMC

---

① 何雁:《IBM 再创辉煌——"整合品牌传播"的成功范例》,《企业文化》2003 年第 3 期。

② Duncan T,Moriarty S E(1998),"A Communication-Based Marketing Model for Managing Relationships",*Journal of Marketing*,1998,56(2),pp. 1–13.

③ See Taylor,Francis(2001),"Integrated Brand Communication Planning:Retail Application",*Journal of Marketing Communications*,2001,7(1),pp. 11–17.

④ See Wallace R(2001),"Proving our value:Measuring package design's Return On Investment",*Design Management Journal*,2001,summer,pp. 20–27.

⑤ See Eagle L,Kitchen P J,Rose L,Moyle B(2003),"Brand Equity and Brand Vulnerability",*European Journal of Marketing*,2003,37(10),pp. 1332–1349.

⑥ See Holm O(2006),"Integrated Marketing Communication:from Tactics to Strategy",*International Journal*,2006.

⑦ See Carolyn Ray(2007),"Integrated Brand Communications:A powerful new paradigm",见 http://www. brandchannel. com /papers_review. asp? sp_id=650,2007 年 6 月 20 日。

外延随着内涵的变化在不同时期有不同的范围,"动力学"成为 IMC 的一个特征。总的来看,IMC 外延最初是很明确地限定在"营销传播工具"上,但随后发生了多次扩张,"整合营销传播"向企业内部传播的延伸,使得它从营销领域向企业管理领域延伸。"整合营销传播"向传播接触点的延伸,导致大量的非营销传播行为被涵盖在内。其结果是:"整合营销传播"既无法与"整合营销"相区别,又无法与"整合传播"相区别。IMC 外延的不断扩张,导致 IMC 外延的不断模糊化,IMC 成为一个越来越没有边界的领地。当一个概念无法确定外延时,我们就难以界定这个概念的内涵。如果不同的研究者接受不同的 IMC 外延,当然无法形成共同的 IMC 内涵,这也就是为什么我们无法达成共同接受的 IMC 定义的一大原因。因为 IMC 外延一直没有稳定下来,大家在不同的层面上谈论"IMC",当然无法达成一致。而这种不一致是导致范式无法形成的重要原因。因此,我们必须确定 IMC 的外延。

**二、IMC 概念外延的边界确定**

从 IMC 概念外延变化的四个时期可以看出,IMC 外延最初是待在"营销传播"的领域,越往后外延越大也越混乱。

**(一)IMC 概念外延延伸的两个方向**

IMC 概念外延延伸沿着两个方向延伸:一个方向是"整合营销",另一个方向是"整合传播"。

1. 向"整合营销"方向延伸

IMC 首先不满足于只是作为"营销组合"的一个工具,而希望自己能够弥漫于整个"营销"领域。舒尔茨的"营销=传播"的思想说明了这一点。在他的第一本著作《整合营销传播》(1992)中,他写道:"整个营销过程中的每一个环节都在与消费者沟通,让消费者了解这项产品的价值,以及它是为什么样的人而设计。众所周知广告、公关、促销、直效营销等,都是不同形式的沟通、传播,但是不要忘了,店内商品陈列、店头促销及为产品做的零售店头广告等也算是传播,都属于整个流程的一环。甚至当产品售出之后,售后服务也是一种传播。总之,在 20 世纪 90 年代,营销即传播,传播即营销,二者密不可分。"①

---

① [美]舒尔茨、田纳本、劳特朋:《整合营销传播》,吴怡国等译,呼和浩特:内蒙古人民出版社 1998 年版,第 69 页。

正是这种"营销＝传播"思想导致用营销传播取代了营销的错误认识,也导致了 IMC"神话"的开始。

随后,IMC 借助"营销"概念自身的张大而进一步扩张。2004 年美国市场营销学会发布了一个新的"营销"定义——"市场营销是一种组织职能,也是为了组织自身及利益相关者的利益而创造、传播、传递客户价值和管理客户关系的一系列过程。"①这个定义可以看出营销不再只是销售,它自身要求进入企业管理战略层次。科特勒说:"许多企业设立了首席营销官(CMO),其地位相当于首席执行官(CEO)和首席财务官(CFO)等主管(C)级别的经理。"②舒尔茨说:"品牌评估需要 CFO 和 CMO。"③而"内部营销"、"全面营销"、"关系营销"等概念的提出,正是"营销"定义扩张的反映。在这种背景下,"整合营销传播"变成了"整合营销"并进入企业管理层。正如汤姆·邓肯所说:"为了让营销传播信息达到最大效果,企业必须整合以下要素:员工、客户、经营伙伴、数据库、企业文化和企业使命。"④

2. 向"整合传播"方向延伸

IMC 概念外延的另一延伸方向是朝"整合传播"迈进。所谓的整合"内部传播和外部传播"、"接触点传播"、"品牌传播"都反映了 IMC 不再是传统的"营销传播工具"。

"整合传播"是个很动听的辞藻,但实际操作上存在很多障碍。举例来说,把内部传播和外部传播整合起来,是整合传播的一个基本要求。但我们知道,内部员工与外部顾客的传播方式、传播特征、传播需求、传播目的等都存在巨大差异。员工关心的是"什么时候涨薪水",顾客关心的是"什么时候降价";员工关心的是"什么时候能外出旅游",顾客关心的是"是否是 24 小时营业"。看来,要整合内部和外部的传播并不容易。再加上其他利益相关者,像供应商、中间商、股东、新闻媒介、政府部门、社区居民等,他们各自的信息需求

① [美]菲利普·科特勒、凯文·莱恩·凯勒:《营销管理》(第 12 版),梅清豪译,上海:上海人民出版社 2006 年版,第 6 页。

② 同上书,第 4 页。

③ Schultz Don E.(2006),"Brand valuation requires both CFO and CMO",*Marketing News*,2006,40(17),p.7.

④ [美]汤姆·邓肯:《整合营销传播:利用广告和促销建树品牌》,周洁如译,北京:中国财政经济出版社 2004 年版,第 21 页。

又互不相同,如何去整合？ 这些还都是计划内可控制的信息,根据汤姆·邓肯的设想,还应把"非预期的接触点"的信息整合进来,这更困难,看来还需要设立一个预警机构才能办到这种整合。

不管怎样,IMC 还是逐步演化为"整合传播"了,或者说,在外延上双方合而为一了。

### (二)IMC 概念应该具有的外延范围

IMC 与 IM(整合营销)、IC(整合传播)等概念的外延纠缠在一起,引起了人们对 IMC 的不同理解。Kliatchko(2002)说:"在作为营销传播概念授予学位的十年后,IMC 仍然有着不同的术语,像'新广告'、'交响乐'、'360 度品牌化'、'总品牌化'、'全蛋'、'无缝传播'、'关系营销'、'一对一营销'、'整合营销'、'整合传播'。"[1]Joep P. Cornelissen(约普 P. 科勒里森)和 Andrew R. Lock(安德鲁 R. 洛克)对概念外延引起的概念的模糊性进行了批评,他们说:"这种模糊性导致解释的多样性和术语运用的宽泛性,也使研究者在不同时间选择最适合自己研究议题的概念。结果,定义和测量量表成为研究者个人的玩物。"[2]确实,IMC 概念的外延范围的模糊,导致我们对 IMC 内涵的理解更加混乱,也导致科学的概念体系、理论体系无法建立。

IMC 概念的外延不是不可以延伸,但不能漫无边际地延伸。当 IMC 概念外延与"整合营销"、"整合传播"重叠在一起,"整合营销传播"就变成了"整合营销"加"整合传播"。这并非真正的整合营销传播。"整合营销传播"的英语是"Integrated Marketing Communications",注意"整合"一词用的是过去分词形式"Integrated",严格翻译应当是"整合的",它作为后两个词"Marketing Communications"的定语而存在。因此,"Integrated Marketing Communications"严格的翻译应该是"整合的营销传播",这样就很清楚地显示出整合的对象是"营销传播"。

前面我们已经论述,"整合营销"是一个非常宽泛的概念,"整合传播"也是一个非常宽泛的概念,向这两个方向的延伸导致"整合营销传播"的外延无

---

① Kliatchko J. (2002). *Understanding Integrated Marketing Communications*. Pasig City, Philippines:Inkwell publishing.

② Cornelissen Joep P., Lock Andrew R. (2000), "Theoretical Concept or Management Fashion? Examining the significance of IMC", *Journal of Advertising Research*,2000,40,p. 8.

边无际。"整合营销传播"在左右方向的延伸中迷失方向,在空间领域扩张中失去领域。

因此,我们认为,IMC 概念外延应有自己的范畴,如图 2.5 所示。

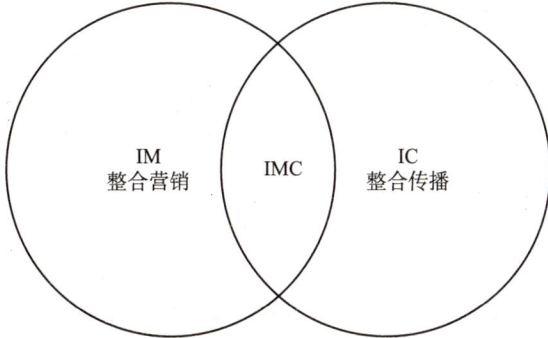

**图 2.5 IMC 概念外延界定**

"整合营销传播"只是"整合营销"的一部分,也只是"整合传播"的一部分。"整合营销传播"既不能演变为"整合营销",也不能演变为"整合传播"。它的外延是"整合营销"和"整合传播"的交集部分。它可以超越"营销传播组合"的范畴,例如零售店装潢设计、企业网页信息、产品包装及铺货、口碑传播、客服电话系统等,都超越了传统的"营销传播组合",但都属于"整合营销传播"的范畴。"整合营销传播"不能取代"营销"或"企业传播"的功能,更不能取代"企业经营管理"的位置。"整合营销传播"有自己的领地、自己的功能、自己的价值。列宁曾说过:真理向前一小步就是谬误。"整合营销传播"也许走了不止一小步。

# 第三章　命题系统的重建

## ——IMC 理论建构的主体

IMC 理论构建的核心是需要建立起能够支撑该理论的一组命题。正如德国哲学家阿·科辛所说:"每一理论都有一定结构,由规律和其他一些相互处于某种关系的命题组成。对理论的逻辑结构的准确表述是发展理论的重要手段。"①我国学者周林生对理论系统的结构做这样论述:"任何理论的内容都是用语言来表述的,科学理论则是用科学语言表述的。从语言层面上看,科学主要地表现为一种陈述系统。所谓科学理论的语言结构也就是指构成该系统的陈述之间的关系。科学理论本身是由各种知识单元构成的,它们分别是概念、定律、定则、定理、公式、原理和学说。其中概念是最基本的知识单元,有了概念就可以进行判断,提出各种各样的命题,形成定律乃至整个理论和学说。"②可见,概念是整个理论的基石,而命题是整个理论的支柱,它直接构成理论的内容,它的真实性决定理论的"真理逼近性",它的逻辑性决定理论的清晰性和严谨性。因此,可以说,命题系统是理论系统中最核心的部分。

IMC 的命题集中在回答"什么是 IMC"上,这确实是 IMC 理论最重要的问题。但是,营销学和广告学的学术界和实务界对这个问题的回答,如盲人摸象、五花八门,这也直接导致 IMC 定义的难以统一,也直接导致 IMC 内涵无法确定。因此,对现存的 IMC 命题做一清理,去伪存真,去粗取精,重新构建IMC 命题系统,这样不仅能揭示 IMC 的真正内涵,也直接构建了 IMC 理论的框架。

---

① ［德］阿·科辛编:《马克思列宁主义哲学词典》,郭官义等译,北京:东方出版社 1991 年版,第 218 页。

② 周林东:《科学哲学》,上海:复旦大学出版社 2004 年版,第 141 页。

# 第一节　对"一种声音"论的批判

## 一、"一种声音"论的出台和影响

### (一)"一种声音"论的出台

#### 1. 出台背景

IMC 概念的出现是在 20 世纪 80 年代中后期,最早由广告实务界提出,随即在学术界得到回应。IMC 最初的含义很简单,就是把不同营销传播工具整合在一起以产生协同效应。1989 年 4A 的"IMC"定义是代表当时对 IMC 的普遍看法:"这是一个营销传播计划概念,要求充分认识用来制定综合计划时所使用的各种带来附加价值的传播手段——如普通广告、直接反映广告、销售促进和公共关系——并将其结合起来,提供具有良好清晰度、连贯性的信息,从而使传播影响力达到最大化。"①

IMC 的诞生立即受到广告公司的大力追捧。在此之前,扬·鲁比坎广告公司已经提出"全蛋"(whole eggs),奥美广告公司提出"交响乐"(orchestration),都是期望能够为客户提供包括广告、公关、促销等在内的"一站式"服务,IMC 概念的提出正好满足了广告公司业务拓展的需求,在很短时间内 IMC 成为许多广告公司的经营口号,以"IMC"为名的营销传播运动也层出不穷。

另一个为 IMC 高声歌唱的是企业组织的营销管理者。从 20 世纪 80 年代中期开始,企业组织发现传统的大众广告传播形式效果日渐衰落,而贸易促进、销售促进、公共关系等活动的效果越来越明显,在此背景下,营销传播预算从"线上"转到"线下"。据统计,"在美国,25 年前 75% 的营销预算投放在广告上;今天,50% 投放到贸易促进,25% 投放到消费者促进,不到 25% 投入到广告。"②美国广告联盟(AAF)对 1800 个商业经理的调查表明,广告在企业经营战略的地位下降,在调查询问这些经理哪个部门对于他们公司的成功最为重要时,他们的回答是:产品开发(29%)、战略计划(27%)、公共关系(16%)、

---

① Schultz Don E. (1993), "Integrated Marketing Communications：Maybe Definition is in the Point of View", *Marketing news*, 1993, 27(2), p. 17.

② Levinson J. C. (2001), "Integrated Marketing", *Executive Excellence*, Provo, 2001, 18(11), pp. 9-10.

研发(14%)、财务决策(14%)、广告(10%)、法律(3%)。① 如何投放营销传播预算最划算,如何进行促销组合,是营销管理者关注的焦点。而 IMC 的出现,使营销管理者看到了解决问题的"药方",多种传播手段的整合运用正是他们所希望的。因此,企业组织同广告公司、公关公司和其他传播代理公司一道,大力推行 IMC。

2. 出台过程

IMC 概念的出现及流行也激起学术界极大的研究热情。其中,对 IMC 内涵的研究成为一个热点。

1991 年,美国西北大学梅迪尔新闻学院首次设立"整合营销传播"硕士学位课程,记者 Hume 在《广告时代》发表报道《校园开设"新广告"》,报道中第一次把 IMC 称为"所有传播用一种声音说出来"②。Thorson(1992)在一篇论文中提出"公关、广告、直效营销等混合而成的整合传播提供给传播者传达一种清晰声音的机会吗"③,这是第一次有学者把 IMC 与"一种声音"联系起来。真正对"一种声音"论作出系统阐述的是 Nowak 和 Phelps(1994),他们通过对文献梳理,总结了当时文献中的三类 IMC 定义:"一种声音"观、"整合"的营销传播观和"协调"的营销传播观。在谈到"一种声音"观时,他们指出"一种声音"指"跨所有营销传播方法或工具提供清晰的、持续的形象、位置、讯息和(或)主题"④。自此"一种声音"论得到学术界和实务界普遍的认可。

**(二)"一种声音"论的影响**

从 20 世纪 90 年代初"一种声音"论诞生至今,绝大多数学者和业内人士在界定 IMC 时,都把"一种声音"作为基本命题。舒尔茨在 1995 年一篇《五年 IMC 回顾》文章中说:"当我刚开始研究 IMC 时,我主要关注外部传播项目如

---

① 参见[美]阿尔·里斯、劳拉·里斯:《公关第一,广告第二》,罗汉、虞琦译,上海:上海人民出版社 2004 年版,第 14 页。

② Hume S. (1991), "Campus adopts'new advertising'," *Advertising Age*, 1991, 62(39), p. 17.

③ Thorson Ed. Esther (1992), "Integrated Communication Proposes Blending PR with Advertising Direct Marketing: Opportunity for One Clear Voice for Users? Or Danger of Deemphasizing Fiels's Highest Value?, *PR Reporter*, 1992, pp. 1-2.

④ Nowak G., Phelps J. (1994), "Conceptualizing the Integrated Marking Communications' Phenomenon: an Examination of Its Impact on Advertising Practices and Its Implications for Advertising Research", *Journal of Current Issues and Research in Advertising*, 1994, 16(1), p. 51.

何被组织和整合。换句话说,如何把广告、销售促进、直接营销和公共关系合
并起来。一种形象,一种声音。许多人现在还是这样看整合。"①Beard(1997)
指出了 IMC 两个定义方式:"以一种声音说话的活动讯息"和"试图引出可测
的、消费者行为反应的活动讯息。"②大量广告学和营销学教材都把 IMC 定义
为"一种声音,一种形象",例如 Russell 和 Lane 的《Kleppner 广告教程》(第 13
版,1996)、Bergh 和 Katz 的《广告原理:选择、挑战、变化》(1999)、O'Guinn 等
人的《广告学》(第 2 版,2000)等。菲利普·科特勒和加里·阿姆斯特朗的
《市场营销原理》(第 11 版)中对"一种声音"论用图形清晰地表现出来③,见
图 3.1。可以看出,"一种声音"论基本要点有二:其一,不同促销传播工具的
协调;其二,传递一致的信息。至今学术界对"整合营销传播"的基本看法还
是如此。Kitchen 和 Schultz 1999 年说,从 20 世纪 90 年代初期开始,除了美国
外,对 IMC 的理解基本没有超出"一种声音"、"一个形象"的范畴。④

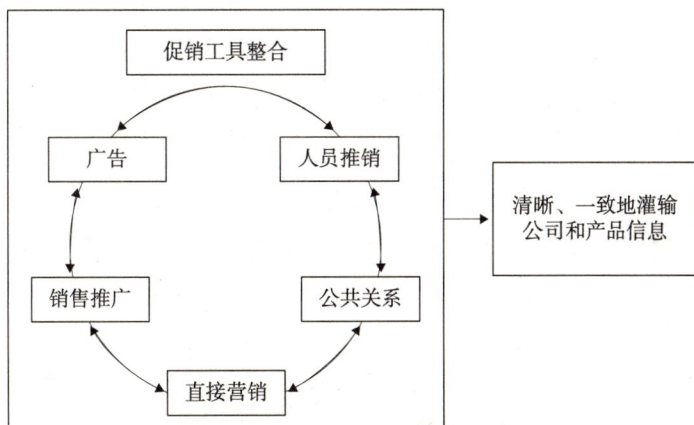

图 3.1 科特勒的整合营销沟通

---

① Schultz Don E. (1995),"Making Mid-decade Course Corrections",*Marketing News*,1995,29
(4),p. 10.

② Beard, F. (1997),"IMC Use and Client-ad Agency Relationships", *Journal of Marketing
Communications*,3(4),pp. 217–230.

③ 参见[美]菲利普·科特勒、加里·阿姆斯特朗:《市场营销原理》(第 11 版),郭国庆等
译,北京:清华大学出版社 2007 年版,第 383 页。

④ See Kliatchko Jerry(2005),"Towards a New Definition of Integrated Marketing Communica-
tions(IMC)",*International Journal of Advertising*,2005,24(1),p. 8.

在实务界,对 IMC 的看法各不相同,但比较一致的观点是把 IMC 看做"不同传播工具组合来传递同一种声音"。在不同国家不同时期的实证调查,都可以证明这一点。不仅仅在美国(Duncan &Everrett,1993;McArthur &Griffin,1997;Schultz &Kitchen;Gould et al,1999),而且跨文化国家包括新西兰(Eagle et al,1999);英、美、新西兰、澳大利亚和印度多国研究(Kitchen &Schultz,1999);泰国(Anantachart,2001);南非(Kallmeyer &Abratt,2001);菲律宾(Kliatchko,2002)和澳大利亚(Reid,2003)等也是如此。邓肯和艾瑞特(1993)对美国广告客户的调查揭示,对"IMC 的作用"的认识最一致的回答是"IMC 能减少媒介浪费",见表3-1;Ilchul Kim、Dongsub Han、Don E. Schultz(2004)在韩国展开了一次广告公司和客户对 IMC 的看法的比较研究,其中一个问题是对 IMC 的命题的赞成情况,结果发现双方都把"整合能增加传播的一致性"作为首选,见表3-2;而最新的一次调查是 Lynne Eagle 等人(2007)在英国和新西兰进行了"广告公司关于 IMC 的看法"的两国比较研究,表明两国对 IMC 的看法尽管有差异,但有两个命题"IMC 是传播工具的协调"、"传递统一的讯息"却获得高度的一致,见表3-3。从这 3 个不同国家、不同时期、不同调查对象的回答来看,毫无疑问"一种声音"论已经成为 IMC 的基本观点。

表3-1  对 IMC 价值的看法(美国,1993)①

| 命题 | 值 |
| --- | --- |
| IMC 减少媒介浪费 | 1.98 |
| 运用 IMC 让公司更有竞争力 | 2.08 |
| 我的组织中未来五年将加大运用 IMC | 2.33 |
| 我们更倾向于雇请懂 IMC 的传播代理公司 | 2.99 |
| "新广告"是 IMC 的最好名字 | 3.64 |
| IMC 概念已经影响了我们的雇请标准 | 3.83 |
| 5-分   1=强烈同意   5=强烈不同意 | |

① See Duncan T. R,Everrett S. E. (1993),"Client Perceptions of Integrated Communication", *Journal of Advertising Research*,1993,32(3),p.35.

表 3-2  对 IMC 的看法（韩国,2004）①

| 命　题 | 结　果 | | | | |
|---|---|---|---|---|---|
| | 客户 | 广告公司 | t-value | df | p |
| A. IMC 将被最高管理层支持 | 7.24 | 7.59 | 1.48 | 216 | n. s. |
| B. IMC 将加强我的工作权力 | 6.44 | 6.79 | 1.46 | 216 | n. s. |
| C. 整合增强传播的有效性 | 7.41 | 7.97 | 2.63 | 215 | ** |
| D. IMC 将加大对广告公司的依赖 | 7.39 | 7.23 | 0.66 | 215 | n. s. |
| E. IMC 将提高传播职业主义 | 7.91 | 8.23 | 1.85 | 215 | n. s. |
| F. IMC 将有助于个人管理效率 | 7.23 | 7.16 | −0.49 | 216 | n. s. |
| G. IMC 将减少费用 | 6.89 | 7.19 | 1.25 | 216 | n. s. |
| H. IMC 将根据市场变化灵活反应 | 6.97 | 6.97 | 0.01 | 215 | n. s. |
| I. 整合增强传播的一致性 | 8.17 | 8.67 | 2.91 | 204 | ** |
| J. 使用一个广告公司将减少错误的传播 | 7.39 | 7.61 | 1.12 | 210 | n. s. |
| K. 整合的试验将增加营销传播的效果 | 7.24 | 7.40 | 3.89 | 215 | ** |
| L. 使用一个广告公司将使决策更快 | 6.81 | 7.91 | 4.45 | 198 | * |
| M. 使用一个广告公司将能更好控制预算 | 7.10 | 7.97 | 3.76 | 216 | ** |
| 10 分　　1=强烈不同意,10=强烈同意 | | | | | |

表 3-3  IMC 命题重要性的赞成度（英国和新西兰,2007）②

| 命　题 | UK Mean Score n=80 | New Zealand Mean Score n=27 |
|---|---|---|
| 1. 传播工具的协调 | 5.8 | 6.3 |
| 2. 公司或业务的组织方式 | 4.2 | 3.3 |
| 3. 开发和直接品牌战略方法 | 5.2 | 5.5 |
| 4. 传递统一的信息 | 5.3 | 5.4 |
| 5. 广告和广告项目的协调 | 4.2 | 3.4 |
| 6. 战略品牌业务过程 | 4.9 | 5.6 |

①　See Kim Ilchul, Han Dongsub, "Schultz Don E. (2004). Understanding The Diffusion of IMC", *Journal of Advertising Research*, 2004 March, p. 37.

②　See Eagle Lynne, Kitchen Philip, Bulmer Sandy(2007), "Insight into Interpreting Integrated Marketing Communications—A two-nation Qualitative Comparison", *European Journal of Marketing*, 2007, 41(7/8), p. 961.

## 二、"一种声音"论的现实非可能性

尽管"一种声音"论出台以来受到广泛的认可,几乎成为 IMC 的"铁律",但是本书认为它是一个伪命题,理由如下。

### (一)营销传播工具不可能整合

"一种声音"论的一个基本观点是多种营销传播工具的整合会产生协同效应,从而带来更好的传播效果。一般认为,营销传播工具有广告、公共关系、直效营销、销售促进、人员推广等。传统上,这些传播工具都是分属于不同的营销功能部门或者由不同的营销传播组织来执行。这导致信息传播活动往往是各自独立地展开。科特勒说:"问题在于,这些信息通常来自公司的不同渠道。广告信息由广告部或代理公司策划和实施。人员销售沟通由销售管理部门设计。其他职能部门负责公共关系、销售推广、直销、网站和其他形式的营销沟通。"①而其后果就是:"公司常常未能将各种沟通渠道进行整合。结果是消费者接收到了一大堆混乱的信息。大众广告说的是一方面,价格促销传达的是另外一种信息,产品标志又是另外一回事,而公司的销售宣传资料又全然不同,至于公司的网站则又与上述内容都不相关。"②因此结论是这些信息渠道必须整合。

出发点当然不错,问题是:想整合就能整合吗?

1. 不同营销传播工具特点不同

不同营销传播工具之所以同时存在是因为它们有各自不同的特点,肩负不同的任务,它们不能相互取代,也不能整合成一致的传播工具。以其中最大的两类营销传播工具——广告和公共关系——为例,它们各自的特点和作用非常不同。广告以大众媒介为依托,选择、设计、传递关于产品或服务的相关信息以达到影响消费者认知和态度的目的。媒介版面或时间是以购买形式获得,而且是可以重复刊播,自主控制的。但公关就不同了,虽然仍然是以大众媒介为主要手段,但公关更多地是通过活动、事件、赞助等方式吸引媒介报道,从而达到引导消费者对企业或产品的好感。阿尔·里斯和劳拉·里斯在《公关第一,广告第二》一书中对两者的差异进行了如下描述:(1)广告是风,公共

---

① [美]菲利普·科特勒、加里·阿姆斯特朗:《市场营销原理》(第 11 版),郭国庆等译,北京:清华大学出版社 2007 年版,第 382 页。

② 同上。

关系是太阳;(2)广告是三维的,公共关系是线性的;(3)广告是采用大爆炸的方式,公共关系是采用缓慢建立的方式;(4)广告是可视的,公共关系是语言的;(5)广告影响所有的人,公共关系影响某些人;(6)广告是指向自身的,公共关系是指向他人的;(7)广告消亡,公共关系永生;(8)广告是昂贵的,公共关系并不昂贵;(9)广告偏爱延伸产品,公共关系偏爱新品牌;(10)广告喜欢旧名字,公共关系喜欢新名字;(11)广告是滑稽的,公共关系是严肃的;(12)广告是没有创意的,公共关系是有创意的;(13)广告是不可信的,公共关系是可信的;(14)广告是品牌维护,公共关系是品牌塑造。[1] 尽管这些描述可能有夸张的成分,但不能不承认这两者是完全不同的两种传播方式。

　　布鲁恩在《传播政策》一书中,对不同的传播工具所起的不同作用作了很好的总结,见表3-4。[2]

表3-4　传播工具作用

| 作用 ＼ 传播工具 | 媒体广告 | 销售促进 | 展会 | 直复营销 | 赞助 | 多媒体传播 | 事件营销 | 个人传播 | 公共关系 |
|---|---|---|---|---|---|---|---|---|---|
| 赢取客户 | | | | | | | | | |
| 提高产品知名度 | ● | ⊙ | ● | ○ | ○ | ○ | ○ | ○ | ⊙ |
| 形象或品牌导入 | ● | ⊙ | ⊙ | ○ | ⊙ | ○ | ⊙ | ○ | ● |
| 展示企业 | ● | ○ | ⊙ | ○ | ⊙ | ⊙ | ● | ⊙ | ● |
| 经销商大宗买进 | ⊙ | ● | ● | ○ | ○ | ○ | ⊙ | ● | ○ |
| 面向终端清仓处理 | ● | ● | ⊙ | ○ | ○ | ○ | ⊙ | ● | ○ |
| 客户联系 | | | | | | | | | |
| 再次出售 | ● | ○ | ● | ● | ● | ⊙ | ⊙ | ⊙ | ○ |
| 继续推荐 | ○ | ⊙ | ● | ● | ○ | ○ | ● | ● | ⊙ |
| 交叉购买 | ○ | ⊙ | ⊙ | ⊙ | ○ | ○ | ○ | ⊙ | ○ |
| 回赢客户 | | | | | | | | | |
| 纠正错误 | ⊙ | ○ | ○ | ● | ○ | ○ | ⊙ | ● | ● |

---

　　① 参见[美]阿尔·里斯、劳拉·里斯:《公关第一,广告第二》,罗汉、虞琦译,上海:上海人民出版社2004年版。

　　② 参见[德]曼弗雷德·布鲁恩:《传播政策》,易文译,上海:复旦大学出版社2005年版,第49页。

| 作用＼传播工具 | 媒体广告 | 销售促进 | 展会 | 直复营销 | 赞助 | 多媒体传播 | 事件营销 | 个人传播 | 公共关系 |
|---|---|---|---|---|---|---|---|---|---|
| 补偿 | ○ | ○ | ○ | ● | ● | ○ | ● | ⊙ | ⊙ |
| 说服 | ● | ⊙ | ● | ● | ○ | ○ | ● | ● | ● |
| 刺激 | ● | ● | ⊙ | ⊙ | ○ | ○ | ● | ⊙ | ⊙ |
| 效度强度:●超过平均水平　　⊙中等　　○微弱或小 | | | | | | | | | |

布鲁恩的这个"传播工具作用"表,告诉我们:不同传播工具有不同的作用,在产生某方面效果上的强度是不同的。如果企业所传播的信息是有某单一目的的,那么我们可以针对性地选择最佳效果的传播工具,例如我们要提高产品知名度,我们就可以选择"广告"和"会展"两种形式。但是,在我们现代企业营销活动中,往往多种目的同时存在,例如它还要展示企业风采、还要向经销商促进销售,等等。这就需要众多的营销传播工具同时存在了。如果整合这些传播工具,就意味着传播目的达到一致,但显然传播目的是各不相同的。为什么会出现"大众广告说的是一方面,价格促销传达的却是另外一种信息"呢? 原因并不在于信息没有整合,而在于广告和促销两种传播工具的特点不同,对于广告来说"价格"因素并非是说服消费者的主要因素,而对于促销来说"价格"因素绝对最能打动消费者,这导致两种传播工具无法整合。推而广之,公关、事件营销、直接营销、个人传播、展会、赞助、多媒体传播等,要都整合在一起,就更不可能了。

2.不同营销传播工具现实对立

在现实中,营销传播工具因为各自的任务不同而被划分在不同的部门,执行不同的营销功能。例如在企业组织中,可能设立专门的广告部、公关部、推销部、活动策划部,虽然同属于营销传播,但各自侧重点是不一样的。相比较而言,广告部和推销部更着眼于当前,希望产品或服务产生立竿见影的效果,而公关部和活动策划部更着眼于未来,希望通过长期连续的活动达到长久的影响力。各部门都会认为自己对企业最重要,为了说服最高领导层重视自己的工作,或者为了争取更多的投资倾斜,他们必定展开内部竞争,其结果是明争暗斗而不是温良恭让。更多的企业选择委托外在的营销传播组织负责自己的传播活动,例如请广告公司代理广告、请公关公司代理公关、请会展策划公司代理会展、请网站设计公司设计网站,等等。这些外在营销传播组织为了自己利益最大化,必然千方百计说服客户投入更多的资金预算到自己负责的这片领地,看不见的"领地战争"硝烟弥漫。那么,选择一个整合营销传播公司,全权代理所有营销传播活动是否就能避免这种内耗呢? 还是难以保障,因为整合营销传播公司在代理所有活动时,利益驱动会选择策划和实施费用更高的营销传播活动例如媒介广告、大型公关活动等,实际上并非按各营销传播工具的特点来开展工作,也难以保证营销传播公司能够整合传播。因此,所谓的整合不同营销传播工具只能是一种理想。

**(二)营销传播信息不可能整合**

"一种声音"论的另一个基本观点是"传递一种声音",换言之,传达出一致的营销传播信息。这同样只是一种理想而无法实现。

1. 信息的多样性导致无法整合

汤姆·邓肯把营销传播信息分为四大类:(1)计划信息;(2)产品信息;(3)服务信息;(4)非计划信息。[①] 每类又有大量不同形式的信息类型,例如计划信息有广告、新闻发布、事件、赞助、年报、演讲、销售会议、促销等信息;产品信息包括产品设计、包装、价格、性能、分销、铺货等;服务信息包括秘书、接待人员、送货人员、安装人员、管理人员等的互动接触而传递出来的信息;非计划信息包括流言、谣言、口碑、媒介评论、新闻报道等,往往是企业组织无法预计和难以控制的。实际上,这些不同类型的信息各有各的作用,无须整合也无法整合。即使是同一类的信息也往往难以整合。以计划信息为例,一个汽车企业生产高、中、低三档轿车,显然广告诉求的内容是不一样的,高档轿车当然宣传尊贵,低档轿车当然宣传实惠,能整合成"又高贵又实惠的车吗"? 恐怕这样的广告宣传对高档车、低档车都无说服力吧。USP 理论告诉我们,广告诉求点不是越多越好而是越少越好,即提出一个独一无二的说辞往往能取得成功。从这方面来讲,广告信息要达到效果不是需要整合而是需要分化,只有分化出"独特销售说辞"才能有效传播。其实,信息是丰富的,在时空上是无

---

① 参见[美]汤姆·邓肯:《整合营销传播:利用广告和促销建树品牌》,周洁如译,北京:中国财政经济出版社 2004 年版,第 121 页。

穷无尽的,要想整合信息传递一种声音,无异于痴人说梦。

2. 信息需求的多样性导致无法整合

IMC 的传播对象有很多类型。

首先,是消费者(consumer)或顾客(customer)。消费者是指拥有购买力、购买需求和欲望的人。在大众传播主导的时代,消费者被抹杀个性,成为按照地域和人口统计指标划分的群体。20 世纪 80 年代后,随着 B2B 的购买方式兴起,随着电子商务的流行,随着定制生产的需求增长,"消费者(consumer)"逐步被更贴切的概念"顾客(customer)所取代。博比·卡尔德(Bobby J. Calder)和爱德华·马尔索斯(Edward C. Malthouse)说:"营销不应聚焦于向大量人群提供同样商品,而应集中注意力于向更少的人群提供定制服务。其中的要点就是直销或直邮,通过这些方式将精心确定的供应信息提供给那些具有特殊兴趣或生活方式的人群。这样的营销活动的优势在于不在那些不大可能作出反馈的人群浪费力量。而且,量身打造的供应信息是面对相对'小众'的,最大可能满足了消费者的需求。"① 由此可见,消费者需求信息日益个性化,他们渴望交流和互动,定制的信息传播才更有效。

其次,是其他利益相关者(stakeholder)。汤姆·邓肯把利益相关者看做是关系重叠的相关群体,像雇员、供应商、投资商、媒体、政府、社区、中间商等。这些不同的群体关心的利益是不同的。雇员关心公司的工作环境,投资商关心公司经营业绩,媒介关心公司是否有热点可挖,政府关心公司对地区的贡献,社区关心公司是否污染环境,中间商关心利润是否够高,等等。不同利益群体的信息需求就会发生差异,显然,只有针对性发布他们感兴趣的信息才能获得好的传播效果。所以,不应当鼓吹"发出一种声音"而应当鼓励发出"多种声音"。

在舒尔茨、邓肯等人看来,除了这些有计划、有目的的信息传播外,产品本身、服务本身都是在传递信息,属于"品牌接触点"信息,都需要进行整合。问题是如何才能把这些接触点信息整合成"一种声音"呢?

其实,汤姆·邓肯早就看到了"一种声音"的难度(见表 3-5),只是他觉

---

① [美]道恩·亚科布奇、博卡·卡尔德:《凯洛格论整合营销》,邱琼、王辉锋译,海口:海南出版社、三环出版社 2007 年版,第 5—6 页。

得"一种声音"能够消除信息的混乱,因此不愿意放弃"一种声音"论。这颇有点"明知山有虎,偏向虎山行"的气概,不过如果方向正确别人会佩服你勇气可嘉,如果方向错误只能贻笑大方了。

表 3-5　保持策略一致性的难点①

| |
| --- |
| 1.公司有多个不同的信息接收者或关系利益人 |
| 2.每一个信息接收者或关系利益团体有不同的信息需求 |
| 3.交集重叠的关系利益人收到多种不同的品牌信息 |
| 4.公司拥有共有品牌或多重品牌的情形日增 |
| 5.信息来源范围复杂广大,大部分信息来自公司内部,有些来自公司外部 |
| 6.接收品牌信息的接触点繁多 |
| 7.信息影响力不尽相同 |
| 8.最不受控制的信息通常拥有最大的影响力 |
| 9.营销传播功能的高度专业化,使营销传播预算和信息的设计难以控制 |
| 10.各个部门与关系利益人进行沟通的人数明显增加 |

### 三、对"一种声音"论的理论批评

1."一种声音"论只体现出企业组织单方面利益

"一种声音"论明显不符合 IMC 的本质内涵,却受到营销学界和业界的热烈追捧,原因在于"一种声音"论非常符合企业组织的口味。首先,目前企业营销传播工具繁多,每种传播工具都需要投入相当多的资金预算,企业需要能够计算出最佳的营销传播工具组合,以最小的成本获得最大的回报。正如舒尔茨在《整合营销传播——创造企业价值的五大关键步骤》前言中所说:"整合营销传播方法主要是以战略以及价值为驱动力的,其目的是回答管理高层与股东所提出的各种问题,即:我们应该在营销传播上花多少钱? 我们可以从这些投资中得到多少回报? 多长时间才能从回报中营利?"②"一种声音"论主张协调不同的营销传播工具,刚好满足了企业组织对节省投资的需要,在前

---

① 参见[美]汤姆·邓肯:《品牌至尊:利用整合营销创造终极价值》,廖宜怡译,北京:中国财政经济出版社 2000 年版,第 80 页。
② [美]唐·舒尔茨、海蒂·舒尔茨:《整合营销传播:创造企业价值的五大关键步骤》,何西军等译,北京:中国财政经济出版社 2005 年版,"前言"。

面几个国家的调查研究中也可以看到，"IMC 减少媒介浪费"是众多客户的共识。其次，企业组织在信息传播时希望自己能控制信息的传播过程，希望所有的信息都是对自己有利的信息，因此他们的信息是经过精心选择、精心"装饰"的，广告就是其中最具代表性的信息传播形式。但是，随着越来越多的信息传播渠道的出现，他们对信息的控制能力越来越信心不足。"一种声音"论主张不同渠道传递一种声音，正好满足了企业控制信息传播的愿望，所以我们在前面的调查中看到"IMC 能增强传播的一致性"的赞同度非常高。对于企业组织来说，追求利润最大化本也是天经地义的事，追捧"一种声音"论在其情理之中。但是对于学者来说，不应当只站在当事人一方说话，因为当他失去中立立场时他可能就失去了客观公正性，这样提出来的命题、理论是无法反映客观实在，也无法保持说服力的。

2."一种声音"论不符合传播的时代潮流

我们前面梳理"传播"概念时已经指出，从"传播"词源来说，"传播"有分享的意思。但是到了大众传播时代，传播逐步变成了一个"一对多"的单向信息传递方式，传播效果理论的"魔弹说"一度流行，而大众媒介广告也风光无限。20 世纪 80 年代后，随着数字技术的广泛应用，传播方式发生了很大变化，总体趋势是：单向传播向双向传播转变、大众传播向分众传播转变、推（push）传播向拉（pull）传播转变。尤其是互联网技术的普及应用，使这些转变一目了然。约瑟夫·R. 多米尼克说："传统大众传播模式是'推'模式，即发送者把信息推给接受者，而因特网模式是一种'拉'模式，即接受者只拉出他或她所需要的信息。"①舒尔茨对这种"拉动"方式非常重视，他说："许多人认为：向拉动市场变迁不可避免。随着消费者获得更多信息技术和市场的控制权，他们宁可自己去获取他们所需的知识、信息或物质，而不愿任由大众市场把泛泛的、无目标的营销活动推到自己头上，这是一种自然而然的趋势。拉动领域存在的一个明显事实是类似 Yahoo！、Google、AOL 等搜索引擎类媒介的势不可挡的发展。"他还说："也许在这种正在进行的、永无止境的传播变迁背景

---

① ［美］约瑟夫·R. 多米尼克：《大众传播动力学——数字时代的媒介》（第 7 版），蔡骐译，北京：中国人民大学出版社 2004 年版，第 24 页。

下,从推向拉的重大变迁对整合营销传播影响最大。"①但是,"一种声音"论显然对这种传播变化置之不理,他们依然运用老式的思维,企图把不同的信息整合成一种声音,然后"推"给消费者。而这种不合时代潮流的传播方式的效果可想而知。

3."一种声音"论是典型的不完全信息和不对称信息传播

在现实市场中,不完全信息和不对称信息是一种常见的现象。例如商品生产者知道商品的原料、生产过程、质量、优点和缺陷,而消费者对此知之甚少,因此相比于消费者的"不完全信息",商家处于近似"完全信息"。双方此时处于"不对称信息"状态下,商家是信息的优势方,而消费者是信息的劣势方,所谓"买的不如卖的精"。因此,信息成为一种资源,它可以消除因为不完全信息而带来的不确定性。消费者有信息需求,在购买之前他希望能得到有关商品、企业、服务等较完全信息。营销传播,作为营销信息的传播活动因此不仅对企业是一种必需,对消费者也是一种必需。以广告为例,广告诞生之初主要作用是告知人们有关产品和生产商的信息,广告的这种告知功能受到人们普遍欢迎,因为这有助于打破不完全信息带来的不确定性,也有助于打破不对称信息带来的不平衡性。但随后广告走入歧途,功能演变为劝服功能和诱导功能。这时的广告只选择对商家有利的信息——典型的非完全信息,再披上"创意"的外衣,千方百计刺激、诱惑消费者产生购买行动。这样一来,本来是以消除不对称信息现象为目的的广告,反而加重了不对称信息;本来是为了让消费者获得完全信息的广告,却让消费者得到更不完全的信息。广告功能的异化,使广告自身出现前所未有的信任危机。广告的出路何在? 张金海先生指出,广告功能的回归是广告的唯一出路,他说:"广告的本质功能由劝服和诱导演变为沟通,一定程度上是对原来的告知功能观的更高层次的回归。因为它和告知功能观一样,不具有劝服和诱导功能对消费者的那种强迫性,而强调要给予消费者充分的信息,使消费者能根据自己的意愿作出判断和选择,以求与消费者建立长期的良好关系。"②可见,广告传播的功能只有去消除不

---

① Schultz Don E. (2006),"IMC is do or die in New Pull Marketplace",*Marketing News*,2006, 40(13),p.7.

② 张金海:《20 世纪广告传播理论研究》,武汉:武汉大学出版社 2002 年版,第 102 页。

完全信息和不对称信息，才是其本质功能。广告传播如此，公共关系、直效营销、事件营销、销售促进、网络传播等传播活动也都是如此。但"一种声音"论却恰恰相反，它企图把丰富的信息变成单一的信息，把所有的营销工具变成可以随心所欲控制的单一形式，置消费者对商品等相关的"完全信息"需求于不顾，希望在一个不对称信息市场掌握主动和优势，希望一如既往地能够刺激和诱导消费者。这样，把"整合营销传播"变成老牌的"广告"。在非整合时代，我们还能够从公关、促销等不同传播工具获得不同的信息，而现在我们只能接受"同一种声音"的信息，这是一个多么可怕的不完全信息和非对称信息世界呀。

## 第二节　"对话—关系—战略"论的提出

早在"一种声音"论出台之初，就有学者对此表示了怀疑，美国西北大学麦迪尔新闻学院的田纳本（Stanley Tannenbaum）就指出："我想整合营销是什么和它如何工作还没有一致的意见，不过这个观念有重大价值。我们将找到一个 IMC 定义，应比仅仅是'所有传播说一种声音'要深入得多。"①1993 年舒尔茨也不满意"一种声音"论，写了一篇题为《IMC：也许定义就是一种视角》，他认为 1989 年 4A 的定义是从客户角度出发的定义，是由内而外（inside-out）的视角，他提出一个从客户和潜在客户出发的新定义，是一种由外而内（out-inside）的视角，他说两个定义"谁正确呢？也许都正确。它取决于你的视角"②。邓肯（Duncan）和凯伍德（Caywood）1996 年也指出"一种声音"论存在缺点，像将消费者和潜在消费者排除在外、不能保证达到其有效性等。③尽管有怀疑，但这些学者都没有推翻"一种声音"论，导致他们的 IMC 理论缺乏整体性、连贯性和批判性。

---

① Scott Hume(1991), "Campus Adopts 'New Advertising'", *Advertising Age*, September 23, 1991, p. 17.

② Schultz Don E. (1993), "Integrated Marketing Communications: Maybe Definition Is in", *Marketing News*, 1993, 27(2), p. 27.

③ See Duncan T., Caywood C. (1996), "The Concept, Process, and Evolution of Integrated Marketing Communications", In Thorson E., Moore J. *Integrated Communication: Synergy of Persuasive Voices*, Mahwah, NJ: Lawrence Erlbaum, pp. 13—34.

本书认为，早期提出来的"一种声音"命题具有当时的时代特点，已经与当下时代特征不相符合。它是一种从企业单方面角度出发的狭隘的观点，在理论上有重大缺陷，在实践上重大误导作用，因此必须彻底抛弃。

IMC 需要新的命题来支撑。本书提出用"对话—关系—战略"论取代"一种声音"论。"对话—关系—战略"论包括三个相互关联的命题：第一，IMC 是一种对话；第二，IMC 用以建立关系；第三，IMC 是一种战略观念。

### 一、IMC 是一种对话

### （一）对话首先是传播

"对话"这一概念是由解释学宗师伽达默尔率先强调的。他不是把传统的主客体间的"认知"而是把主体间的"交往"作为其人文科学研究的中心。他把目光转向人类的表达领域，从语言学中寻求哲学的理论支持。在他看来，语言的实质并非一种所谓的"独白"，而是一种表达的"对话"和"交谈"。这是一种人与人之间的相互开放，没有这种相互开放就没有真正的人类关系。因此，正如对话的意义唯有在交谈双方的交互性中才能产生一样，解释和理解的意义也唯有在作者和读者双方的交互性中才能产生。这样，对话的提出，不仅使我与他人之间的坚壁得以消解，而且最终超越了个体创造性与社会规定性之间的两极对立①。哈贝马斯继承了伽达默尔解释学中的交往思想，提出了交往理论，"它的核心是处理人与人之间达成相互理解、协调一致的关系的可能性条件。……其功能只在于从形式上为达成一致的对话、商谈、论证等规定一个可操作的原则。"②

IMC 本质上是一种传播现象，既然是传播现象就应当具有传播的要素和传播的特点。传播的要素有多种说法，从"三要素说"到"十要素说"不等。"三要素说"指传播者、受传者、讯息，"十要素说"指传播者、受传者、讯息、媒介、编码、译码、噪音、目的、反馈、效果。本书取"四要素说"，即传播包括传播者、受传者、讯息和媒介四要素。

---

① 参见［德］伽达默尔：《伽达默尔集》，严平编选，邓安庆等译，上海：上海远东出版社 2003 年版。

② 转引自傅永军：《现代性与社会批判理论》，《文史哲》2000 年第 5 期。

### 1. IMC 的传播者

IMC 的传播者是谁？这个问题仍然有争议。乔治·贝尔齐、迈克尔·贝尔齐把 IMC 参与者分为五个：广告主、广告代理公司、媒介组织、专业沟通服务公司和配套服务公司，其中专业沟通服务公司包括直接反应代理公司、销售促进代理公司、交互式代理公司、公关公司。① 他们说："关于谁应当主导整合营销传播过程，营销商和广告代理公司的主管人员却有着非常不一致的意见。许多广告主喜欢自己为整个营销传播活动制定战略并加以组织协调，而大多数广告代理公司的主管却将这看做他们控制范围的事。"②

Lynne Eagle 等人（2007）在英国和新西兰进行了"广告公司关于 IMC 的看法"的调查，其中一个问题是"谁控制 IMC 运动？"结果表明英国和新西兰广告公司都认为自己理所当然是 IMC 的控制者。（见表 3-6）。而菲利普·凯奇等人在英国广告公司和公关公司的调查（2004），也问到"谁控制 IMC 运动"的问题，结果回答呈现出强烈的偏向性，广告公司和公关公司各自认为自己是 IMC 运动的主导者，而把最少的赞成票投给了对方（见表 3-7）。

表 3-6　IMC 运动当前控制权（英国和新西兰，2007）③

|  | 英国（%）<br>（n=80） | 新西兰（%）<br>（n=25） |
| --- | --- | --- |
| 客户 | 24.6 | 20.0 |
| 广告公司 | 46.6 | 68.0 |
| 公关公司 | 5.5 | 0 |
| 媒介代理公司 | 0 | 8.0 |
| 其他：联合控制 | 23.3 | 4.0 |
| 总共 | 100 | 100 |

---

① 参见［美］乔治·贝尔齐、迈克尔·贝尔齐：《广告与促销——整合营销传播视角》（第 6 版），张红霞译，北京：中国人民大学出版社 2006 年版，第 77 页。

② 同上书，第 111 页。

③ Eagle Lynne，Kitchen Philip，Sandy Bulmer（2007），"Insight into Interpreting Integrated Marketing Communications—A Two-nation Qualitative Comparison"，*European Journal of Marketing*，2007，41（7/8），p. 964.

表 3-7　IMC 运动的控制权（英国, 2004）①

| 谁控制 IMC 运动 | 英国广告公司<br>（%） | 英国公关公司<br>（%） |
|---|---|---|
| 客户 | 24.7 | 27.0 |
| 广告公司 | 46.6 | 16.2 |
| 公关公司 | 5.5 | 35.1 |
| 其他 | 23.3 | 21.6 |

　　很明显,调查结果与样本的选取有直接的关系,单纯以广告公司、公关公司为调查对象的受访者当然认为自己是 IMC 的主导者。客户则不这样认为。William N. Swain（2004）对"谁应当控制整合营销传播行动协调的领导权"的调查,选取的受访者对象是六大群体:广告公司主管、公关公司主管、企业营销主管、企业公关主管、广告和营销学者、公关学者,结果完全不一样,认为广告公司和公关公司的回答加起来只有 7.7%,而企业的高管和营销高管的选择率加起来有 66.1%（见表 3-8）。其实在此之前就有大量学者的研究认为,企业组织才应当是 IMC 的控制者。McArthur &Griffin（1997）的一项全国广告主调查发现,"营销传播行动的方向显然是内部的、高级管理层的事"②。舒尔茨等与美国生产力和质量中心（1998）的研究报告中指出:"组织正自己掌握整合而不是看广告公司或其他支持单位来提供协调。"③洛（2000）对企业高层营销经理的调查发现:"客户应该负责战略方向和计划,这是整合传播项目的基础",他说:"IMC 应该来自看得清'远景'和认识得到传播在整个营销战略中的地位的客户领导那里。"④

---

①　Kitchen P. J. ,Schultz D. E. , Kim Ilchul, Han Dongsub, Li Tao（2004）, "Will agencies ever 'get'（or understand）IMC?"*European Journal of Marketing*,2004,38（11/12）,p. 1427.

②　McArthur,Griffin（1997）, "A Marketing Management View of Integrated Marketing Communications",*Journal of Advertising Research* 1997,37（5）,p. 25.

③　American Productivity & Quality Center. *Integrated Marketing Communication Consortium Benchmarking Study Best-Pratices Report.* Houston,TX:American Productivity & Quality Center,1998, p. 8.

④　Low G. S. （1997）, "Correlates of Integrated Marketing Communications",*Journal of Advertising Research*,1997,37（5）:36.

表3-8　"谁占据协调整合营销传播行动领导者位置"(美国,2004)①

| 选项 | 频次 | 百分比 |
|---|---|---|
| 顶级管理者 | 56 | 30.6% |
| 营销管理者 | 65 | 35.5% |
| 营销代理公司 | 1 | 0.5% |
| 广告公司 | 6 | 3.3% |
| 公关公司 | 8 | 4.4% |
| 促销代理公司 | 0 | 0.0% |
| 上述全部或部分组成的代表委员会 | 39 | 21.3% |
| 其他 | 8 | 4.4% |
| 无回答 | 2 | 1.0% |
| 总共 | 185 | 100.0% |

　　本书认为,企业组织因为对自己的企业战略、营销战略、产品和服务、竞争对手和消费者等最为熟悉,能够很好地协调平衡各方面关系,同时是投资进行营销传播的主体,理所当然应该是 IMC 的传播者。广告公司、公关公司和其他专业代理公司是为了更好地实施 IMC 项目而参与进来的,起辅助性作用。当然,如果这些专业代理公司能够与企业组织形成良好的战略伙伴关系,就是最理想的传播者控制方式,也最有利于 IMC 的开展。

　　2. IMC 的受传者

　　IMC 的受传者也是一个有争议的议题。布鲁恩认为,整合营销的传播对象是目标受众,目标受众分类②,如图 3.2。

　　科特勒则认为公司应当仔细研究五种顾客市场。他说:"消费者市场由个人和家庭组成,他们仅为自身消费而购买商品和服务。企业市场购买产品和服务是为了进一步深加工,或在生产过程中使用。经销商市场购买产品和服务是为了转卖,以获取利润。政府市场由政府机构构成,其购买产品和服务

---

　　①　Swain William N. (2004),"Perceptions of IMC after a Decade of Development:Who's at the Wheel, and How Can We Measure Success?"*Journal of Advertising* Research,2004,44(3),p.53.

　　②　参见[德]曼弗雷德·布鲁恩:《传播政策》,易文译,上海:复旦大学出版社 2005 年版,第165—171 页。

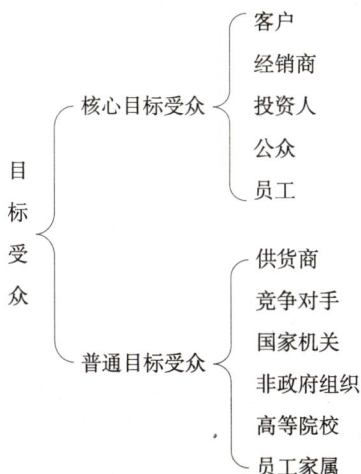

**图 3.2 布鲁恩目标受众分类**

用以服务公众,或作为经济发放。最后是国际市场,由其他国家的购买者构成,包括消费者、生产商、经销商和政府。每种市场都各有自己的特点,销售人员需要对此进行仔细研究。"①他的五种顾客市场种类②,见图 3.3。

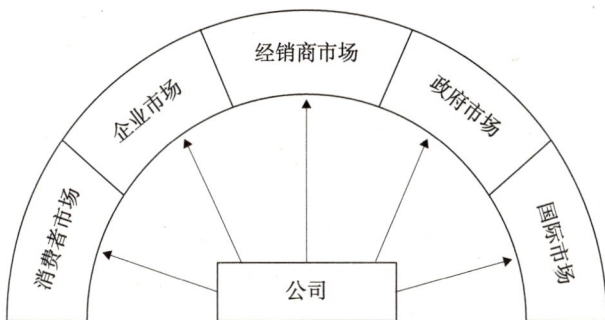

**图 3.3 科特勒的顾客市场种类**

舒尔茨认为整合营销传播的第一个关键步骤是"识别客户和潜在客户"。他说:"讨论营销传播时,判断客户到底是'谁'是一个常见的问题。例如有些

————————

① [美]菲利普·科特勒、加里·阿姆斯特朗:《市场营销》,俞利军译,北京:华夏出版社2003 年版,第 59—60 页。

② 参见上书,第 60 页。

制造商便认为他们的客户是渠道伙伴,也就是直接向他们买东西的批发商或者零售商,而从零售商处买东西的人则被视为消费者或终端用户。在某些复杂的价值链中,比如经常出现在企业对企业(B to B)营销中的价值链,在产品或服务到达最后的终端用户前,客户关系链可能会相当长。本书中,'客户'(customer)这个词是泛指各种购买或使用产品或服务的个人或组织。在必须区分不同层次价值链的地方,我们则会用'渠道客户'(channel customer)或'消费者'(consumer)和'终端用户'(end user)这种特定的说法。"①

邓肯认为:"整合营销传播的一个基本原则就是在创立并传递品牌信息时必须考虑到众多群体,因为他们都能影响公司的盈亏。"他把这些群体命名为"利益相关者",他认为顾客是品牌传播的中心对象,其次是雇员,再次是其他利益相关者(见图3.4)。

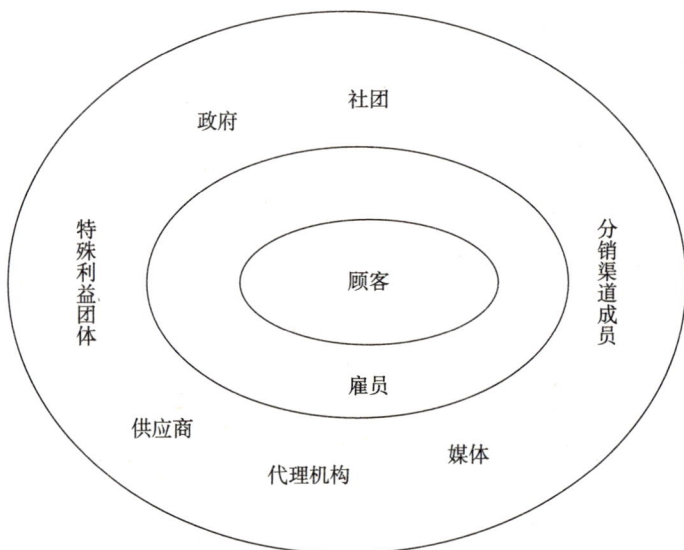

**图3.4 邓肯的利益相关者构成②**

---

① [美]唐·舒尔茨、海蒂·舒尔茨:《整合营销传播:创造企业价值的五大关键步骤》,何西军等译,北京:中国财政经济出版社2005年版,第55页。

② 参见[美]汤姆·邓肯:《整合营销传播:利用广告和促销建树品牌》,周洁如译,北京:中国财政经济出版社2004年版,第52页。

　　总结以上各位学者的意见,整合营销传播的对象应当是有层次的多元群体构成。顾客由于直接与企业组织打交道而发生交换关系,也是企业组织的最终利润来源,因此毫无疑问是企业最应当重视的传播对象。在企业的价值链条中,投资人、中间商、供应商、营销传播代理公司等也是十分重要的利益相关者,同处于第二层次。政府机构、银行、社区、媒体也是利益相关者,处于第三层次。再外层就是特殊利益集团(如环保组织、红十字会等)、无关的组织和个人。必须指出的是,本书将雇员这个群体排除在整合营销传播对象之列,是因为对雇员的信息传播(正式传播和非正式传播),应当属于企业管理范畴而非营销范畴。所谓的"内部营销"不过是营销学者的自我膨胀的结果,是营销向管理扩张的一个借口。混淆营销和管理的界限,可能导致以营销代管理的局面,这是把企业部分功能扩张至全部功能的一种典型错误。本书对整合营销传播对象的构成归纳,如图 3.5。

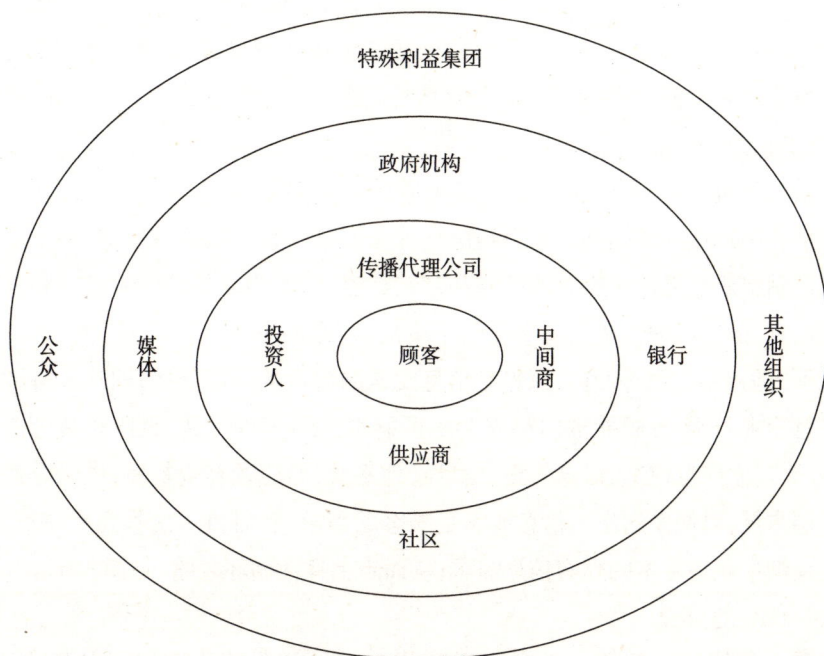

**图 3.5　IMC 传播对象**

## 3. IMC 的信息

　　首先需要强调的是,企业每天对外和对内发布着大量的信息,这些信息有的是营销信息,有的不是营销信息。例如,企业到政府部门纳税时或者到银行进行存取款业务时所进行的信息交流并非是营销信息传播,不属于整合营销传播的研究范畴。IMC 的信息限制在对外的相关的营销信息范围内。

营销信息传播时的一个矛盾是传播者对信息的控制与接受者对信息的需求之间难以平衡。"一种声音"论的主要思路是尽可能地控制信息,哪怕是传递单一的信息也比传递混乱的信息强。但正如前文已经分析了的,单一的信息带来不完全和非对称信息问题,不符合受传者对丰富信息的要求,也不符合信息时代传播特点,因此注定这种传播方式的失败。

那么如何解决信息的丰富与信息的混乱这一对矛盾呢?本书认为,信息之所以出现混乱,原因全在于企业自身传播策略有问题。首先,企业的信息传播组织结构不合理。现在企业的营销信息往往由多个部门发出,而在此之前相互隔膜、互不往来,因此他们发出的信息缺乏整体观和大局观,各种信息是细碎的、不连续的甚至是相互抵触的;其次,企业的营销信息传播一般采用"由内而外"的传播方式,即发送的信息是以企业自我设计、自我选择为方式,因此发送的信息缺乏生命力、缺乏流动性,变成不符合顾客胃口的盲目的信息、死的信息。

针对于此,本书提出解决这一对矛盾的两条对策是:(1)组成"由上而下"的传播机制。从各职能部门收集到信息首先汇总到企业最高管理层,利于企业最高层制定最贴近市场的总体战略和营销战略,以此为指导,选择、设计和控制营销信息,保证这种营销信息丰富而不凌乱,有序而不单一。(2)形成"由外而内"的传播机制。由外而内,意思是信息发送的起点从外部开始,即从了解顾客的信息需求开始,各职能部门都需要尽可能掌握顾客对产品、服务和其他信息的需求,建立信息挖掘、信息收集、信息管理系统,形成顾客资料库,供企业最高管理层掌握,以便发送出的信息能满足顾客的需求,然后再一次收集反馈信息,并在反馈中获得更多的顾客信息需求,从而走上良性循环之路(见图3.6)。

4.IMC 的媒介

媒介是信息的载体。丰富多样的信息必然依附于丰富多样的媒介上。IMC 的媒介种类很多,大致可以分为五大类:(1)大众媒介:一种一对多的传播形式所使用的信息载体,像电视、广播、报纸、杂志等。大众媒介因为受众数量大、影响面广,依然是很重要的信息传播工具,至今依然是广告和公关的首

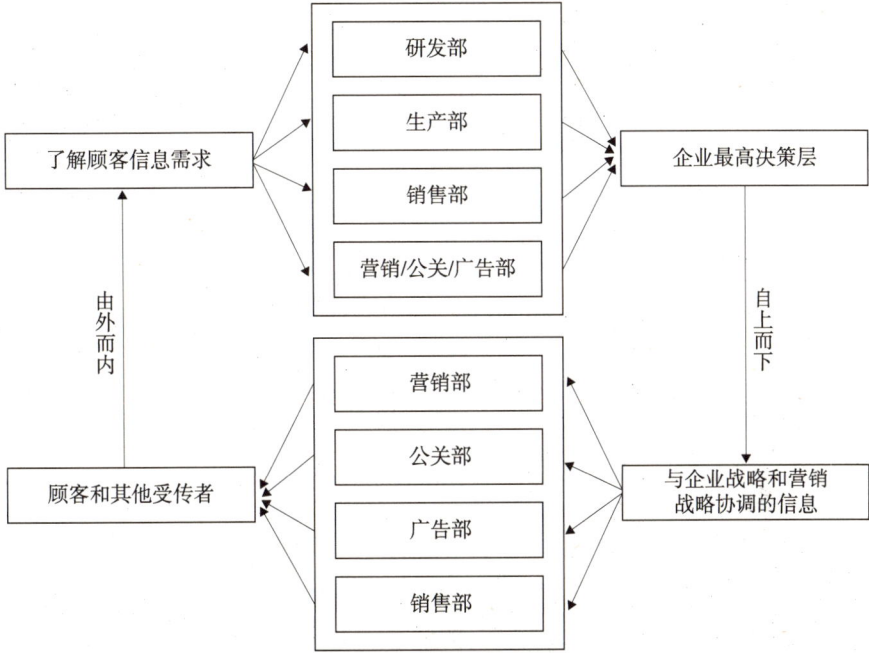

**图 3.6 IMC 的信息流动**

选媒介。(2) 人际传播媒介:包括口语、身体语、文字、信函、电话、传真机等人际交往使用的媒介,一般局限于一对一或一对少等传播形式。营销传播工具中的人员推销、直接销售、口碑传播等多运用此类媒介。(3) 环境媒介:用来承载营销信息的特定地点、场所、物品构成环境媒介,像户外媒介、公交媒介、电梯媒介、销售点媒介,甚至购物车、卫生间、票据等都可成为媒介。环境媒介具有当下特点,与受传者的个人体验结合起来,营销传播工具的零售促销、户外广告、体验广告等都运用此类媒介。(4) 网络媒介:作为新媒介的代表,网络媒介具有大众媒介、人际媒介的双重特点,并且还具有很多优点:像信息海量、多媒体、信息的存储和复制简单、没有把关人信息生产加工和发布方便、互动性强等。企业的营销传播广泛地使用网络媒介,像企业网站建设、客户数据库建设、全面质量管理、电子商务、电话呼叫中心、电子邮件、网络广告等。(5) 产品媒介。产品本身包括其商标、包装、说明书、标签、外形、广告语等都包含许多营销信息。

以上是对 IMC 媒介的大致分类,而现实中的营销传播使用的媒介远不止这些,而且随着传播技术的发展,不断有媒介诞生、裂变和融合。IMC 媒介在运用时有两大趋势：(1) IMC 媒介无处不在。传统营销媒介集中在四大大众媒介上，而今随着新媒介的增多和媒介碎片化，媒介变得无处不在，可以说只要是品牌—顾客接触点，就都是媒介。邓肯把品牌—顾客接触点分为四类：公司创造的接触点（广告、新闻发布、包装、宣传册等）、内在固有接触点（办公室、站柜台的职员、收银台、保安等）、顾客创造的接触点（电话询问、车友会、经理信箱提建议、投诉等）和非预期接触点（口碑、流言、新闻报道、专家评论等）。可以看出，所有这些接触点都是媒介形式，都传递着品牌信息。(2) IMC 媒介由"推"媒介向"拉"媒介发展。四大大众媒介是典型的推媒介，即经过把关人的选择把信息推给受众。拉媒介则是受众主动拉出自己想要的信息的媒介，网络媒介中有许多属于拉媒介，像 Googol!、百度等搜索引擎是典型的拉媒介。而且，新环境下受众不愿意仅仅作为被动的接受者，他们喜欢根据自己的喜好，编码和设计信息，并通过媒介中发布出去，这种媒介被称为"消费者自生型媒介"。"毫无疑问今天的市场、媒介形式和传播方式是由消费者控制着的，过去消费者是被它们控制着的。这种重大变迁是源自于商家、广告公司、媒体自身的变化。随着像电视、报纸、周刊、广播等推市场工具让位于博客（blogs）、简易聚合（RSS）、播客（podcasts）、分享型网站（shared messaging sites）等消费者自生型媒体（CGM），大多数营销组织不再把精力放在如何向消费者投放更多信息上，而是放在如何让消费者就近接触到他们需要的、有助于说服他们或影响他们购买的那些信息、物质和资源上。"[①]

以上我们对 IMC 的传播者、受传者、信息、媒介一一进行了分析，可以看出 IMC 同以往传统的营销传播已经发生了很大的改变。IMC 并非追求媒介的可控制、信息的一致性，而是追求泛媒介的运用、信息的丰富性，这样才能在传播者（企业组织）和受传者（顾客）达到一种循环的、开放的、互动的信息流动，满足双方的需求，而这就是我们所说的建立一种对话机制。

**（二）对话机制的建立**

1. 对话的特征

建立企业与顾客之间的对话机制，首先需要认识什么是对话、对话有什么

---

① Schultz Don E. (2006) , "IMC is do or die in New Pull Marketplace", *Marketing News*, 2006, 40(13), p.7.

特点。

对话是指传播者和受传者之间共处同一话语体系、进行平等的、友好的信息沟通和交流活动。对话有三个特点。

(1)对话双方地位平等。在以往"推"传播形式中,传授双方的地位是不平等的。传播者占据信息控制的优势地位,只选择有利于自己的信息进行传播,所谓"王婆卖瓜,自卖自夸"。而受传者作为信息被动接收方,只能接收这种非完全信息。信息传播呈现高度不对称状态。这种传播,企业往往高高在上,顾客被看做是"标靶",在企业的轮番广告轰炸面前被彻底征服,俯首称臣、山呼万岁。但是今天,营销环境和传播环境已经发生了巨变,双方地位发生了改变。

在营销环境中,首先,产品和服务同质化严重,卖方市场进入买方市场。其次,渠道商地位上升而生产商地位下降,其背后的原因是渠道商更贴近市场、更了解消费者需求。再次,市场总体趋势是:大众市场——利基市场——个性定制市场,显示出顾客(消费者)的地位日益上升。

在传播环境中,首先,大众媒介失去了以往的威力。在美国 20 世纪 70 年代,有75%的营销预算是投在大众媒介广告上,但现在只有25%投在大众媒介广告上,其余的投在销售促进、公关、直接营销上。其次,顾客有了网络媒介,可以自由"拉"出自己需要的信息,也可以通过博客、播客、BBS、RSS 等进行信息再生产,他们自己可以作为信息源,推荐、赞美、质疑、谩骂他们体验过的产品或服务。这样,传统的企业传播方式不得不发生改变,受众的地位日益上升。

在营销和传播的整个环境变化下,更贴近市场、更倾听顾客的企业无疑具有更强的竞争力。众多企业的营销观念发生转变。英国航空公司提出"飞行就是服务",美国通用电气公司提出"只有你满意,我们才满意",比恩公司提出"在各个方面都使顾客感到绝对满意",潘尼百货公司提出"我们会竭尽有能,使顾客所花的每一美元都买到十足的价值、质量和满意",沃尔玛提出"永远低价",宝洁公司提出"消费者就是老板"等口号,无不反映以顾客(消费者)为中心的思想。科特勒认为营销管理观念从过去到现在发生了五次变迁:生产观念、产品观念、推销观念、市场营销观念到社会营销观念。[①]  普赖德

---

① 参见[美]菲利普·科特勒、加里·阿姆斯特朗:《市场营销》,俞利军译,北京:华夏出版社 2003 年版,第18—22 页。

(William M. Pride)和费雷尔(O. C. Ferrell)认为营销观念有三次变迁:生产导向、销售导向、营销导向(见图3.7)。他们认为,从20世纪50年代开始,一些企业家开始认识到推销并不能保证顾客会买产品,必须先确定顾客需要什么,然后满足这种需要。他们说:"营销导向(marketing orientation)要求在组织范围产生有关现在和将来顾客需求的市场情报,在各部门传递情报和对它的响应。"①由以上分析可知,当今企业与消费者的关系建立在平等基础上,双方互相提供给对方需求,这种交换的满足才是营销的真正含义。

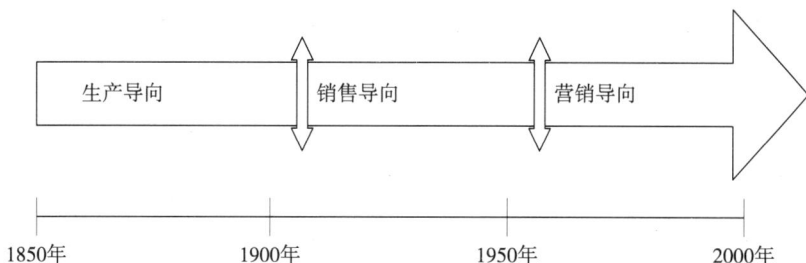

**图 3.7　营销观念的演变②**

(2)对话双方共处同一话语体系中。对话双方必须同处于一个同样的话语体系中,否则因为缺乏共同的符号、共同的价值观而相互间无法进行交流。施拉姆的人际传播模式能够反映共同话语体系的重要性,见图3.8。

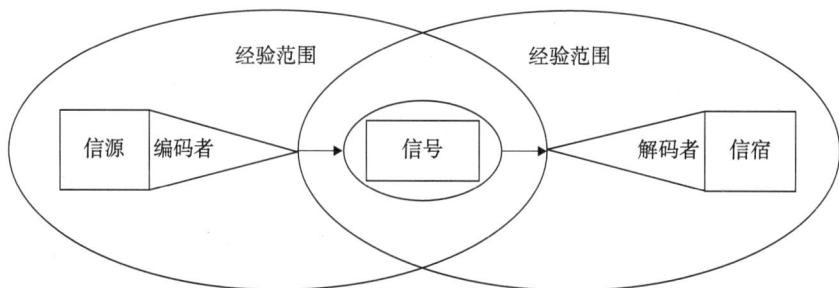

**图 3.8　施拉姆人际传播模式③**

① [美]威廉·M.普赖德、O. C.费雷尔:《营销观念与战略》,梅清豪等译,北京:中国人民大学出版社2005年版,第13页。

② 参见上书,第12页。

③ 参见[美]沃纳·塞佛林、小詹姆斯·坦卡德:《传播理论起源、方法与应用》(第4版),郭镇之等译,北京:华夏出版社2000年版,第56页。

从图 3.8 可以看出,传播者和受传者之间如果是良好的信息交流,需要双方之间有共同的交集部分,即双方在经验范围有重合,重合范围越广,越容易进行交流,因为大家有共同的信号,编码和译码变得容易。相反,如果经验范围不发生关联,则缺乏共同语言体系,沟通变得非常困难。在对话机制中,传授双方需要有共同的语言、兴趣和价值观,这样才能形成良好的交流。企业如果希望与顾客达成良好的交流,必须去了解消费者的消费观念、消费心理和消费行为方式和消费需求,这样传递出来的信息是消费者所欲所想的,能够形成反馈和互动。

(3)对话双方有信息互动。既然是对话,就不是一方唱"独角戏",而是双方有来有往、有倾听、有反馈。传统营销传播的问题是只有企业单方由内向外发送信息,消费者只是被动信息接收者,也就是说,企业是说话者,消费者是倾听者。作为倾听者的消费者不大愿意反馈,因为反馈得不到企业的重视和回应,久而久之形成"沉默的螺旋"。很明显,这种信息传播是一种低效率、低效果的传播。英国营销学教授皮尔西(Nigel F. Piercy)认为企业必须学会倾听才能进行真正的对话。他说:"也许我们在实现以消费者为中心的目标中,最困难的一件事情就是学会更好地倾听消费者的心声。……如果你能够找到倾听消费者意见的更好方式,那么你很可能会获得巨大回报。你会一次又一次惊喜地发现消费者实际上也愿意同你交谈,而且,如果你耐心倾听的话,消费者会告诉你如何才能做得更好。"[①]美国 IBM 公司董事长兼 CEO 路易斯·郭士纳用行动证明了对话能够创造价值。自 1993 年上任以来,郭士纳给自己的任务是尽可能与顾客对话,他估计自己 40% 的时间用于与顾客打交道。一次在与顾客交谈中,顾客抱怨新款软件价格昂贵,郭士纳立刻要求营销部重新制定价格,使新款软件迅速脱销。7 年里,IBM 在华尔街股票市场市值直线上升。郭士纳总结成绩时说,不是技术,也不是快速市场开拓能力,而是与顾客对话打开胜利之门。

2. 对话机制建立

IMC 是一种对话,企业作为传播者应该有意识地建立起一种对话机制,保

---

① ［英］Nigel F. Piercy :《市场导向的战略转变》,吴晓明等译,北京:清华大学出版社 2005 年版,第 239 页。

障其正常运作。

布鲁恩把营销中的传播分为 6 个阶段：(1)非系统化传播阶段(20 世纪 50 年代)；(2)产品传播阶段(20 世纪 60 年代)；(3)目标受众传播阶段(20 世纪 70 年代)；(4)竞争传播阶段(20 世纪 80 年代)；(5)传播竞争阶段(20 世纪 90 年代)；(6)对话传播阶段(21 世纪)。他说："进入 21 世纪，因特网、电子邮件、电话呼叫中心这类新兴媒体，增进了互动传播设施的建设工作，并大大拓展了企业传播的可能性。……传播工作的中心不再是通过单向传播来影响消费者的购买决定，而是从对话意义上来实现双向传播，与客户建立长久的关系。"①

邓肯提出"有目的对话"主张，他说："整合项目使用双向传播来有效地发送信息并接收和捕捉来自消费者(和其他利益相关者)的信息，目的是创建长期的、有目的地对话。有目的地对话是对消费者和公司互利的沟通。整合营销传播并不仅仅收集客户和潜在客户的名字和地址，以便发送更多的品牌信息。它实际是要向消费者学习，从而与他们进行有目的的对话。"②他并且指出："有目的的对话必须体现互动的'5R'：消费者寻求追索(Recourse)、认可(Recognition)和响应(Responsiveness)，公司为了强化(Reinforce)消费者的支持，必须带着尊重(Respect)的态度开展他们的对话。"③

基于这些观点，我们认为：对话机制的建立需要注意四点。

(1)企业内部从上至下形成"顾客(消费者)为中心"的思想是对话机制建立的关键。对话机制的建立，其最基本的要点是企业内部的营销思想应该符合这个时代的要求，即把顾客(消费者)需求放在第一位。从最高领导层的战略思想确定、到企业文化的塑造、到每个员工的行为准则，都应该明确地贯穿这个思想。只有在认知上发生根本的改变，才能在行为上变为自觉的操作，这样所谓的"倾听"、"尊重的态度"才能真正出现。

① [德]曼弗雷德·布鲁恩：《传播政策》，易文译，上海：复旦大学出版社 2005 年版，第 25 页。
② [美]汤姆·邓肯：《整合营销传播：利用广告和促销建树品牌》，周洁如译，北京：中国财政经济出版社 2004 年版，第 137 页。
③ [美]汤姆·邓肯：《整合营销传播：利用广告和促销建树品牌》，周洁如译，北京：中国财政经济出版社 2004 年版，第 138 页。

（2）企业应当设置消费者信息及反馈的技术中心，这是对话机制建立的基本要求。消费者寻求追索（Recourse）、认可（Recognition）和响应（Responsiveness），都需要通过媒介表现出来。以往之所以不能形成对话，是因为根本不存在这样的媒介。在信息技术广泛应用的今天，这种媒介的设置已经不是问题了。汤姆·科林格说："新的、经过重大改进的技术也已诞生，用于支持这些计划，出现了客户识别卡、智能卡、信用卡搭售、POS 读卡机、个性化的统一资源定位器（URL），等等。此外，还有无数为市场微观主体制造的工具，从企业资源计划工具（ERP）到中间设备技术，用于让所有这些技术协同工作。此外还有针对特定问题的工具，比如：营销自动化，呼叫中心自动化，电子邮件回复管理，销售队伍自动化，网站个性化工具等。"①这些技术保证了顾客能够便捷地与企业发生关联、形成对话。

（3）企业应当对顾客的需求和反馈作出快速回应，这是对话机制建立的特点。在人际传播中，如果缺乏反馈，很容易形成传播链的断裂。在企业与顾客的对话中也是如此。如果顾客向企业查询或投诉，久久不见回音，这个传播链就断裂，顾客因此对企业的印象会更加糟糕。得克萨斯仪器公司规定所有的来自消费者的查询必须尽快解答，每年该公司收到大约 20 万个查询，其中超过 95% 的查询在 2 个小时内获得解答，而且几乎所有查询在 24 小时内获得解答。快速回应制度的建立是对话机制的一个组成部分，是对消费者的尊重，也是获得消费者需求的重要保障。

（4）凡品牌—顾客接触点都应当在对话，这是对话机制建立的基本意识。除了企业信息技术的对话装置外，其他所有品牌—顾客接触点都在进行信息交流，都应该是反映企业与顾客的对话。例如产品包装，直接呈现在顾客面前，其设计应该符合特定顾客的审美口味，顾客会心里说："不错，这正是我喜欢的样子。"又例如在销售服务时，顾客所想了解的信息得到销售人员全面真实地介绍，同时销售人员在与顾客的对话中也获得了更多消费者的信息。其他像企业建筑物、企业网页、广告作品、会展等接触点，都应当注意是在与顾客对话，都是建立关系的媒介。

---

① ［美］道恩·亚科布奇、博卡·卡尔德：《凯洛格论整合营销》，邱琼、王辉锋译，海口：海南出版社、三环出版社 2007 年版，第 16 页。

## 二、IMC 的目标是建立关系

"一种声音"论认为 IMC 的目标是减少信息的不一致性,从而达到降低信息传播成本的目的。我们认为这种观点把 IMC 变为急功近利的工具,是纯粹从微观经济学立场出发的观点,没有考虑到传播的社会性和互动性,因此显然达不到设想的目标。经济社会学认为,经济主体是嵌入社会之中的网络节点,各节点之间形成各种关系,而关系本身就是一种"社会资本",因此关系带来价值。

### (一)关系营销理论范式提供理论支持

1. 关系营销理论的诞生过程

20 世纪 70 年代以来,西方国家广泛出现一种新的营销理论思潮——关系营销。关系营销的研究始于 20 世纪 70 年代的北欧诺丁服务学派和产业营销学派,已经提出关系导向的思想,但还没有出现"关系营销"这一概念,而是普遍使用的是"交互营销"、"交互关系"等概念。1983 年,美国 Leonard Berry 在一次学术会议论文中首先提出"关系营销"(Relationship Marketing)这一概念,他说:"关系营销就是提供多种服务的企业吸引、维持和促进顾客关系。"①1985 年,芭芭拉·本德·杰克逊(B. B. Jackson)在产业营销领域提出这个概念,认为"关系营销就是指获得、建立和维持与产业用户紧密的长期关系"。他还说:"关系营销就是锁住顾客,有两种纽带将顾客锁住。……一种是结构纽带,另一种是社会纽带。"②1990 年,卡波尔斯和沃尔夫(Kopulskv&wolf)主张关系营销就是数据库营销这种观点③。1994 年,摩根与汉特(Morgan&Hunt)用承诺与信任理论来揭示关系营销的本质,他们提出一个较宽泛的定义:"关系营销就是旨在建立、发展和保持成功的关系交换的所有营销活动。"④1994 年和 1996 年,顾木森(Gummeson)从企业竞争网络化的角度定义关系营销,他认为"关系营销就是把营销看做关系、网络和互动"⑤。

---

① 转引自郭媛媛、王季、宋占丰:《关系营销理论新发展》,《企业活力》2007 年第 1 期。
② 转引自景奉杰、王毅:《关系营销是交易营销的革命吗》,《武汉大学学报》(哲社版),2004 年第 5 期。
③ 参见张京:《顾客关系营销的应用研究》,《世界标准化与质量管理》2006 年第 3 期。
④ 转引自胡锋、李敏伦:《关系营销的经济学渊源及其在我国的适用性》,《管理现代化》2001 年第 4 期。
⑤ 张京:《顾客关系营销的应用研究》,《世界标准化与质量管理》2006 年第 3 期。

关系营销理论的发展是世界不同地区众多学者和实践者共同研究的结果。"目前在学术界该理论主要有四大学派：一是以美国亚特兰大 Emory 大学的 Berry 教授和哈佛商学院的 Jackson 教授为代表的北美学派，最早从服务营销和产业营销的角度提出了关系营销、内部营销的概念；二是由瑞典 Uppsala 大学 Hakansson 教授等人于 1976 年发起成立的产业营销与采购 (IMP)研究小组，从网络理论的角度将传统的买卖双方之间的关系扩展到三方及以上的'角色'之间的关系，强调关系各方在资金、网络地位和技能等资源上的相互依赖性以及关系投资的共同性，以后逐渐发展成为关系营销的产业营销学派；三是北欧服务营销(Nordic)学派，以芬兰的 Gronroos 教授和瑞典的 Gummesson 为主要代表，提出了顾客关系生命周期模型、顾客感知服务质量、服务管理与营销的过程性、内部营销对外部营销的重要性、互动营销和 30R 关系等理论与方法，较早尝试将服务营销角度定义的关系营销扩展为营销的通用理论；四是以英国 Granfield 管理学院与澳大利亚墨尔本商学院的 Christopher、Payne 和 Ballantyne 为代表的盎格鲁——澳大利亚学派，他们提出了六大市场的多重利益关系相关者模型和关系发展阶梯模型，强调职能交叉以及质量、顾客服务和营销活动的三位一体的有机整合。"[①]

尽管关系营销流派众多，许多问题还存在争议，但都一致认为：传统交易主导的营销理论已经过时，新的营销理论应该以关系为主导。

2. 关系营销理论——一种新的营销范式

在 20 世纪 80 年代以前，市场营销的营销范式是交易导向型，即以产品为中心，采用 4Ps 营销组合，关注单次交易的成功，注重市场占有率和交易成交量。80 年代，"关系营销"概念提出后，众多学者从不同层次、不同维度对此理论加以完善，并对交易营销理论展开批判。从一定意义上说，关系营销是在否定交易营销的基础上建立起自己的地位，被科特勒(1991)称为"营销学研究范式的转变"。例如顾木森(Gummesson)(1993)认为交易营销已经不适应服务市场；而 Christopher 从五个方面对交易营销进行批判：(1)4Ps 适应不了变化的环境；(2)交易营销采用短视的营销视角，容易形成对买方的操纵；(3)交易的营销重视狭义的顾客，即外部顾客，容易导致营销近视；(4)交易营销只

---

① 郭毅等：《基于关系视角的营销理论》，上海：华东理工大学出版社 2006 年版，"前言"。

重视结果,轻视了过程;(5)交易营销重职能轻观念,强调营销的功能,把营销只看做营销部门的事。① Tim Ambler(1994)认为,从管理角度可以把营销分成三种范式:新古典主义、竞争论和关系营销。新古典主义主要指建立在微观经济学基础上的营销组合或4Ps理论;竞争论强调竞争,主张运用战略取得竞争优势;关系营销则更强调合作,而非竞争,认为营销的核心任务在于买卖双方的合作,合作则双赢,关系是品牌、买卖双方和其他相关者组成的网络,而竞争者与网络相关,或是关系网络的一个组成部分。② 有学者对交易营销和关系营销的不同特点进行了比较,见表3-9。

总体来看,交易营销是企业导向的,以实现交换为核心的企业的营销活动,强调保持市场份额,注重短期交易;关系营销是顾客导向的,满足顾客需求的营销活动,强调的是保持顾客,注重长期关系。关系营销理论与交易营销理论是完全不同的两种思维观念,目前已经得到大多数营销学学者的认可,在实践领域"数据库营销"、"客户关系管理"、"一对一营销"等都是此理论指导下的探索。

表3-9　交易营销与关系营销的比较③

| 特征 | 交易营销 | 关系营销 |
| --- | --- | --- |
| 时间定位 | 短期 | 长期 |
| 组织目标 | 达成交易 | 强调客户保持 |
| 客户服务的优先性 | 较低 | 举足轻重 |
| 客户联系 | 少到一般 | 频繁 |
| 客户承诺程度 | 低 | 高 |
| 买卖双方相互作用的基础 | 冲突;操纵 | 合作;信任 |
| 质量源 | 主要源自生产 | 源自公司上下奉献 |

3. 关系营销理论与IMC的关系

关系营销理论与IMC理论既相互联系,又相互区别。

两者的联系是:关系营销理论的关键词是"关系",IMC理论的关键词是

---

① 参见陈明涛:《关系营销与交易营销的探讨》,《管理现代化》2006年第2期。

② 参见韩德昌、姚飞:《"关系"对关系营销的影响》,《经济管理》2006年第1期。

③ 参见[美]路易斯·布恩、大卫·库尔茨:《当代市场营销学》(原书第11版),赵银传等译,北京:机械工业出版社2005年版,第113页。

"IMC"。关系的建立离不开整合营销传播。邓肯说:"整合营销传播的一个基本原则是传播——传递和接受信息,是我们所有关系包括品牌关系的基础。"①因此,关系营销理论强调企业与顾客建立长期的良好的关系,而 IMC 理论同样主张企业与顾客建立互动对话关系,在本质上两者是一致的。

　　两者的区别是:(1)关系营销理论的外延范畴比 IMC 理论的外延范畴大。前者是整个营销学的理论范式,后者只是营销传播的理论范式。因此,可以说 IMC 理论隶属于关系营销理论,但反过来说则不成立。(2)关系营销理论在内涵上具有层次性,IMC 理论只是其中的一个层次。Berry(1995)将关系营销分为三个层面:观念层面、战略层面、战术层面。② 我们认为,关系营销理论的观念层次主要是"顾客为中心"这个指导思想;战略层次则包含 IMC 理论、网络理论等;战术层次则包括公共关系(PR)、客户关系管理(CRM)、数据库管理系统(DBMS)、营销信息系统(MIS)等。因此,可以说,关系营销理论的范围和层次较丰富,IMC 理论只是它的一个层次,见图 3.9。

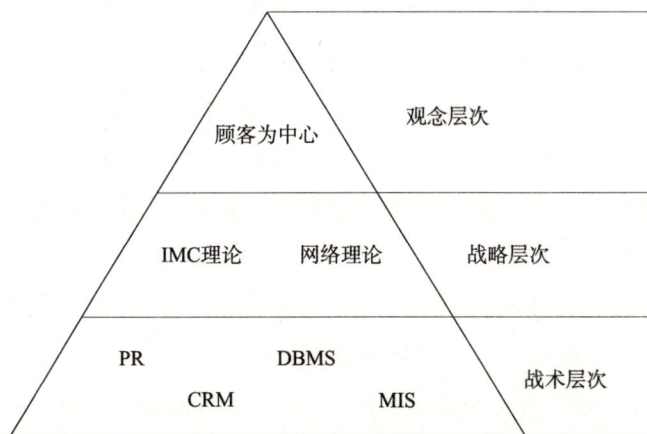

图 3.9　关系营销的三个层次

## (二)关系创造价值

　　"一种声音"论认为 IMC 是把不同的营销传播工具整合发出同一种声音,

---

　　① 　[美]汤姆·邓肯:《整合营销传播:利用广告和促销建树品牌》,周洁如译,北京:中国财政经济出版社 2004 年版,第 10 页。
　　② 　参见韩德昌、姚飞:《"关系"对关系营销的影响》,《经济管理》2006 年第 1 期。

从而保证传播的一致性和效果最大化。但是这种"推"传播方式,无法与消费者建立紧密的关系,因而无法产生价值。IMC 则致力于与顾客建立长期友好的互动关系,可以带来价值。

1. 价值来源于顾客

关于顾客价值的研究主要有三位学者。(1)载瑟摩尔的顾客感知价值理论。① 载瑟摩尔(Zeithaml)认为(1988),顾客所能感知的利益与其在获取产品或服务时,所付出的成本进行权衡后对产品和服务的整体评价。顾客在感知利益和感知成本之间进行权衡,前者大于后者,则是感知利得,后者大于前者,则是感知利失。顾客在感知中采取下一步行动。(2)科特勒的顾客让渡价值理论。② 所谓顾客让渡价值是指顾客总价值与顾客总成本之差。顾客总价值是顾客从某一特定产品或服务中获得的一系列利益,包括产品价值、服务价值、人员价值、形象价值等。顾客总成本是指顾客为了获得某一产品或服务所付出的时间、金钱、体力和精神等,包括货币成本、时间成本、精神成本和体力成本。顾客在选择购买产品时,都是在顾客总价值和顾客总成本之间进行"性价比"分析,最后确定顾客让渡价值最高的产品。(3)格隆罗斯的顾客价值过程理论。③ 格隆罗斯(Gronroos)认为关系营销为顾客和其他各方创造出比单纯交易营销更大的价值。顾客必须感知和欣赏持续关系中所创造的价值。由于关系是一个长期的过程,因此顾客价值在一个长期的时间内出现,即为顾客价值的过程。从以上三个理论可知,尽管顾客价值的具体途径有所不同,但都一致同意价值不是企业创造的,而是顾客创造的。

2. 关系在获取顾客和保留顾客中的作用

首先,IMC 通过建立与新顾客的关系,将产品或服务信息告知新顾客,并通过对话满足新顾客的信息需求。显然,传播是建立企业与顾客的最常用、最基本的手段。有效的传播能够减少顾客的信息搜索成本、时间成本和体力成

---

① See Zeithaml, V. (1988),"Consumer Perception of Price. Quality and Value: A Means-End Model and Synthesis of Evidence",*Journal of Marketing*,1988,52(July),pp. 2–21.

② 参见[美]菲利普·科特勒、凯文·莱恩·凯勒:《营销管理》(第 12 版),梅清豪译,上海:上海人民出版社 2006 年版,第 19—20 页。

③ See Gronroos(1997),"Value-driven Relationship Marketing from Products to Resources and Competences",*Journal of Marketing Management*,1997,13(13),pp. 407–419.

本,从而有更高的顾客让渡价值。

其次,IMC 通过维持与老顾客的关系,获得顾客满意度和忠诚度。据美国汽车业的调查,1 个满意的顾客会引发 8 笔潜在的生意;1 个不满意的顾客会影响 25 个人的购买意愿,争取 1 位新顾客花费是留住 1 位老顾客花费的 6 倍。① 忠诚的顾客不仅给企业带来即期交易的利润,同时会促进企业的交叉销售,他们对企业产品或服务的价格不太敏感,还经常进行正面的口碑传播,而且忠诚的顾客对企业员工的士气也是一种鼓舞,能够促进员工劳动生产率的提高,等等。

企业与顾客之所以能形成经常的联系,最基本也是最重要的是购买双方存在一种信息交换和分享共同价值的关系。通过信息交换,企业和顾客之间形成一种关系,从顾客满足到顾客满意,再到顾客维系和顾客忠诚,这种顾客忠诚能够带来企业长期的价值回报。因此,邓肯说:"当一家公司和顾客建立了牢固的关系时,得到的回报就是销售和利润。"②

### 三、IMC 是一种战略

#### (一)IMC 不是战术工具

IMC 一直被当做一种战术工具在使用,有两个明显的事实,一是学者们在寻找战术工具的测量工具;二是学者们在寻找战术工具的执行流程。可惜至今这两个问题还没有办法找到答案。

1. IMC 的测量问题

IMC 一直被看做是多种营销传播工具的协调运用,这至今是大多数营销学学者和实务人士最主流的看法。但也因此在他们的心中,有一个苦苦不能解决的难题——"效果测定"问题。在他们看来,所谓的 IMC 效果,是多种传播工具合力的作用,因此在他们看来,最理想的解决方案是设计出一个公式,能够帮助计算出不同传播工具的因子贡献率。例如唐·舒尔茨就痴迷于所谓的"ROCI(顾客投资回报率)",希望能够通过预算投资计算出 IMC 效果。但是,我们认为这种思维犯了方向性的错误,注定了无法解决这个难题。原因有

---

① 参见王方华、洪祺琦:《关系营销》,太原:山西经济出版社 1998 年版,第 72 页。
② [美]汤姆·邓肯:《整合营销传播:利用广告和促销建树品牌》,周洁如译,北京:中国财政经济出版社 2004 年版,第 57 页。

四:其一,效果有多个层次,有行动的、有意愿的、有情感的、有认知的等不同层次,这些不同层次构成一个效果整体,它们之间相互交叉、相互渗透、相互依赖,无法把它们分割开来,当然无法测定各自的效果,也无法测定总体效果。其二,不同的传播工具有不同的特点,所起的作用各不相同,例如,广告在告知方面、在提醒方面具有短期效果,而公关在情感方面、在美誉度方面具有长期效果,如何判定两者的作用大小呢。另外还要考虑其他传播工具像促销、直接营销、网站、口碑等诸多传播因素所起的作用,根本没有办法判断这些不同的工具在最终的效果中所占的百分比。其三,传播还是个社会现象,传播效果并非全部是那些传播工具产生出来的,其他相关的影响因素还有:流行文化、社会群体文化、群体消费压力、炫耀式消费、非理性消费、宏观经济环境、竞争对手状况,等等,这些社会因素在传播效果中又占什么比例呢? 其四,传播往往是历时性现象,因此传播效果要考虑效果积累因素。比方说,要考虑以往的广告活动、公关活动、促销活动等的"滞留效应",还要考虑顾客在使用产品或服务后的体验因素,这些因素无法与当前的传播活动的效果完全剥离出来。因此,可以说,"IMC 效果测量问题"被看做是两大难题之一(另一大难题是IMC 定义问题),这也是 Cornelissen 和 Lock 否认 IMC 是一个理论的一大证据。实际上,只有当我们把 IMC 看做是战术工具时,才必然存在这个所谓的测量问题。如果跳出这个藩篱,把 IMC 看做是战略,就完全没有必要为这个无解的问题大伤脑筋。因为战略的效果不是靠测量检验,而是靠实践检验。

2. IMC 的流程模式问题

IMC 一直被看做是过程,因此自然被看做是有一个可以据此操作的特定流程,许多学者对此苦苦寻求流程模式。

何西军在其博士论文《网络时代的整合营销传播——IMC 理论模型研究》一文中,对国外文献中的 IMC 模型做了梳理,主要介绍了六个模型:(1)邓肯—阿伦斯—博维模型;(2)莫尔—梭森模型;(3)舒尔茨—田纳本—劳特朋模型;(4)施吉模型;(5)贝尔齐模型;(6)申光龙模型。[①]

① 参见何西军:《网络时代的整合营销传播——IMC 理论模型研究》,武汉大学博士论文,2002 年。

　　高运锋在《整合营销传播过程的关键因素构成——以五种整合营销传播模式分析为基础》中,介绍了五个模型:(1)舒尔茨整合营销传播企划模式;(2)汤姆·邓肯 IMC 模式;(3)余逸玫 IMC 模式;(4)申光龙 IMC 战略模型;(5)舒尔茨全球整合营销传播模式。①

　　这些模型尽管各不相同,但基本上都把 IMC 作为一种流程来看待,限于篇幅,本书对众多的 IMC 模型不一一作介绍,这里只选取四个模型做介绍。其中有三个是舒尔茨提出来的,由此我们可以看出舒尔茨思想变化轨迹。另一个是施吉提出来的,是一个与众不同的模型,能给我们启发。

　　A. 舒尔茨 IMC 企划模型(见图 3.10)。

　　B. 舒尔茨全球整合营销传播模型(见图 3.11)。

　　C. 舒尔茨 IMC 五步循环模型(见图 3.12)。

　　D. 施吉 IMC 系统模型(见图 3.13)。

　　舒尔茨的三个 IMC 模型分别出自他的三本 IMC 代表作,时间分别是 1992 年、2000 年和 2003 年。从模型图的变化也可以看出不同时期舒尔茨对 IMC 的不同看法。

　　在第一个模型中,舒尔茨完全把 IMC 看做一个操作流程,从建立客户资料库开始,经过分区、接触管理、传播目标制定、品牌网络建设、营销目标制定、营销工具选取到最后的营销传播战术运用。这个流程强调的是最终不同营销传播工具(广告、公关、促销、事件营销、直效营销)的组合运用。

　　在第二个模型中,舒尔茨对第一个模型做了较大的改变,提出了一个八步模型。首先,从线性模型改变为循环模型。其次,去掉了营销传播战术运用,增设了品牌、ROCI、测量等项目。在第三个模型中,舒尔茨将八步减少到五步,流程更加简明扼要了。舒尔茨三个模型图,可以反映出他关于 IMC 的看法前后有变化,早期更多地把 IMC 看做是一种战术,晚期更多地把 IMC 看做一种战略。他和凯奇 1998 年在美国实施"IMC 最佳实践"项目,提出了"IMC 的四个阶段"论,即第一阶段:策略传播的协调;第二阶段:市场营销传播范围

---

　　① 　参见高运锋:《整合营销传播过程的关键因素构成——以五种整合营销传播模式分析为基础》,《现代广告·学刊》2005 年总第 115 期。

（消费者/潜在消费者资料库）

**资料库**：人口统计　心理统计　购买历史　产品类别网络

**区隔/分类**：我牌忠诚使用者　竞争品牌使用者　游离群

**接触管理**：接触管理　接触管理　接触管理

**传播目标和策略**：传播策略　传播策略　传播策略

**品牌网络**：品牌网络　品牌网络　品牌网络

**营销目标**：维持使用习惯　建立使用习惯　试用　增加购买量　建立忠诚度　获取/扩大使用率

**营销工具**：产品 价格 配销 传播（对应每个营销目标）

**营销传播战术**：
- 维持使用习惯：直效营销 广告 促销活动
- 建立使用习惯：公共关系 事件营销
- 试用：直效营销 促销活动 广告 公共关系 事件营销
- 增加购买量：促销活动 直效营销 广告
- 建立忠诚度：促销活动 直效营销 广告
- 获取/扩大使用率：促销活动 直效营销 事件营销 公共关系 广告

**图 3.10　整合营销传播企划模式（唐·舒尔茨等,1992）①**

的重新定义；第三阶段：信息技术的运用；第四阶段：财务整合以及战略整合。这也反映出,他把 IMC 战术看做是最低级阶段,最终的方向是把 IMC 当做一种战略。

施吉的 IMC 模型是从系统论的角度出发,同一般的线性模型和循环模型都有所区别。在他看来,IMC 只有放到一个环境中才能存在,他给出了三个环境：企业环境、营销环境和营销传播环境。每种环境有八个要素：分析、计划、测量、控制、战略、目标、战术、预算。在施吉看来,IMC 项目应当分成战

①　参见［美］舒尔茨、田纳本、劳特朋：《整合营销传播》,吴怡国等译,呼和浩特：内蒙古人民出版社 1998 年版,第 79 页。

略和战术两部分;对应于企业战略与战术、营销战略与战术、营销传播战略
与战术。

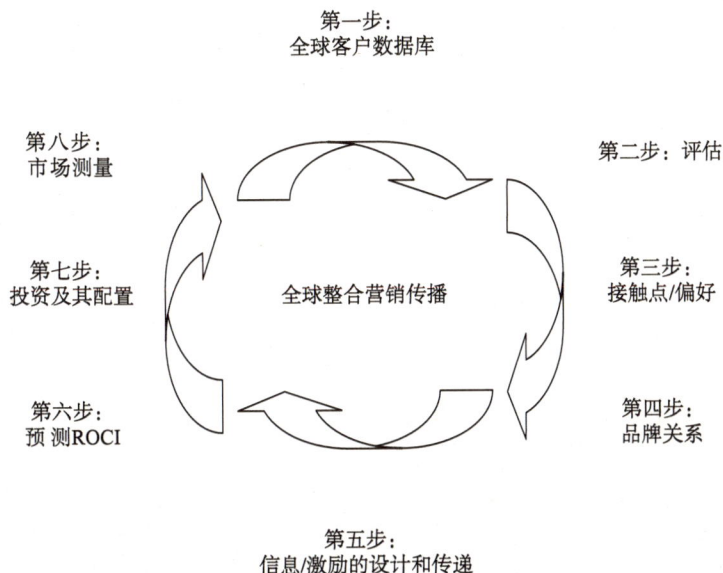

图 3.11　舒尔茨全球整合营销传播模型①

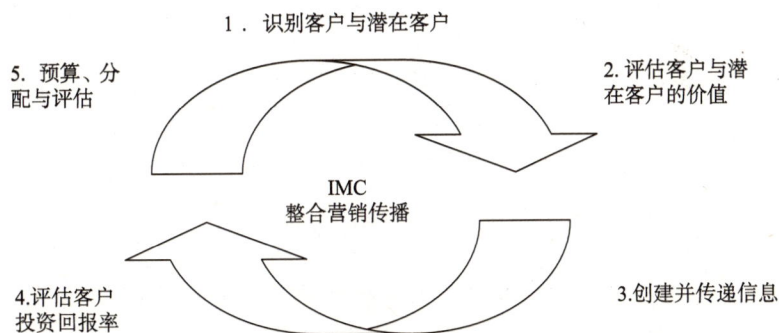

图 3.12　舒尔茨的 IMC 五步循环模型②

---

① 参见[美]舒尔茨(Schultz, Don E.)、[英]菲利普·J.凯奇:《全球整合营销传播》,何西军等译,北京:中国财政经济出版社 2004 年版,第 77 页。

② 参见[美]唐·舒尔茨、海蒂·舒尔茨:《整合营销传播:创造企业价值的五大关键步骤》,何西军等译,北京:中国财政经济出版社 2005 年版,第 53 页。

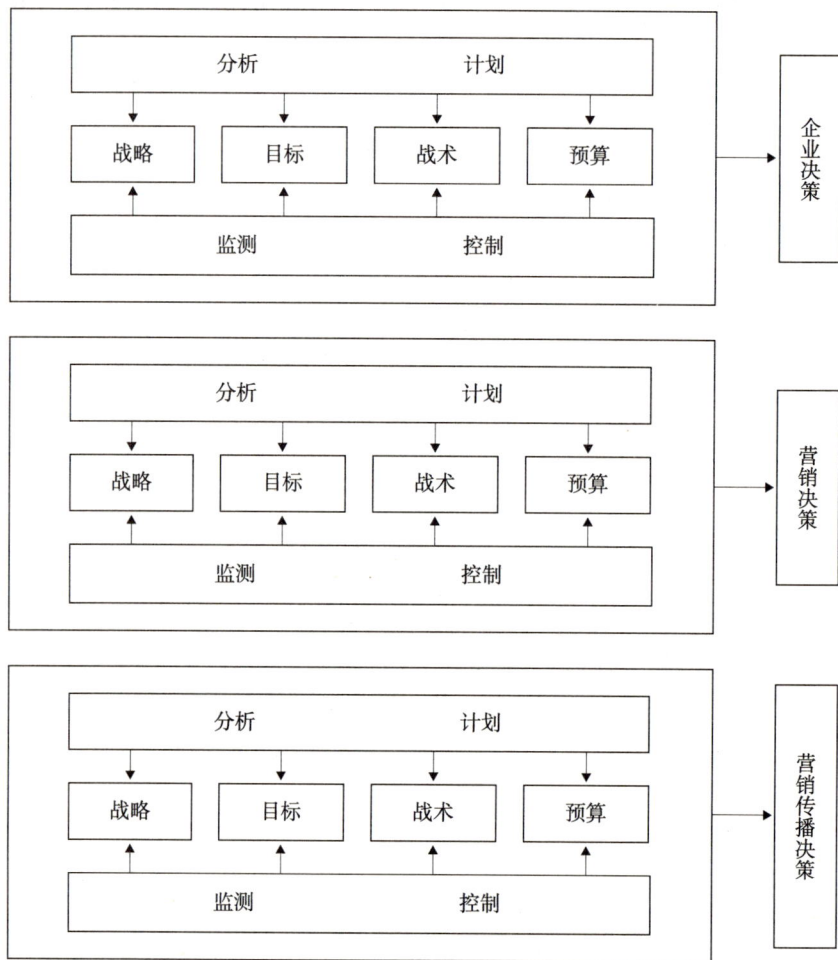

**图 3.13　施吉 IMC 系统模型①**

从舒尔茨和施吉的模型来看,IMC 不再只是一种战术工具,而是战略和战术的统一。用汤姆·邓肯的话说:"整合营销传播:既是理念又是流程。"②强调它是理念,即强调它是战略,强调它是流程即强调它是战术。之所以众多的

---

① 参见 Sirgy M. Joseph(1998). *Integrated Marketing Communications*:*A Systems Approach*(影印版),清华大学出版社 1998 年版,第 60 页。
② [美]汤姆·邓肯:《广告与整合营销传播原理》(原书第 2 版),廖以臣、张广玲译,北京:机械工业出版社 2006 年版,第 12 页。

学者提出的 IMC 模型差异太大,是因为大家更多地把它当做是战术,而不同的环境中有不同的战术,当然战术流程五花八门,这也就是流程模型的无法取得一致性的根本原因。解决这个难题实际上很简单,不把 IMC 看做是战术,把它看做是战略,就不难取得一致的 IMC 模型。

**(二)IMC 是一种营销传播战略**

由于把 IMC 当做战术,无法解决 IMC 的测量问题和 IMC 的流程模式问题,只有把它看做是一种战略,才符合它的本质特点。

1. 什么是战略、企业战略、营销战略、营销传播战略

"战略"一词,原为军事用语,顾名思义,战略就是作战的谋略。《中国大百科全书·军事卷》诠释"战略"一词时说:"战略是指导战争全局的方略。即战争指导者为达成战争的政治目的,依据战争规律所制定和争取的准备和实施战争的方针、政策和方法。"①

"战略"后被管理学和营销学借用,出现"企业战略"、"营销战略"等术语。1965 年,美国学者安索夫(H. I. Ansoft)在其《企业战略论》中首先将战略一词应用在组织经营管理中。英国格里·约翰逊在《战略管理》中认为"战略是一个组织长期的发展方向和范围,它通过在不断变化的环境中调整资源配置来取得竞争优势,从而实现利益相关方的期望"②。加拿大麦吉尔大学管理学教授茨明格从五个不同的角度对"企业战略"进行描述:(1)战略是一种计划,是一种有意识的、有预计的行动,是一种处理某种局势的方针;(2)战略是一种计策,在特定的环境下,企业把此作为威慑和战胜竞争对手的"手段";(3)战略是一种模式,反映企业的一系列行动,无论企业是否事先对战略有所考虑,只要有具体的经营行为,就有战略;(4)战略是一种定位,是一个组织在自身环境中所处的位置,使得企业内部条件与外部环境更加融洽,把企业的重要资源集中到相应的地方,形成一个产品和市场的"生产圈";(5)战略是一种观念,体现组织中人们对客观世界固有的认识方式,通过组织成员的期望和行为形成共享。③ Kerin 等人(1990)在分析不同文献提出的战略定义基础上,指

---

① 《中国大百科全书·军事卷 II》,北京:中国大百科全书出版社 1998 年版,第 1214 页。

② [英]约翰逊(Johnson,G)、斯科尔斯(Scholes,K):《战略管理》(第 6 版),王军等译,北京:人民邮电出版社 2004 年版,第 7 页。

③ 参见王方华等:《整合营销》,太原:山西经济出版社 1998 年版,第 93 页。

出企业战略具有六个重要维度:(1)战略是建立组织目标的方式(关于长期的目标、行动规划和资源配置优先权等)。(2)战略规定组织的竞争领域。因此,战略的一个核心关注点是规定一个组织的或者应该的业务。(3)战略是对影响组织的外在机会、威胁和内在的优势、劣势的持续性和可调性反应。(4)战略是达至竞争优势的核心手段。(5)战略贯穿于组织所有等级层次:企业的、业务的和功能的。(6)战略是内部和外部利益相关者的驱动力,他们从组织行动中直接或间接得到利益或付出。①

　　企业战略一般包括人力资源战略、财务战略、技术战略和营销战略(见图3.14)。可见,营销战略是企业战略的一个组成部分,它是指全部营销活动的指导思想和实现途径。营销战略又包括产品战略、定价战略、渠道战略、品牌管理战略、营销传播战略等。在这里,营销传播战略实际上就是 IMC 战略。

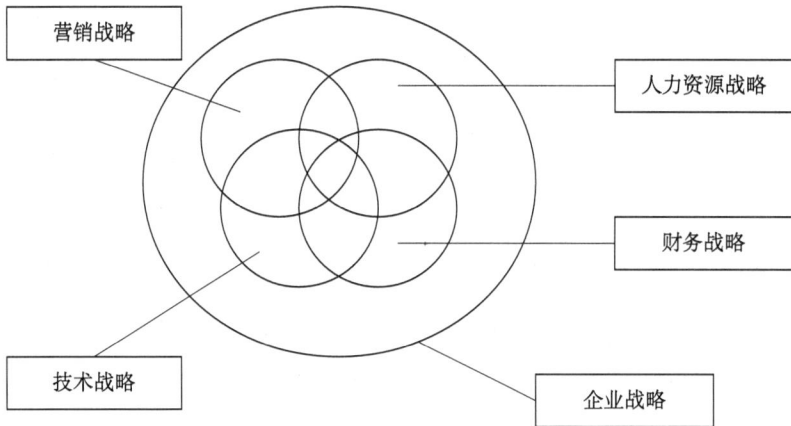

**图 3.14 企业战略与营销战略关系②**

2.IMC 战略:需要 CEO 关注

　　当把 IMC 看做是一种战术时,企业只把它作为一种部门功能来执行,例如让营销部或公关部来执行。但事实上,单靠一个职能部门是无法实施 IMC 的。Low(2000)对企业高层的调查后认为,"IMC 应该来自看得清'远景'和认

----

① See Danny Moss,Gary Warnaby(1998),"Communications strategy? Strategy communication? Integrating different perspectives",*Journal of Marketing Communications*,1998,pp.4-132.
② 转引自王方华等:《整合营销》,太原:山西经济出版社 1998 年版,第 107 页。

识得到传播在整个营销战略中的地位的客户领导那里。"①Pettegrew(2000—2001)认为,IMC 的一个重大障碍是企业 CEO 缺乏对 IMC 的直接支持和领导,同时缺乏相配套的企业组织结构和企业文化。他说:"由于缺乏 CEO 的支持,IMC 不能获得完全或有效接受,这是 IMC 操作中的一个瓶颈。"②Pettegrew 的观点得到 Sheehan 和 Doherty(2001)的支持,他们说:"客户集权和组织议题,与组织中的领地战争,是采纳 IMC 的障碍。"③Pettegrew(2000—2001)注意到,IMC 文献中非常忽视企业组织结构、企业文化、CEO 的支持等议题,他说:"最小化 CEO 在公司营销中的影响力是天真的,IMC 的采纳和实施的大量讨论中排除 CEO 是理论构建的缺陷,"他还说:"IMC 说服的第一个目标应该是CEO,然后是营销管理的高层其他人。"④舒尔茨在谈到如何克服 IMC 障碍时,提出的第一个对策是"传播'独裁者'(Czar)的建立",他说"就现有的传播系统而言,是不可能让每一个单位或事业群都共同参与企划和执行传播方案",因此,IMC 必须实现中央控制方式,"这种假定现有的组织不做改变,藉由一个传播独裁者所建立的中央控制方式,不过是将传播功能统整到一个人或一个群组上。如此一来,虽然有一些现行组织结构所遗留下来的问题,但相当易于执行,而且此种集中化的过程,是整合组织内部传播活动的起点。"⑤整合营销传播的实施存在组织结构障碍,是一个不争的事实,其原因就在于把 IMC 只当成战术,因此战术操作时遇到各个功能部门的"权力"之争,无法实现真正的整合。而把 IMC 看做是战略,就需要企业 CEO 和最高领导层实行中央控制,把 IMC 与营销战略、企业战略统一起来,实现"无缝传播",这样才能做到

---

① Swain William N. (2004), "Perceptions of IMC after a Decade of Development: Who's at the Wheel, and How Can We Measure Success?" *Journal of Advertising Research*, 2004 March, p. 53.

② Pettegrew, L. S. (2000–2001), "If IMC is So Good, Why Isn't It Being Implemented? Barriers to IMC Adoption in Corporate America", *Journal of Integrated Communications*, 2000–2001, 11, p. 29.

③ Sheehan K. B., Doherty C. (2001), "Re-Weaving the Web: Integrating Print and Online Communications", *Journal of Interactive marketing*, 2001, 15(2), p. 49.

④ Pettegrew L. S. (2000–2001), "If IMC is So Good, Why Isn't It Being Implemented?: Barriers to IMC Adoption in Corporate America", *Journal of Integrated Communications*, 2000–2001, 11, p. 36.

⑤ [美]舒尔兹、田纳本、劳特朋:《整合营销传播:谋霸21世纪市场竞争优势》,吴怡国译,呼和浩特:内蒙古人民出版社1998年版,第238页。

真正的整合营销传播。

3. IMC 战略:首先是一种观念

IMC 作为战术时,不得不注重操作层面,而操作层面的实践会遇到众多问题,例如组织结构问题、效果测量问题、流程问题,都没办法得到很好的解决办法。IMC 作为战略时,更强调 IMC 是一种观念、一种哲学和一种思维方式。IMC 作为一种营销战略的观念而存在,得到许多学者的认可。汤姆·邓肯认为,理解 IMC 是一种理念,能够帮助企业认识到整合的必要性。① 舒尔茨和凯奇(2000)则提出了一个 21 世纪的 IMC 定义,认为"IMC 是业务的战略过程"②。Cornelissen 等人指出 IMC 作为管理观念的重要性,他们说:"另一些学者(e. g. ,Drobis,1997)却认为 IMC 难以达到管理目标,因为它太含混了、代表了太多的不同的东西。Drobis(1997)声称 IMC 死了因为它不再代表任何特定的营销行为。虽然 Drobis 的话可能有重要的言外之意:经理们不能确定 IMC 的真正含义。但他的 IMC 死亡宣判却忽略了一个事实:IMC 今天已经变成一个普遍的管理观念,超越了它专门实施领域而进入营销整个领域。"③我国学者卫军英也同意把 IMC 看做是一种观念,他说:"困惑由此而生,为什么一个得到普遍认同的全新理论,在实践模式上却留下如此巨大的空白? 如果从基因信息和文化觅母角度看,答案似乎非常简单:这就是整合营销传播与其说是一种操作方法,还不如说是一种操作观念,而且从应用层面上讲,它首先不是方法而是观念。整合营销传播所带来的首先是观念的变革,而不是具体的操作手段,这种观念转化几乎改变了长期以来所形成的有关营销传播的各种思维定势。"④

作为一种观念,IMC 需要得到企业全体成员的理解和重视。首先是CEO,然后是企业各职能部门的高层,再然后是全体雇员,都需要认识到 IMC 能够创造企业价值,需要认识到 IMC 是以客户为中心的对话机制,需要认识

---

① 参见[美]汤姆·邓肯:《广告与整合营销传播原理》(原书第 2 版),廖以臣、张广玲译,北京:机械工业出版社 2006 年版,第 15 页。

② [美]舒尔茨(Schultz,Don E. )、[英]菲利普·J. 凯奇:《全球整合营销传播》,何西军等译,北京:中国财政经济出版社 2004 年版,第 65 页。

③ Cornelissen,Christensen,Vijn(2006),"Understanding the Development and Diffusion of IMC:A Metaphorical Perspective",*NRG*,2006-02,p. 11.

④ 卫军英:《关系创造价值——整合营销传播理论向度》,北京:中国传媒大学出版社 2006 年版,第 201 页。

到 IMC 不是一个部门或某个个人的事情,需要认识到 IMC 是一种战略而不是
战术。Olof Holm(2006)在《整合营销传播:从战术到战略》一文中指出:"这样
IMC 变成一个战略议题,并且因此应当保持与战略本质和战略决策相一致。战
略和战略决策概念的普遍特征是:第一,战略与一个组织或公司长期方向相关;
第二,战略决策倾向于获得一些竞争优势;第三,战略决策与组织行动的范围相
关。它按照拥有者和管理者设想成为什么样的和应当是什么样的来做。"①

## 第三节　IMC 的定义

定义是对外在对象进行简洁、客观和精确的描述,定义能够浓缩对外在对
象的认知和理解。欧文·M.柯匹把定义分为五种形式:规定定义、词项定义、精
确定义、理论定义和说服定义。无疑,我们的 IMC 定义属于理论定义。柯匹认
为好的定义有五条标准:(1)定义应当揭示出种的本质属性;(2)定义不能循环;
(3)定义既不能过宽又不能过窄;(4)定义不能用歧义的、晦涩的或比喻的语言
来表述;(5)定义在可以肯定的地方就不应当用否定定义。② 以此为制定定义
标准,本书在前文对 IMC 的外延和内涵阐述的基础上,将提出一个新的定义。

### 一、对国内外 IMC 定义的审视

在 IMC 理论建构中,IMC 定义是一个关键问题。从 20 世纪 80 年代后期,
IMC 一词出现后,不少学者试图给 IMC 一个科学的定义,但至今广为科学共
同体接受的 IMC 定义还没有出现。1996 年,Phelps 等人指出:"这个新生领域
的定义清晰性和边界的缺乏有待解决。"③2000 年秋爆发在 Cornelissen 和舒
尔茨之间的一场论战,更是将 IMC 定义问题推上了风口浪尖。Cornelissen 和
Lock 说:"从概念出发,我们的分析揭示,尽管不能从实践清晰推断出 IMC 缺

---

① Holm Olof ( 2006 ), " Integrated Marketing Communications: From Tactics to strategy ",
*Corporate Communications: An International Journal*, 2006, 11( 1 ), pp. 23 - 33.

② 参见[美]欧文·M. 柯匹(Irving M. Copi)、卡尔·科恩(Carl Cohen):《逻辑学导论》(第
11 版),张建军、潘天群等译,北京:中国人民大学出版社 2007 年版,第 145—149 页。

③ Phelps J. E., Harris T. E., Johnson E. (1996), "Exploring Decision-making Approaches and
Responsibility for Developing Marketing Communications Strategy", *Journal of Business Research*, 1996,
37(3), p. 217.

乏定义,但我们不能说什么是 IMC、什么不是 IMC。一般而言,它作为管理时尚的影响是巨大的,提供给实际管理者普遍流行的观念和辞藻。"他们还说:"历史环境和 IMC 的诞生的观点分歧与它的概念定义缺失紧密相关。虽然大家似乎在 IMC 涵盖的范围达成一致——像组织建构流程和营销传播专家的协同作战,还有传播项目的执行和内容等——然而,普遍的理论构建和研究几乎没有"。① 舒尔茨和凯奇也承认,"IMC 定义是弱点","它还不是一个理论",但是指出 IMC"作为一个概念和原理是完全合适的,是作为科学理论的一个新出现的范式",他们还说:"所以虽然 IMC 暂时还缺乏一个普遍一致的定义,但在全世界其基础工作已经完成。"②

　　IMC 诞生以来,出现过无数定义,但限于理论研究的时代局限性,缺乏一个有说服力的定义。不同的定义有着各自的优点,也有着明显的缺陷。笔者对国内外代表性的 IMC 定义一一点评,以期为后面提出自己的 IMC 定义打下基础,见表3-10。

表3-10　IMC 定义一览表

| 作者/年代 | IMC 定义内容 | 定义优点 | 定义缺陷 |
|---|---|---|---|
| 4As<br>(1989) | 一个包含附加价值的营销传播计划概念,把不同传播工具,例如,一般性广告、直接反应、销售促进、公共关系等联合起来以保证清晰性、一致性和传播效果最大化③ | *外延清晰<br>*简洁明白 | *"推"的传播方式<br>*是战术而非战略<br>*关系、品牌、顾客等关键词缺失 |
| 唐·舒尔茨<br>(1991) | 整合营销传播是一个针对顾客或潜在顾客的产品/服务所有信息传播渠道管理的过程,使消费者行为朝向销售和保持顾客忠诚④ | *强调了顾客在 IMC 的作用<br>*较简洁 | *强调过程,缺乏战略观<br>*关系、品牌等关键词缺失 |

　　①　Cornelissen Joep P. ,Lock Andrew R. (2000). Theoretical Concept or Management Fashion? Examining the Significance of IMC. *Journal of Advertising Research* ,2000,40(5) ,p. 8.

　　②　Schultz Don E,Kitchen Philip J(2000) ,"A Response to'Theoretical Concept or Management Fashion?'"*Journal of Advertising Research* ,2000,40(5) ,p. 18.

　　③　Duncan T. R,Everrett S. E. (1993). Client Perceptions of Integrated Communication. *Journal of Advertising Research* ,1993,32(3) ,p. 30.

　　④　Duncan T. ,Caywood C. (1996) ,"The Concept,Process,and Evolution of Integrated Marketing Communications",In Thorson,Moore E. ,J. (eds) *Integrated Communication:Synergy of Persussive Voices.* Mahwam,NY:Lawrence Erlbaum,p. 13.

续表

| 作者/年代 | IMC 定义内容 | 定义优点 | 定义缺陷 |
|---|---|---|---|
| 汤姆·邓肯（1992） | 一个组织运用全部战略联合的信息和媒介达到影响品牌价值的合力① | *简洁<br>*强调了品牌价值 | *过于宽泛<br>*顾客、关系等关键词缺失 |
| 唐·舒尔茨（1993） | 整合营销传播是一个通过长期发展和应用对顾客和潜在顾客多种形式的说服性传播项目的过程。IMC 的目标是影响或直接作用选定的传播对象的行为。IMC 考虑品牌或公司接触的所有来源，即顾客或潜在顾客获得产品或服务的未来信息的潜在传送渠道。而且，IMC 利用所有与顾客和潜在顾客相关的各种传播形式，也是他们接受的传播形式。总之，IMC 过程始于顾客和潜在顾客，然后回到决定和界定的形式和方法中，这样说服性项目能够被开发② | *详细<br>*强调了顾客、品牌接触、长期等词语 | *不简洁<br>*缺乏战略观 |
| 邓肯（Duncan，T）和凯伍德（Caywood，C.）（1996） | 整合营销传播是一个过程，通过战略控制或影响全部讯息和鼓励有目的的对话来产生和培养与顾客和其他利益相关者可获利关系③ | *较简洁<br>*较完整 | *还在强调过程 |
| 申光龙（1999） | IMC 是指企业在经营活动过程中，以由外而内（Outside-in）战略观点为基础，为了与利害关系者（Stakeholders&Interest Group）进行有效的沟通，以营销传播者为主体所展开的传播战略④ | *较简洁 | *目的欠明确<br>*外延过大 |
| 舒尔茨（Schultz）和凯奇（Kitchen）（2000） | IMC 是业务的战略过程，可以利用此过程设计、发展、执行以及评估品牌传播方案，此方案对于消费者、客户和其目标中的或有关的内部及外部观众来说，通常应该是可以协调权衡的，且具有说服力⑤ | *较简洁 | *外延过大<br>*陈述有些含糊 |

　　①　Duncan T.，Caywood C.（1996），"The Concept，Process，and Evolution of Integrated Marketing Communications"，In Thorson，Moore E.，J.（eds）*Integrated Communication：Synergy of Persussive Voices*. Mahwam，NY：Lawrence Erlbaum，p. 14.

　　②　Schultz Don E.（1993），"Integrated Marketing Communications：Maybe Definition Is in the Point of View"，*Marketing News*，1993，27（2），p. 17.

　　③　Duncan T.，Caywood C.（1996），"The Concept，Process，and Evolution of Integrated Marketing Communications"，In Thorson，Moore E. J.（eds）*Integrated Communication：Synergy of Persussive Voices*. Mahwam，NY：Lawrence Erlbaum，p. 14.

　　④　［韩］申光龙：《整合营销传播：IMC》，《IT 经理世界》1999 年第 2 期。

　　⑤　参见［美］舒尔茨（Schultz，Don E.）、［英］菲利普·J.凯奇：《全球整合营销传播》，何西军等译，北京：中国财政经济出版社 2004 年版，第 65 页。

| 作者/年代 | IMC 定义内容 | 定义优点 | 定义缺陷 |
|---|---|---|---|
| 汤姆·邓肯（2001） | 简单地说,整合营销传播是一个提高品牌价值、管理顾客关系的过程。更具体点,就是通过战略性的控制或影响相关团体所接受到的信息,鼓励数据发展导向,有目的地和它们进行对话,从而创造并培养与顾客和其他利益相关者之间可获利关系的一个跨职能的过程① | *较清晰 | *还不够简洁 |
| 辛普(Shimp)（2003） | 1. 传播过程始于消费者;<br>2. 使用各种形式的方法和消费者接触;<br>3. 营销传播要素协同发挥作用;<br>4. 和消费者建立关系;<br>5. 最终影响消费者行为② | *较清晰 | *缺乏完整的语言组织 |
| Jerry Kliatchko（2005） | 整合营销传播是一个受众导向的、渠道中心的、结果驱动的长期品牌传播项目的战略管理概念和过程③ | *较简洁<br>*较全面 | *个别陈述有些含糊 |

## 二、本书对 IMC 的定义

以上介绍了 10 个 IMC 定义,这些定义各有优点和缺陷。这些定义中,Jerry Kliatchko(2005)的定义相比较而言,更完整、更简洁、更能揭示外在现象的本质属性。

本书第二章中,已经阐述了 IMC 的外延,即应当定位于营销传播的范畴,而不应该延伸成为整合传播或整合营销。第三章前两节中,提出了"对话—关系—战略"观,阐述了三个命题:IMC 是一种对话;IMC 旨在建立关系;IMC 是一种战略。这三个命题有一个共同的中心思想:以顾客为中心。正是这个思想能够把三个命题维系在一起。IMC 是一种战略,强调 IMC 的观念在企业营销战略中的作用;IMC 是一种对话,强调的是信息传播方式;IMC 旨在建立关系,强调的是 IMC 的目标。三个命题从不同方面揭示出 IMC 的本质内涵。

① 参见[美]汤姆·邓肯:《整合营销传播:利用广告和促销建树品牌》,周洁如译,北京:中国财政经济出版社 2004 年版,第 8 页。
② 参见[美]特伦斯·辛普:《整合营销传播:广告,促销与拓展》(第 6 版),廉晓红译,北京:北京大学出版社 2005 年版,第 10 页。
③ See Kliatchko Jerry(2005),"Towards a new definition of Integrated Marketing Communications(IMC)",*International Journal of Advertising*,2005,24(1),p.23.

综上所述,本书提出一个新的 IMC 定义:整合营销传播(IMC)是企业组织的营销战略观念和营销传播方式。在一个顾客导向的企业组织中,企业通过与顾客有目的的对话,与顾客进行信息交换,从而建立起与顾客长期的、友好的、互动关系,并最终带来品牌价值。

# 第四章  IMC 的理论价值

## ——理论存在的意义

任何一个理论必须解决两个基本问题,其一是理论基本内涵是什么,其二是理论基本价值何在。前三章我们揭示了 IMC 理论的基本内涵是什么,接下来的两章我们将揭示 IMC 理论的基本价值。我们将从理论和实践两个角度揭示 IMC 理论的基本价值。

## 第一节  理论价值是理论构建的必要组成部分

### 一、事实认识与价值认识:理论构成的两大组成部分

在第一章中,我们对理论作如下解释:"人存在于客观世界中,出于好奇或者实用目的,对客观世界不断进行观察和思考,并希望能够'知事'和'明理',在此基础上积累起来的各种经验、判断、归纳、推理等构成了整个知识系统。而其中一部分知识不是来自于直接的观察和感觉,而是来自于理性的分析和思辨,表现出高度概括、高度抽象、高度系统的特点,它虽然还不是真理但向真理逼近,这种高级阶段的科学知识我们称之为理论。"这个概念定义中,可以看出:理论本身包含两大目标,一个是"知事",另一个是"明理"。"知事"是对外在事实的了解和理解,"明理"是事物之间的关系和发展规律的认识。前者涉及"事实",后者涉及"价值"。

#### (一)哲学中事实与价值的二分法

在哲学认识论中,对"事实"和"价值"的研究从古希腊时期就有,但二者是混杂在一起的。直到 19 世纪哲学家们才把二者作为认识论中对立统一的内容来研究,在此基础上形成了价值哲学这个哲学分支。19 世纪,一些哲学家开始探讨哲学价值问题。"休谟问题"的提出,认为单凭理性不能把握或成

为道德上表示赞成或反对意见的根据。因此,要区分事实论断和道德(价值)论断,说明休谟开始思考事实判断和价值判断能否过渡的问题。随后,德国哲学家洛采把世界划分为三个领域:事实的领域、普遍规律的领域和价值的领域。他认为事实的领域和普遍规律的领域都是达到目的的手段,而价值领域是最高的目的领域。洛采把价值概念提高到逻辑学、形而上学和伦理学的顶峰,使价值范畴由一般经济学范畴和伦理学范畴上升到哲学范畴。19 世纪末20 世纪初,德国哲学家维尔海姆·文德尔班把整个世界分为两个不同的世界,即事实世界和价值世界。与这两个世界相适应的两种知识是事实知识与价值知识。他把各门科学划分为自然科学与社会历史科学两大类。他认为自然科学是研究事实世界的科学,属于事实知识,社会历史科学则研究价值世界,属于价值知识。另一位德国哲学家李凯尔特也有类似的看法,他认为世界是由现实王国和价值王国构成的,并把学科分为文化科学和自然科学两大类。从以上哲学家的观点来看,19 世纪末独立的哲学学科——价值哲学形成,使哲学由不区分事实与价值到区分事实与价值。事实与价值二分法成为基本认识论观点。

**(二)事实认识与价值认识的关系**

任何一种客观事物都存在着两个维度:一方面,客观事物从它自身来说是一种客观存在,是一种事实;另一方面,客观事物之间又相互联系,相互作用,产生一定效应,特别是对人产生一定效应、功效或意义,即有一定价值。因此,我们对外在世界的认识可以分成事实认识和价值认识两大类。

事实认识,是以客体的本质、规律为对象,对客体性质的判断,它是客体在主体意识中的客观反映。事实认识是寻求主体与客体相符的真理的认识,即追求“真”。

价值认识,是对事物好坏的判断。马克思说:“‘价值’这个普遍的概念是从人们对待满足他们需要的外界物的关系中产生的。”①我国学者李德顺认为“价值范畴是一种关系范畴,它所揭示所表征的是一种客体与主体的特殊关系,是客体的存在、属性和运动变化与主体需要的一致性或接近的可能性和现实性,主体的需要是价值关系得以成为价值关系的根据,能否满足主体需要是

① 《马克思恩格斯全集》第19 卷,北京:人民出版社1963 年版,第406 页。

判定一定事物对主体究竟有没有价值的尺度或标准。"①可见,"价值"有三个特征:第一,价值是主客体之间的关系范畴;第二,价值是主客体相互作用时产生的,主客体相互作用是价值的基础。第三,价值是主客体相互作用时产生的功能。因此,价值认识是以客体与主体需要的关系为对象,是根据客体对主体最终产生的效果、满足主体需要的程度,对客体作出好坏的认识。价值认识是寻求主体与客体相满足的认识,即追求"通"。

事实认识与价值认识是两个表示主体与客体关系的认识范畴,二者都代表一种理性的认识,但它们是以两种不同的思维方式反映主体与客体的关系,它们的区别主要表现在以下几个方面:(1)二者反映的对象不同。事实认识属于科学认识范围,它是以客体的本质、规律为对象的。价值认识属于价值评价的范围,它以客体与主体需要的关系为对象。(2)二者主体参与度不同。事实认识是不以主体存在为转移的,事实认识的对象是事实本身,因此,它必须排除一切主体的意愿和需求。而价值认识是不能排除主体及需要的认识,它是主动寻求客体与主体需求相统一的事物价值。(3)二者判断的标准不同。事实认识是对事物本身直接的认识,标准是"真"。价值认识是在对客体作出客观认识的基础上,来认识其与主体需求的关系。而主体需求是因人、因时、因地而变化的,对同一事物不同的人会产生不同的价值评价,所以它的标准是多个的,评判标准是"通"。对于"真"与"通"的关系,金岳霖认为:"通不必真,真也不必通。我们要求理解一对象,就是因为要得到一通而且真的思想图案。不通不真,我们底要求当然不能满足,通而不真或真而不通我们底要求也不能满足。假如二者不能兼得,与其通而不真,不如真而不通,照此说法,真更重要。"②

由上述可见,事实认识和价值认识是两种意义不同的理性认识。科学理论既是以探求事物真相为目的的,也是以满足人的需要为目的的,因此可以说,科学理论是求真求通的,是科学性和价值性的统一。科学性反映理论同客体的关系,是指理论如实地反映了客观事物及其规律,是真实的;价值性反映理论同主体的关系,是指理论可以满足主体的某种利益和需要,是有用的。理

---

① 李德顺、马俊峰:《价值论原理》,西安:陕西人民出版社2002年版,第144页。
② 金岳霖:《知识论》,北京:商务印书馆1983年版,第87页。

论的有用性表现在它具有认识功能,可以解释存在和预见未来,它具有实践功能,可以指导人们的活动使之获得成功。

### 二、理论建构离不开理论价值认识的支持

在建构一个理论时,并非仅仅阐明外在事实的真实性就完事了,还需要证明此理论的有用性。有如下原因说明理论建构离不开理论价值论证。

1. 理论价值认识构成理论的一个组成部分,从而保证了理论的完整性

如上文所述,事实认识和价值认识是两种不同角度的理性认识,是构成理论的两大组成部分。对一个科学理论来说,仅仅只有事实认识或价值认识,都是不完整的。只有当事实认识和价值认识相互配合,从不同方面和角度展示理论内涵,才能完整地证明理论的科学性。

2. 理论价值认识能够加强事实认识的宽度与深度,从而加强了理论的科学性

当我们思考一个理论时,很难完全区分开理论"是什么"和理论"有什么用"的边界。有时候,界定一个理论是什么的同时就是在说明它有什么用。同样,有时在说明一个理论有何作用时,就连接着它是什么的问题。事实认识往往需要多次反复,螺旋式盘旋上升,最终逼近真理。在这种不断上升的认识中,对该理论的价值思考往往能够拓宽事实认识的视野,深化事实认识。这样,理论的科学性不断得到加强。

3. 理论价值认识直接与实践相连,从而更接近理论的终极目的

马克思说:"思辨终止的地方,即在现实生活面前,正是描述人们的实践活动和实际发展过程的真正实证的科学开始的地方。"①我们进行理论构建的目的不是为了形成一个宏大的理论,而是为了将理论更好地指导人们的实践。价值因为是反映主体和客体之间的互动、是客体满足主体需要的关系,因此价值认识直接与实践挂钩。而事实认识转化为实践,需要经过价值判断环节。因此,从理论的终极目的来看,理论价值认识比事实认识更能直接达到。

---

① 《马克思恩格斯全集》第 3 卷,北京:人民出版社 1960 年版,第 30—31 页。

## 第二节 有关 IMC 的理论价值的争议

### 一、IMC 价值的争议

不同的学者们对于 IMC 是否有价值、价值大小如何有着完全不同的意见,大体上可以分为两派:乐观派和怀疑派。

一是乐观派:以舒尔茨、邓肯、凯奇等为代表的学者热烈欢呼 IMC 的诞生,认为 IMC 是符合时代潮流的新营销理论范式。唐·舒尔茨、田纳本、劳特朋三人合著的《整合营销传播》1994 年再版时加了一个副标题"新营销范式。"Miller 和 Rose 认为:"把所有传播手段在一个单一概念下整体化正获得越来越多的支持,IMC 无疑是这种整体化刺激下的新范式。"①唐·舒尔茨在《我们不能忍受回到大众营销》一文中说:"整合营销传播(IMC)已经在相当短的时间被导入、成长、成熟和接受。因为技术驱动和支持 IMC,它不会是另一个行将过时的营销时尚,相反,IMC 似乎是所有营销传播的未来。"②Eagle 等人在新西兰的研究,也得出结论:IMC 不是一个管理时尚而是一个"新"范式。③唐·舒尔茨和凯奇认为:"毫无疑问世界已经发生变化,营销传播的本质和形式已经发生变化,因此,营销和传播发展和管理的实践也一定发生变化。……我们依然相信 IMC 还不是一个理论但相信整合的普遍观念、程序和系统思维一定在 21 世纪成功。"④Smith(2002)也阐述了实施 IMC 的诸多优点:IMC 可以带来竞争优势,带来销售和利润,同时节省时间、金钱和缓解压力等。⑤

---

① Miller D. A. ,Rose P. D. (1994). Integrated Communications:A Look at Reality. *Public Relations Quarterly*,1994,39(1),p. 13.

② Schultz Don E(1993). We simply can't afford to go back to mass marketing. *Marketing News*,1993,27(4),p. 20.

③ See Eagle L. C. ,Kitchen P. J. (2000). IMC,Brand Communication,and Corporate Cultures:Client/Advertising Agency Co-ordination and Cohesion. *European Journal of Marketing*,2000,34(5/6),pp. 667-686.

④ Schultz Don E,Kitchen Philip J(2000). A response to "Theoretical concept or management fashion?" *Journal of Advertising Research*,2000,40(5),p. 17.

⑤ See Smith P. R(2002). *Marketing Communications:An Integrated Approach*(3rd ed). London:Kogan Page Limited,2002.

　　二是怀疑派:也有许多学者质疑 IMC 的价值。Hutton(1995)把 IMC 比做"新瓶装旧酒"①,Spotts 等人(1998)声称"IMC 的大批文献是营销发展的类似物,其错误地取代了营销,并且是对已存在概念的再次发明和再次命名"②,而 Wightman(1999)认为"IMC 仅仅是广告公司为了应对日益减少的大众媒介传播预算而吞占公共关系的一个借口"③。Ketchum 公司的 CEO 及主席大卫·卓比斯(David Drobis)则断言"整合营销传播死了",他说:"它死了是因为我们永远不会确定它是否是一个有助于广告和公关服务的工具,或者它是否真的能完善传播规则。"④在所有怀疑论者中,Cornelissen 是最具代表性的一个。2000 年他和 Lock(2000)发表《理论概念还是管理时尚?——检视 IMC 的意义》一文,怀疑"IMC 对营销和广告思想和实践的理论价值和实际意义",把 IMC 看做是"纯粹的辞藻",断定"IMC 是一种管理时尚,表现在它缺乏定义、影响短暂"⑤。在 Cornlissen(2001)的另一篇论文中,他说:"像 Miller 和 Rose (1994)、Hutton(1996)、Cornlissen 和 Lock(2000a)等作者已经论述的,营销、广告、公关实务人员早在 IMC 概念出现很早以前就一直在努力联合,因此 IMC 概念并没有什么新东西。"⑥

### 二、IMC 价值争议的主要原因

　　对同样一个研究对象,不同学者对其价值判断相差如此之大,令人深思。

　　1. IMC 理论处于建构阶段,理论的不成熟性导致人们对其价值判断反差强烈

---

　　①　Hutton J. (1995). Integrated Marketing Communications and the Evolution of Marketing Thought. *Presentted to the American Academy of Advertising Annual Conference*, New York, 1995.

　　②　Spotts H. E, Lambert E. D., Joyce M. L. (1998). Marketing Déjà vu: The Discovery of Integrated Marketing Communications. Journal of Marketing Education, 1998, 20(3): 210-218.

　　③　Wightman B (1999). Integrated Communications: Organisation and Education. Public Relations Quarterly, 1999, 44(2), pp. 18-22.

　　④　Weightman Ben(1999). Integrated Communications: Organization and Education. Public Relations Quarterly. Rhinebeck: Summer 1999, 44(2), p. 18.

　　⑤　Cornelissen J. P., Lock A. D. (2000). Theroetical concept or management fashion? Examining the significance of IMC. Journal of Advertising Research, 2000, 40(5), pp. 7-15.

　　⑥　Cornelissen J. P. (2001), "Integrated Marketing Communications and the Language of Marketing Development", *International Journal of Advertising*, 2001, 20(4), p. 483.

正如本书第一章论证的，IMC 还不是一个理论，或者说 IMC 理论还在构建之中。因此，IMC 理论概念、理论命题还没有获得一致意见，理论的完整性、严谨性、科学性还有待进一步提高。IMC 理论就好比"半桶水"。而不同的人对待"半桶水"态度是不一样的，乐观者认为"桶一半是满的"，而悲观者认为"桶一半是空的"。对待 IMC 这个"半桶水"也是如此，乐观者看到的是它光明的未来，悲观者看到的是它混乱的现在。因此，对 IMC 理论的价值认识出现强烈的反差。

2. IMC 理论的事实认识混乱不清导致价值认识的参差不齐

IMC 理论的事实认识出现很大的偏差。例如盛行的"一种声音"论主张把各种传播工具整合在一起进行一致性的传播，这种观点实际上并没有什么新鲜内容，因为 20 世纪 50 年代诞生的"营销组合"理论、60 年代诞生的"促销组合"理论，也都是作类似的主张。所以，Spotts 等人（1998）声称"IMC 的大批文献是营销发展的类似物，其错误地取代了营销，并且是对已存在概念的再次发明和再次命名"，Cornlissen（2001）声称"营销、广告、公关实务人员早在 IMC 概念出现很早以前就一直在努力联合，因此 IMC 概念并没有什么新东西"，这并非无稽之谈。但如果我们对 IMC 的本质内涵进行认真分析，把其理论建构在"对话—关系—战略"的基础上，就会发现 IMC 确实是与过去的营销理论、营销视角完全不同的一个新的理论、新的视角，这种事实认识基础上的价值认识自然有着完全不同的观点。

3. 价值认识的特点导致对 IMC 理论的价值判断千差万别

价值认识是以客体与主体需要的关系为对象，是根据客体对主体最终产生的效果、满足主体需要的程度，对客体作出好坏判断的认识。价值认识的特点是客体满足主体需求产生价值，而主体需求是因人、因时、因地而变化的，因此价值认识是多维的、变化的和丰富的。即使对同一事物不同的人会产生不同的价值评价，即使是同一人不同的时期和场合也会产生不同的价值评判。在 IMC 理论研究中，我们看到，不同的学者对 IMC 的价值有着不同的评判，形成了乐观派和怀疑派，这是符合价值认识的特点的。本书认为，在评判 IMC 价值时，一个被忽视的因素是主体对品牌的需求。而 IMC 正好能满足主体的这个需求，因此本书主张 IMC 不仅有价值而且价值很大。

# 第三节　品牌符合主体需求

## 一、品牌概述

### （一）品牌的历史

"品牌（brand）"一词来源于古挪威文字"brandr"，意思是"烙印"。早期人们给他们的牛马打上烙印，显示家畜归属。后来运用到手工业中，在手工艺品上打上某种标记符号。在我国西周以前就有在陶器上刻画符号显示工匠名称的传统，称之为"物勒工名"。到了中世纪，欧洲出现了很多手工业协会，为了维持其声誉和产量，要求所属工匠在自己制作的器皿上打上标志。1266 年英国通过一项法律，要求面包商在每个面包上打上自己的标记，如果面包分量不足，将予以相应处罚。1862 年英国起草第一个商标法并于 1875 年颁布实施，第一个注册的商标是"巴斯（Bass）红三角"。在美国 19 世纪后期出现一批品牌，如吉百利（Cadbury）、柯达（Kodak）、安世嘉（Anchor）、欧米嘉（Omega）等受到广大消费者的喜爱。20 世纪初，广告在品牌化方面的作用十分明显，美国"尤你得"品牌、"可口可乐"品牌通过广告战役大获全胜，刺激了更多的企业通过广告建树品牌。1931 年美国宝洁公司设立品牌经理，对下属每一个子品牌进行职责管理，使宝洁的各品牌迅速占领美国市场。20 世纪中叶，罗瑟·瑞夫斯提出 USP 理论，指出品牌塑造需要一个明确的独特的竞争优势，品牌设计更有针对性，如沃尔沃诉求"安全"，奔驰诉求"尊贵"。50 年代末期，大卫·奥格威提出"品牌形象"，指出每一个广告都是品牌形象的"长程投资"。60 年代智威汤逊广告公司提出"品牌计划"概念，即把品牌看做是知识、信念、情感投射的有机结合。精信（Grey）广告公司提出"品牌性格哲学"，倡导品牌人格化、个性化。1955 年，IBM 率先导入 CIS，树立了"蓝巨人"企业形象，60、70 年代美国各大企业纷纷导入 CIS 战略，提升了企业的品牌形象。70 年代艾·里斯和杰·特劳特提出定位理论，指出在消费者心智中占据有利位置的策略，艾飞斯、七喜、万宝路等品牌的成功被看做是定位的成功。80 年代后，品牌成为各大跨国广告公司的战略中心，奥美继"品牌交响乐队"和"品牌管家"的口号之后，又提出"360 度品牌传播"，智威汤逊提出"品牌全营销规划（TIB）"，精信提出"品牌未来（品牌性格）"，达彼斯提出"品牌轮盘",达美高提出"品牌远见"等。1988年,菲利普·莫里斯公司为购买 Kraft 食品公司支付了 129 亿美元,相当于 Kraft 食品公司有形资产账面价值的四倍。宝洁以付出账面价值的 2.6 倍收购 Richardson&Vicks',雀巢以收益的 26 倍购买 Rowntree Macintosh。美国《经济学人》的头条以《讲求品牌之年度》为主标题,评述道:"由于意识到品牌的名称居然能成为有价资产,使得 1988 年成为品牌年度",将品牌研究推到了全新高度。

20世纪80年代后,品牌成为营销学最热门的话题,品牌研究从自发走上自觉的道路。我国学者卢泰宏教授对品牌理论研究的脉络作了梳理,他说:

发展至今,西方品牌理论研究大致经历了以下五个阶段:

(一)品牌阶段。这一阶段主要对品牌的内涵和外延(如品牌定义、品牌命名、品牌标识、商标等)作出了规范,自此品牌研究成为营销理论研究的热点领域(Light;King)。

(二)品牌战略阶段。这一阶段开始将品牌经营提到战略的高度,从品牌塑造的角度提出了许多战略性的品牌理论,如 Ogivy 的品牌形象论(1963)、Ries 和 Trout 的品牌定位论(1971)、Keller 和 Aaker 品牌延伸研究系列等。

(三)品牌资产阶段。80年代频频发生的品牌并购案、频繁的价格战压力使得企业更加重视品牌的市值和增值,从而带动了品牌资产理论研究热潮。卢泰宏等人(2000)从概念模型的角度将品牌资产理论研究分为三类:财务会计概念模型、基于市场的品牌力概念模型、基于消费者的概念模型。第一类成果表现 Interbrand 和 Finance world 的品牌资产评估模型;第二类的核心文献是 Pitta 和 Katsanis 的《九十年代品牌资产管理计划》;第三类重要成果为 Aaker 的品牌资产五星模型(1991)、Keller 的基于消费者的品牌资产模型。

(四)品牌管理阶段。为保证品牌资产的长期发展,品牌必须设有专门的组织和规范的指南进行管理。这一阶段出现了大量的论著,包括 Aaker 的著作《管理品牌资产》(1991)和《品牌领导》(2000)、Kapferer 的著作《战略品牌管理》(1992、1995、1997)、Keller 的同名著作(1993)及论文《品牌报告卡》("The Brand Report Card",2000)。

(五)品牌关系阶段。从这一阶段开始,品牌与消费者关系(简称品牌关系,下同)逐渐成为了品牌理论的研究焦点,核心文献包括 Blackston 的品牌关系概念模型(1992、1995)、Fournier 品牌关系分析架构(1994, 1998)以及 Aggarwal 的品牌关系交往规范研究(2001)等。①

**(二)品牌的种种定义**

随着品牌研究的兴起,学者们和实务人士对品牌给出了众多的定义。以下列举国内外较有影响的一些品牌定义。

1. 国外专家的品牌定义

美国广告人大卫·奥格威给品牌下的定义:"品牌是一种错综复杂的象征——它是产品属性、名称、包装、价格、历史声誉、历史方式的无形总和,品牌同时也因消费者对其使用的印象以及自身的经验而有所界定。"②

美国市场营销协会(AMA)1960 年对品牌的定义:品牌(Brand)是指不同竞争者为相互识别而赋予各自产品或服务的名称、说明、标记、符号、形象设计以及它们的组合。③

《营销术语词典》(1988)中的定义是:"品牌是指用以识别一个(或一群)卖主的商品或劳务的名称、术语、记号、象征或设计,及其组合,并用以区分一个(或一群)卖主和竞争者。"④

美国营销学权威菲利普·科特勒说:"品牌是一个名字、名词、符号或设计,或是上述总和。其目的是要使自己的产品或服务有别于其他竞争者。"⑤

美国品牌专家戴维·阿克对品牌的定义是:"品牌是用来标志某个销售商或销售集团的产品或服务,并将之与竞争对手的产品或服务区分开来的特有名称和(或)标志(如标志语、商标或外形设计)。品牌能够向消费者表明产品的来源,并保护消费者和生产者的利益,使其免受生产同类产品的竞争对手

---

①　卢泰宏、周志民:《基于品牌关系的品牌理论:研究模型及展望》,《商业经济与管理》2003 年第 2 期。

②　余明阳、朱纪达、肖俊崧:《品牌传播学》,上海:上海交通大学出版社 2005 年版,第 3—4 页。

③　See Kotler P. (1997). *Marketing Management*, Prentice Hall, 1997, p. 4.

④　余明阳、朱纪达、肖俊崧:《品牌传播学》,上海:上海交通大学出版社 2005 年版,第 4—5 页。

⑤　同上书,第 4 页。

的损害。"①

理查德·科赫(Richard Koch)在其《金融时报有关管理和金融方面的索引》中的品牌定义:"是给予一个组织所提供的产品和服务的一种视觉图案或名字,目的是将它与竞争对手的产品区分开来,并且使得顾客确信产品是拥有高品质和持久质量的。"②

2. 我国学者对品牌的定义

艾丰认为:"品牌的直接解释就是商品的牌子。但在实际运用中,品牌的内涵和外延都远远超出这个字面解释的范围。品牌包括三种牌子:第一种是商品的牌子,就是平常说的'商标'。第二种是企业的名字,也就是'商号'。第三种是可以作为商品的牌子。这三种就是人们所说的品牌。"③

熊超群说:"概括地说,品牌是用来识别不同企业、不同产品的文字与图形的有机结合。它包括品牌名称、品牌标志和商标等几个组成部分。"④

徐莉莉认为,"品牌是消费者对企业、产品或服务在营销传播过程中所传达的视觉要素。消费者利益和价值观念等信息所形成的一种独特的综合认知关系。简单地说,品牌就是企业、产品或服务与消费者之间的关系。"⑤

许基南认为,"品牌是由市场属性和产品属性组成的一个系统,品牌的市场属性是指包括商标在内的一系列传递产品特性、利益、联想、文化、价值观和个性等活动的总和,品牌的产品属性是指品牌代表着企业规模、产品质量、技术和企业形象等。品牌是产品属性和市场属性的综合体现,是企业与顾客之间的关系性契约。"⑥

## 二、品牌的表象与实质

从以上众多专家对品牌的定义可以看出,尽管大家一致赞成品牌与企业、

---

① [美]戴维·阿克(David A. Aaker):《管理品牌资产》,奚美华、董春海译,北京:机械工业出版社 2006 年版,第 8 页。

② [英]斯图尔特·克莱纳德、德·迪尔洛夫:《品牌——如何打造品牌的学问》,项东译,西安:陕西师范大学出版社 2003 年版,第 5 页。

③ 艾丰:《名牌论》,北京:经济日报出版社 2001 年版,第 19 页。

④ 熊超群:《如何提升品牌竞争力》,北京:企业管理出版社 2005 年版,第 5 页。

⑤ 徐莉莉主编:《品牌战略》,杭州:浙江大学出版社 2007 年版,第 10 页。

⑥ 许基南:《品牌竞争力研究》,北京:经济管理出版社 2005 年版,第 17 页。

产品、消费者之间的关系密切,并且品牌具有区分彼此的作用,但关于品牌的类型、构成要素、作用、本质内涵等诸多方面还未达成一致,品牌本体研究有待深入。

**(一)品牌的两种类型**

对于品牌的分类,不同学者有不同的看法。余明阳按照不同的标准对品牌进行分类①:

一是根据品牌知晓度的辐射区域分为:(1)当地品牌;(2)地区品牌;(3)国内品牌;(4)国际品牌。

二是根据产品经营环节分为:(1)制造商品牌;(2)销售商品牌。

三是根据产品的用途分为:(1)资本品;(2)日用品品牌;(3)享乐品品牌。

四是根据品牌与消费者关系分为:(1)功能型品牌;(2)个性型品牌;(3)开拓型品牌;(4)族群(社区)型品牌;(5)标志型品牌。

艾丰认为品牌有三个形式:"商标"、"商号"和"商品的牌子"。② 王雷认为分为产品品牌、服务品牌和企业品牌三种。③ 林恩品牌咨询协会(Upshow Associates)的林恩·阿普绍(Lynn Upshow)归纳出六种类型的、具有各自市场作用的品牌:产品品牌、服务品牌、个人品牌、组织品牌、事件品牌、地理品牌。④

本书认为品牌分为两大类:组织品牌和产品品牌。

1. 组织品牌

所谓组织,就是精心设计的以达到某种目标的社会群体。我们常说的企业、公司是典型的组织,除此之外学校、医院、政府机构、非营利组织、行业协会等也是组织。所谓组织品牌,是指建立在组织名称基础上形成良好的知晓度、美誉度的社会心理印象系统。组织品牌这一概念能够涵盖上面学者所说的"企业品牌"、"制造商品牌"、"销售商品牌"、"服务商品牌",除此之外还能涵

---

① 参见余明阳、朱纪达、肖俊崧:《品牌传播学》,上海:上海交通大学出版社 2005 年版,第8—10 页。

② 参见艾丰:《名牌论》,北京:经济日报出版社 2001 年版,第 19 页。

③ 参见王雷:《品牌传播学》,石家庄:河北人民出版社 2005 年版,第 2—5 页。

④ 参见[英]斯图尔特·克莱纳德、德·迪尔洛夫:《品牌——如何打造品牌的学问》,项东译,西安:陕西师范大学出版社 2003 年版,第 12 页。

盖其他一些组织品牌。举例来说,像联想集团、海尔集团、宝洁集团等属于制造商品牌,国美、苏宁、新世界等属于销售商品牌,中国移动、东方航空、中国人寿等属于服务商品牌。除此之外,像红十字会、哈佛商学院、NBA 等也都是组织品牌。

2. 产品品牌

所谓产品品牌是指以有形实物产品为依托建立起来的具有良好知晓度、美誉度的消费者心理印象系统。产品品牌与制造商品牌的关系较复杂。大致有三种情形:(1)制造商品牌与产品品牌完全重叠。实行单品牌战略的企业属于此种情形,以飞利浦企业为例,其生产照明、电子、家用电器、医疗器械、半导体等所有产品均用"飞利浦"作为产品品牌名称,其他类似企业还有长虹、丰田、格兰仕、TCL 等。(2)制造商品牌与产品品牌完全分离。实行多品牌战略的企业多属于此种情形,例如始创于 1837 年的宝洁公司,是世界最大的日用消费品公司之一,生产产品包括洗发、护发、护肤用品、化妆品、婴儿护理产品、妇女卫生用品、医药、食品、饮料、织物、家居护理及个人清洁用品等。宝洁公司实行多品牌战略,经营的品牌超过 300 个,即使是洗发类产品也区分为多个品牌像飘柔、潘婷、海飞丝、沙宣、伊卡璐等。其他类似的企业还有美国通用汽车公司、欧莱雅、联合利华、松下等。(3)制造商品牌与产品品牌形成母子关系。即不同类型产品分别命名,但同时把制造商品牌挂在前面,例如海尔电热水器的有"海尔·时空舱"、"海尔·智能舱"、"海尔·银海象"、"海尔·防电墙"、"海尔·小海象"、"海尔·A8 简逸"、"海尔·时尚 Q"等产品品牌。

**(二)品牌的三个层次**

无论是组织品牌还是产品品牌,既然都称之为品牌,就具有品牌的共性。那么品牌的构成要素有哪些呢?本书认为,品牌有由外而内的三个层次,每个层次有一些基本要素,这些层次和要素就成为品牌的基本构成要素,见图 4.1。

1. 品牌身份圈

品牌身份圈是品牌的最外圈,包括品牌名称、品牌标志、品牌标识语等要素。品牌身份圈由语言符号和视觉符号组成,是外界接触品牌的第一印象,是品牌身份识别的直观要素。(1)品牌名称:任何品牌,无论是组织品牌还是产品品牌,首先必须有一个名称,如同每个人都有一个名字一样,它是身份认同

品牌身份圈　品牌资产圈

品牌广度

品牌标志　品牌长度　品牌形象　品牌　品牌印象　品牌深度　品牌标识语

品牌力度

品牌名称

品牌关系圈

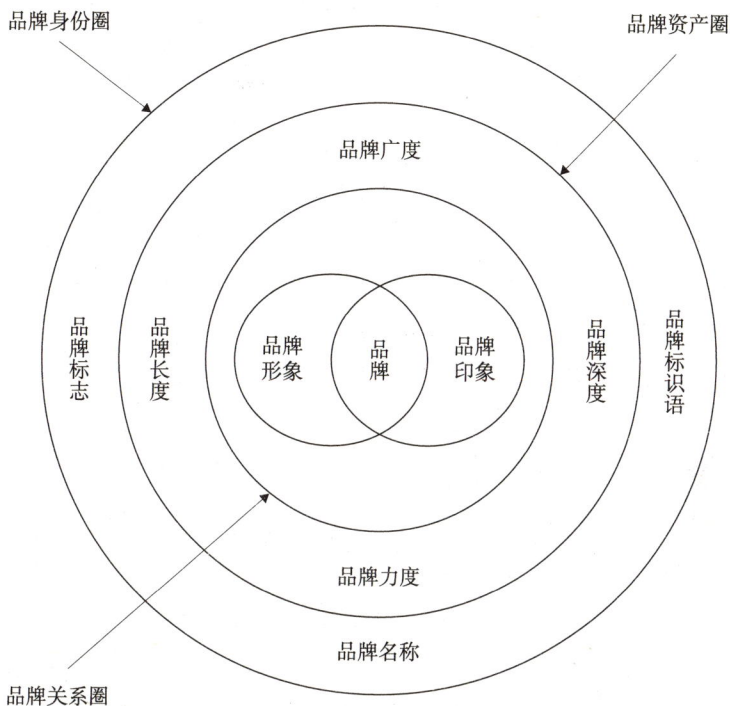

**图4.1 品牌层次和要素图**

的前提。对于制造商来说,公司名称与产品名称可能保持一致,也可能完全不同。但无论是讲企业品牌还是讲产品品牌,品牌在公众或消费者心中的印象首先与企业名称或产品名称相连,由此引发其他联想和印象。而对于销售商、服务商和其他社会组织来说,公司名称(或组织名称)直接与消费者(或公众)建立某种关系,公司名称(或组织名称)直接在消费者(或公众)心中呈现某种感觉、体验和印象。可以说,品牌名称是区分不同组织、不同产品的最直接、最基本的方法,也是构成品牌的最基本要素。因此,对于组织成立或新产品开发时,命名问题并非一个小问题。艾克森(Exxon)、索尼(Sony)、金利来(Gold-lion)、联想(Lenovo)等品牌的命名故事能说明名称对于企业或其产品的重要性。(2)品牌标志:通常是指品牌中可以识别但不能读出来的部分,属于视觉造型,一般通过图案、造型来达到快速认知、品牌联想等作用,像麦当劳的 M 形拱门、奔驰的三叉星、别克的子弹头、耐克的钩子等,富有个性和美感,方便识别和记忆,同时能激发联想和好感。在产品品牌中,品牌标志往往与品牌名称组合在一起形成商标,通过依法注册而获得法律保护。(3)品牌标识语:品牌标识语往往是一句口号,显示企业品牌战略思路。由于该口号简短有力、流畅上口,成为一个品牌的"标签",加强了人们对品牌的印象和好感。像海尔的"真诚到永远"、耐克的"Just do it"、IBM 的"四海一家的解决之道"、美的的"原来生活可以更美的"、诺基亚的"科技以人为本"等,都成为耳熟能详的流行语,极大地增强了品牌的传播效果。

2. 品牌资产圈

一个企业或产品有了名称、标志、标识语,并不意味着它就是品牌了,从产品到品牌还有很长的路要走。史蒂芬·金在其 1973 年出版的《开发新品牌》一书中,明确强调了区分产品和品牌的两个概念的重要性,他说:"使企业成功的不是产品,而是品牌。"[①]伦敦 WPP 集团总裁斯蒂芬·金说:"工厂生产产品,顾客购买品牌。竞争对手虽然能够仿制产品,却无法仿制品牌,因为品牌具有独特性。一种产品可能会稍纵即逝,但一个成功的品牌却是经久不衰的。"[②]可见,品牌身份圈只是品牌的最表象的部分,品牌与产品的区别在于品牌代表着一种承诺和保证,代表着消费者宁愿付比一般产品更高的价格购买,一句话,品牌必须具有比产品更多的价值,即品牌资产。20 世纪 80 年代以来,随着企业并购、OEM 贴牌生产、特许经营的案例频繁发生,越来越多的人认识到品牌原来也是一种资产。

表4-1　品牌资产的定义[③]

| |
|---|
| 　购买品牌的顾客,渠道成员及母公司产生的一组联想和行为,它使得品牌能够获取比没有品牌时更大规模或更大边际的利润,以及优于竞争者的一种强有力、持续及差异化的优势。(营销科学学会)<br>　产品的品牌给企业、交易或消费者带来的附加价值。[a](彼得·法考尔,Claremont 研究生院) |

---

① [荷]里克·莱兹伯斯(Rick Riezebos)、巴斯·齐斯特(Bas Kist)、格特·库茨特拉(Gert Kootstra):《品牌管理》,李家强译,北京:机械工业出版社 2004 年版,第 138 页。

② [美]戴维·阿克(David A. Aaker):《管理品牌资产》,奚美华、董春海译,北京:机械工业出版社 2006 年版,第 6 页。

③ 参见[美]凯文·莱恩·凯勒:《战略品牌管理》(第 2 版),李乃和等译,北京:中国人民大学出版社 2006 年版,第 38—39 页。

续表

与一个品牌及其名称和符号相联系,增加或减少产品和服务带给企业和企业顾客价值的一组品牌资产和负债。[b](戴维·阿克,加州大学伯克利分校)

与一个新品牌相比,多年营销努力所形成的销售和利润影响结果。[c](约翰·布罗德斯基,NPD Group)

品牌资产包括品牌力量和品牌价值。品牌力量是指购买品牌的顾客、渠道成员及母公司产生的一组联想和行为,它使得品牌能够获取持续和差异化的竞争优势。品牌价值是指借助战略和战术性行动提升品牌力量的管理能力的财务结果,从而提供更多的当前和未来利润并降低风险。[d](拉吉·斯克里瓦斯塔瓦,得克萨斯大学,艾伦·肖基,明尼苏达大学)

凭借成功的计划和活动,产品和服务的交易所带来的可度量的财务价值。[e](J. 沃克·史密斯,Yankelovich Clancy Schulman 公司)

品牌资产是人们是否持续购买品牌产品的意愿。因而,品牌资产的衡量应与忠诚度密切相关。(《市场真相》)

具有资产的品牌提供给消费者"一种自我拥有的、可以信赖的、相关的、独特的"承诺。(品牌资产委员会)

a. Peter Farquhar, "Managing Brand Equity," *Marketing Research*, September 1989, pp. 1-11.

b. David A. Aaker, *Managing Brand Equity*, New York: Free Press, 1991.

c. John Brodsky, "Issues in Measuring and Monitoring", *paper presented at the ARF Third Annual Advertising and Promotion Workshop*, February 5-6, 1991.

d. Rajendra Srivastava and Allan D. Schocker, "Brand Equity: A Perspective on Its Meaning and Measurement," *MSI Report 91-124*, Cambridge, MA: Marketing Science Institute, 1991.

e. J. Walker Smith, "Thinking About Brand Equity and the Analysis of Customer Transactions", *paper presented at the ARF Third Annual Advertising and Promotion Workshop*, February 5-6, 1991.

凯文·莱恩·凯勒认为,"品牌资产概念是 20 世纪 80 年代出现的最流行和最有潜在价值的营销概念。"[①]他用表格的形式列举了各种不同的品牌资产定义,见表 4-1。

由此可见,品牌资产(Brand Equity),也称品牌权益,是指只有品牌才能产生的市场效益,或者说,产品在有品牌时与无品牌时的市场效益之差,品牌对于企业的价值大小体现于企业的经济、战略和管理优势当中。

对于品牌资产的评估和测量,各位专家还没有达成一致意见。荷兰品牌专家里克·莱兹伯斯等人认为决定品牌权益水平高低的 4 个要素为:(1)品

———————

① [美]凯文·莱恩·凯勒:《战略品牌管理》(第 2 版),李乃和等译,北京:中国人民大学出版社 2006 年版,第 38 页。

牌市场份额的规模;(2)市场份额的稳定性;(3)品牌带给企业的利润空间;(4)品牌的所有权权利。① 科臣(Kochan)归纳为以下四点:(1)品牌分量(brand weight):品牌对同类品牌或市场的影响力(不仅限于对市场份额的影响);(2)品牌长度(brand length):品牌过去已经取得或未来可能取得的扩展和延伸程度;(3)品牌广度(brand breadth):品牌在不同的年龄层次、消费者类别中以及国际吸引力方面影响的广泛程度;(4)品牌深度(brand depth):品牌在顾客群和非顾客群中取得的信奉程度,包括消费者对品牌的接近度、亲密度以及忠诚度。② 美国马克·布莱尔(Mark Blair)等人认为品牌资产有六个方面:(1)产品(Product);(2)形象(Image);(3)客户(Customer);(4)渠道(Channel);(5)视觉(Visual);(6)商誉(Goodwill)。③ 世界品牌实验室(World Brand Lab)按照品牌影响力(Brand Influence)的三项关键指标:市场占有率(Share of Market)、品牌忠诚度(Brand Loyalty)和全球领导力(Global Leadership)对世界级品牌进行了评分。④ 英国 Interbrand Group 公司由 7 个指标进行品牌资产评估:(1)品牌的领导地位;(2)品牌可能的寿命;(3)品牌所处市场稳定性;(4)品牌的全球化水平;(5)品牌的未来趋势;(6)营销支持的水平;(7)品牌得到法律保护的水平。⑤ 我国学者熊超群认为"品牌资产的五个主要方面:品牌名称、品牌特征、品牌经验、品牌个性、品牌价值"。⑥ 刘凤军认为品牌资产作为通过为消费者和企业提供附加利益来体现的、超过商品或服务本身利益以外的价值,它是品牌知名度、品牌联想、品牌的品质形象(或者消费者对品牌的品牌感知)和附着在品牌上的其他资产等项内容的集成反

---

① 参见[荷]里克·莱兹伯斯(Rick Riezebos)、巴斯·齐斯特(Bas Kist)、格特·库茨特拉(Gert Kootstra):《品牌管理》,李家强译,北京:机械工业出版社 2004 年版,第 140 页。

② 参见上书,第 137 页。

③ 参见[美]马克·布莱尔(Mark Blair)、理查德·阿姆斯特朗(Richard Armstrong)、迈克·墨菲(Mike Murphy):《360 度品牌传播与管理》,胡波译,北京:机械出版社 2004 年版,第 39 页。

④ 参见世界经理人网,http://brand. icxo. com/2006brand/top500 _1. htm,2008 年 4 月 18 日。

⑤ 参见[英]彼德·切维顿:《品牌实施要点》,李志宏、林珏译,北京:北京大学出版社 2005 年版,第 73—74 页。

⑥ 熊超群:《如何提升品牌竞争力》,北京:企业管理出版社 2005 年版,第 23 页。

映。①在所有品牌专家中,戴维·阿克(David A. Aaker)的品牌资产测量标准最有影响力,他分为5类指标:(1)品牌忠诚度(brand loyalty);(2)品牌知名度(name awareness);(3)品质认知度(perceived quality);(4)除品质认知度之外的品牌联想(brand association);(5)品牌资产的其他专有权——专利权、商标、渠道关系等。②

综合以上观点,本书认为:品牌资产是品牌给企业和消费者带来的市场价值,它的评估指标有:(1)品牌力度:品牌所占市场份额和影响力;(2)品牌长度:品牌历史积累和未来延伸潜力;(3)品牌广度:品牌知名度、消费者覆盖面、国际化程度;(4)品牌深度:消费者对品牌的心理深入程度,包括品质认可度、品牌联想度、品牌美誉度、品牌忠诚度。

3. 品牌关系圈

品牌资产圈告诉我们,品牌是一种资产,但是并没有回答为什么品牌能够为企业带来额外价值。因此,必须深入到品牌的最核心部分——品牌关系圈。

尽管Gordon和Corr早在1990年就曾谈及"品牌关系",但学术界普遍认为,品牌关系概念的正式提出始于Research International市场研究公司的马克斯·布莱克斯通(Max Blackston)。1992年他根据人际关系交往的原理规范了品牌关系的定义,认为品牌关系就是"消费者对品牌的态度和品牌对消费者的态度之间的互动"。1995年马克斯·布莱克斯通在对品牌资产的定义研究中提出了品牌关系模型③(见图4.2)。布莱克斯通的品牌关系模型图十分清晰地对品牌资产的内涵作出阐释,它有两层涵义:其一,从定量维度来看就是品牌价值;其二,从定性维度来看就是品牌意义。品牌资产的定性维度突破了长期以来品牌资产单一定量研究的局限,定性研究把品牌关系引入。品牌关系是客观品牌与主观品牌的互动过程,它强调企业的品牌形象和消费者的品牌态度应该有机结合在一起。

美国F.约瑟夫·莱普勒和林恩·帕克对品牌有类似的看法,他们认为品

①　参见刘凤军:《品牌运营论》,北京:经济科学出版社2000年版,第33页。
②　参见[美]戴维·阿克(David A. Aaker):《管理品牌资产》,奚美华、董春海译,北京:机械工业出版社2006年版,第15—16页。
③　转引自卢泰宏、周志民:《基于品牌关系的品牌理论:研究模型及展望》,《商业经济与管理》2003年第2期。

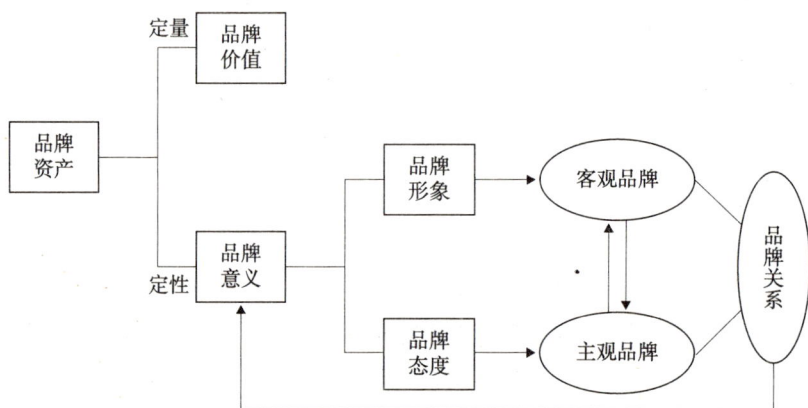

**图 4.2   品牌关系模型**

牌是公司核心实力(或产品、或服务)与顾客价值取向的交叉部分①,他们用图形表达品牌的涵义,见图4.3。

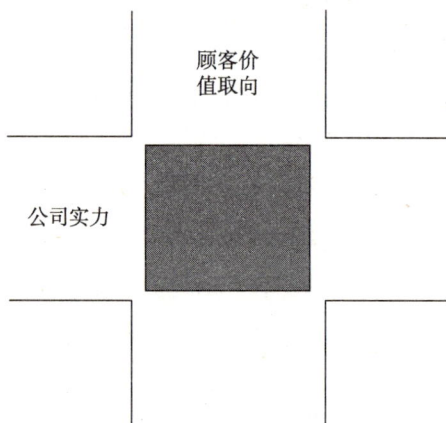

**图 4.3   品牌是公司核心实力与顾客价值取向的交叉部分**

品牌关系圈揭示了品牌资产的真正来源。品牌最外圈——品牌身份圈容易给我们造成一种假象,似乎品牌是企业组织创建和拥有的。品牌中间圈——品牌资产圈只是告诉我们品牌资产评估的指标。只有品牌关系圈揭示出企业

---

①  参见[美]F.约瑟夫·莱普勒、林恩·M·帕克:《品牌整合战略》,苏德华译,成都:西南财经大学出版社2003年版,第3页。

组织一方是无法构建品牌,品牌是企业组织与消费者双方共同构建的。本书认为:品牌是品牌形象和品牌印象的交集。品牌形象是企业组织设计、传播和管理的品牌信息系统,品牌印象是消费者头脑中对各种企业、产品、服务等相关的感知和体验信息整合起来的总体印象。品牌形象可能与品牌印象重叠、也可能形成部分交集、也可能完全分离,企业组织的目标是最大可能的形成重叠或交集,因为如果两者分离就不能形成品牌。品牌形象与品牌印象的关系,如图 4.4。

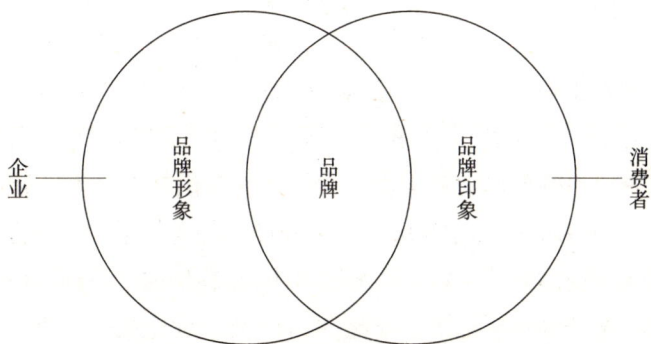

**图 4.4　品牌形象与品牌印象的关系**

(1)品牌形象。

"品牌形象"这一概念揭示出企业组织在品牌构建过程中所起的作用。企业组织必须首先具有品牌意识,即把品牌当做企业战略来经营。由此出发,企业可以进行品牌形象设计,主要包括品牌定位、CIS、品牌传播战略与策略、品牌管理设计等。最后,企业可以进行品牌形象管理,包括企业品牌文化培养、企业组织结构调整、产品或服务全面质量管理、品牌传播实施、品牌信息系统管理等。企业在品牌形象建树过程中,从品牌意识到管理实施,应当始终关注消费者,以消费者为中心,因为只有这样才能让品牌形象与品牌印象合而为一。

(2)品牌印象。

"品牌印象"这一概念揭示出消费者在品牌构建过程中所起的作用。保罗·费尔德维克(Paul Feldwick)说:"品牌是消费者脑海中各种感知的集合。"①

---

①　[英]乔恩·米勒(Jon Miller)、戴维·缪尔(David Muir):《强势品牌的商业价值》,叶华、周海昇译,北京:中国人民大学出版社 2007 年版,第 4 页。

杰里米·布尔默说:"人们是在脑海中建立品牌形象的。我们则利用偶然遇到的零散资料和只言片语,像小鸟筑巢一样,建立起品牌的整个形象。"①陈祝平说:"品牌资产,是指品牌主拥有和存在于消费者头脑里的一种知识资本。"②唐·舒尔茨介绍了消费者处理信息的两种理论:"取代模式"论和"累积模式"论。"取代模式"论认为新的营销信息会取代消费者头脑中原有信息。"累积模式"论认为新信息不能取代旧信息,而是一个不断在消费者头脑中累积的过程。他赞同"累积模式"论。③ 斯科特·贝德伯里也赞同累积模式,他说:"品牌包含了好的、坏的、糟糕的,甚至失策的方方面面。它不仅由你最好的产品定义,也由最坏的产品定义;获奖的广告或者是糟糕透顶、侥幸过关的广告都定义着品牌;最优秀的雇员(公司里永不出错的闪亮明星)的成就,抑或是最差雇员闯的祸定义着品牌;你的接待员和顾客喜欢所喜欢的音乐也定义着品牌。尽管你们的首席执行官的公开演说字斟句酌,而顾客在门厅里的闲聊或在网络聊天室的嘲讽也定义着你的品牌。品牌是一块容纳着内容、形象、瞬间感受的海绵。在公众的脑海中,品牌形成了心理学概念,这种概念人们或许一辈子都不会忘记。因此,根本不可能完全控制一个品牌,你最多只能引导它,影响它。"④由此看来,品牌无法离开消费者的心理感知、印象累积。无论是企业组织的有计划传播和无意传播、产品的包装和质量、售货员的服务态度,还是消费者的使用体验和售后服务感受,等等。点点滴滴累积起来信息最终形成消费者品牌印象。

品牌是品牌形象与品牌印象的交集,其实质反映的是企业组织和消费者的关系。唐·舒尔茨说:"品牌其实是相当简单的。品牌是用来界定买者和卖者之间关系的,而这种关系可以通过多种形式表现出来。"⑤因此他对品牌

---

① [英]乔恩·米勒(Jon Miller)、戴维·缪尔(David Muir):《强势品牌的商业价值》,叶华、周海昇译,北京:中国人民大学出版社 2007 年版,第 4 页。

② 陈祝平:《品牌管理》,北京:中国发展出版社 2005 年版,第 11 页。

③ 参见[美]舒尔兹、田纳本、劳特朋:《整合营销传播:谋霸 21 世纪市场竞争优势》,吴怡国译,呼和浩特:内蒙古人民出版社 1998 年版,第 59—62 页。

④ [美]斯科特·贝德伯里、斯蒂芬·芬尼契尔:《品牌新世界》,苑爱玲译,北京:中信出版社 2004 年版,第 15—16 页。

⑤ 同上书,第 83 页。

的定义是："品牌是为买卖双方所识别并能够为双方都带来价值的东西。"①

### 三、品牌对企业和消费者都具有价值

由以上分析可知,品牌是企业与消费者共同拥有的资产,对双方都有价值。

许多学者都谈及品牌的功能。《广告研究》杂志编辑曾经向著名的广告研究专家拉里·莱特(Larry Light)请教他对于未来 30 年里营销的看法,莱特的分析很有指导意义。他说:"未来营销之战将是品牌之战,是为了获得品牌主导地位而进行的竞争。企业和投资人将把品牌视为企业最有价值的资产。品牌是至关重要的概念。这个概念描述了如何培育、强化、保护和管理企业等景象。拥有市场化比拥有企业更重要。拥有市场的唯一途径是拥有占据市场主导地位的品牌。"②科特勒认为品牌具有识别、法律保护、培养忠实顾客、市场细分和公司形象传播等功能。③ 英国品牌学家切尔托尼(L. Chernatony)指出品牌具有识别、法律保护、公司管理、速记、减少风险、市场定位、人性化、价值、展望、附加值、公司形象和顾客关系等功能。④ 英国学者彼德·切维顿认为强势品牌能够给企业带来巨额利润,是因为:(1)顶级品牌的产品价值要比其他品牌的产品价值高出很多;(2)赢得新顾客更容易,而且成本更低;(3)优秀的品牌能赢得顾客的忠诚,而留住忠诚的顾客并为其提供服务所需的成本也较少;(4)如果供应商拥有一个强大的品牌,那么它在谈判中拥有了讨价还价的能力;(5)较高的市场份额使你在市场上拥有较多的表现机会,这样你就能更好地了解顾客、展望未来,不断改进(但你必须努力去学习);(6)拥有优秀的品牌说明你在公司能力和市场需求之间找到了一个独特的匹配关系,因

① [美]唐·舒尔茨、海蒂·舒尔茨:《唐·舒尔茨论品牌》,高增安、赵红译,北京:人民邮电出版社 2005 年版,第8—9页。
② [美]戴维·阿克(David A. Aaker):《管理品牌资产》,奚美华、董春海译,北京:机械工业出版社 2006 年版,"前言"。
③ 参见[美]菲利普·科特勒:《营销管理》(第 5 版),梅汝和译,上海:上海人民出版社 1996 年版,第 610—611 页。
④ 参见[英]莱斯利·德·彻纳东尼著,蔡晓熙等译:《品牌制胜——从品牌展望到品牌评估》,北京:中信出版社 2002 年版,第 63—64 页。

此优秀品牌也就是一种竞争优势的表现。① 英国乔恩·米勒(Jon Miller)认为强势品牌的功能有：(1)可以影响市场份额；(2)可以高筑企业准入壁垒；(3)能成功地进行延伸；(4)能轻而易举地打入新市场；(5)能够吸引并留住有能力的雇员；(6)具有较低的价格弹性；(7)可以分享超额利润；(8)能够应对混沌市场；(9)能获得更高的忠诚度；(10)是诚信的象征；(11)勇于进行创新。② 我国学者黄合水认为：当一个品牌累计了较为丰富的无形资产之后，除了直接影响消费者的购买决策、购买行为之外，还会给企业或品牌带来其他的好处，包括：(1)获得更多的忠诚者；(2)减少竞争对手营销活动的影响；(3)减少营销危机的影响；(4)减少消费者对价格变化带来的负面影响；(5)获得较大的利润；(6)获得较大的贸易合作和支持；(7)增加营销活动的效果；(8)提供特许经营的机会；(9)增加品牌延伸的机会。③ 熊超群认为品牌的主要功能有：(1)识别功能；(2)保护厂商消费者利益；(3)促进产品销售，扩大市场份额；(4)促进经营管理，激发创新；(5)增加厂商财富。④ 陈祝平认为品牌有：(1)识别功能；(2)保护功能；(3)信息功能；(4)承诺功能；(5)情感功能；(6)定位功能；(7)激励功能；(8)增值功能。他说："综上所述，品牌资产是品牌建立在消费者身上的一种投资。品牌主通过品牌投资完成对消费者的整合，形成品牌整合体，并以此将外部交易内部化，而品牌整合体或内部交易能减少交易的不确定性，平衡信息不对称，缓解交易者的有限理性，遏制品牌主和消费者的机会主义，保护品牌主的专用性资产，因此，品牌资产或品牌投资的经济学价值在于：节约交易成本。"⑤

另外，有些专家分别指出品牌对企业和消费者的不同功能。英国Interbrand公司总裁保罗·斯图伯特认为："品牌对拥有者的重要性：第一，它们可作为顾客忠诚度的焦点，并由此发展为能产生稳定可靠现金流的资产。第二，品牌可充分利用促销投资。第三，品牌对其拥有者有重要的战略意义。

① 参见[英]乔恩·米勒(Jon Miller)、戴维·缪尔(David Muir)：《强势品牌的商业价值》，叶华、周海昇译，中国人民大学出版社2007年版，第77页。
② 参见上书，第21—80页。
③ 参见黄合水：《品牌资产》，引自马谋超：《品牌科学化研究》，北京：中国市场出版社2005年版，第118—121页。
④ 参见熊超群：《如何提升品牌竞争力》，北京：企业管理出版社2005年版，第11页。
⑤ 陈祝平：《品牌管理》，北京：中国发展出版社2005年版，第49页。

特别是,品牌可使制造商与消费者直接沟通,而不必考虑中间商的行动。品牌对顾客的重要性:品牌代表了品牌拥有者与消费者之间的'协议'。品牌为消费者提供了质量、价值和产品满意方面的保证。品牌的区别功能使消费者避开不满意的品牌,另选一个替代者。"①戴维·阿克(David A. Aaker)认为品牌可以通过下列途径向企业提供价值:(1)提高营销计划的效率和效果;(2)提高品牌忠诚度;(3)提高价格/增强边际利润;(4)增强品牌延伸空间;(5)贸易杠杆;(6)增加竞争优势。同时可以通过下列途径向顾客提供价值:(1)解释/处理信息;(2)增强顾客购买的信心;(3)提高顾客使用商品的满意度。②凯文·莱恩·凯勒(Kevin Lane Keller)用图表列出品牌对消费者和企业所起的不同作用③(见表4-2)。

表4-2 品牌的作用

| 消费者 | 制造商 |
| --- | --- |
| 识别产品来源 | 简化运作或追踪的识别途径 |
| 产品制造者责任诉求 | 合法保护独特特征的途径 |
| 有利于减少风险 | 满足顾客质量水平的标志 |
| 有利于减少搜索成本 | 赋予产品独特联想的途径 |
| 产品制造商承诺、联系或契约 | 竞争优势的来源 |
| 象征意义 | 财务回报的来源 |
| 质量信号 | |

由以上各位学者和专家的论述可知,品牌已经成为现代企业必须重视的战略目标,它对企业和消费者都具有重要作用。品牌成为企业和消费者的关系纽带,提供给双方不同的价值。企业因为它而具有了品牌资产,消费者因为它而具有选择和表达意见的权力。总之,品牌符合主体(无论是企业还是消

---

① [英]保罗·斯图伯特主编:《品牌的力量》,尹英等译,北京:中信出版社2000年版,第11—12页。

② 参见[美]戴维·阿克(David A. Aaker):《管理品牌资产》,奚美华、董春海译,北京:机械工业出版社2006年版,第15—16页。

③ 参见[美]凯文·莱恩·凯勒:《战略品牌管理》(第2版),李乃和等译,北京:中国人民大学出版社2006年版,第9页。

费者)的需要,因此成为当今营销学和管理学最值得研究的课题之一。

# 第四节  IMC 帮助实现品牌价值

品牌对于企业和消费者的价值已为越来越多的人认识。可口可乐公司的一位高级管理人员曾说,倘若该公司在灾难中失去所有生产性资产,要筹措到足够资金重新建厂根本不是什么难事。然而,倘若所有消费者都突然失去了记忆,忘记了所有有关可口可乐的事情,那么可口可乐公司就将破产。正是可口可乐在消费者和商家心中树立起来的美好形象,为可口可乐这一品牌创造了价值。可见,品牌的创建和维护并不是简简单单、轻而易举的事情。

品牌在创建和维护过程中有众多因素需要重视,但最应当重视的还是品牌的传播,而 IMC 正是品牌传播的主要方法。

## 一、IMC 在品牌化中的作用

企业或产品从最初的诞生到最终形成品牌的过程,称之为"品牌化"(branding)。"品牌化"这一概念强调品牌创建过程中的两个特点:其一,长期性。其二,动态性。许多企业对品牌有的错误认识,导致他们在品牌创建中犯错。

误区 1:只要有好产品,就能成为好品牌。

好产品是好品牌的必要条件但不是充分条件。从产品到品牌还有很长的路要走,包括品牌战略定位、品牌形象设计、品牌传播、品牌管理等。在目前产品高度同质化时代,品牌的作用更加凸显。伦敦 WPP 集团总裁斯蒂芬·金说:"工厂生产产品,顾客购买品牌。竞争对手虽然能够仿制产品,却无法仿制品牌,因为品牌具有独特性。一种产品可能会稍纵即逝,但一个成功的品牌却是经久不衰的。"[①]

误区 2:只要有钱做广告,就能建立一个品牌。

确实,广告对于品牌的知晓度、品质认知、品牌联想和购买信心都大有帮

---

① [美]戴维·阿克(David A. Aaker):《管理品牌资产》,奚美华、董春海译,北京:机械工业出版社 2006 年版,"前言"。

助,但是单纯依赖广告并不能建立一个品牌。消费者对品牌的心理印象来自于方方面面,除广告外消费者在商场中与营业员的交谈、他曾经使用的经历、亲戚朋友的推荐、网络论坛的评论等都对品牌的形成产生作用。指望通过广告的密集轰炸建立品牌,往往因为品牌内涵的缺乏而不能持久,所谓"成也匆匆,败也忽忽"。曾经的巨人、亚细亚、秦池、春都、三株、爱多等品牌的轰然倒下不能不让人深思。

本书认为整合营销传播是品牌化至关重要的因素,可以说品牌化离不开整合营销传播。凯奇等人强调:"战略定位的整合品牌传播能够帮助公司奔向 21 世纪激烈竞争的世界。"①Keller 说:"营销传播代表品牌的声音和手段,公司能够与消费者就产品建立对话",就是说,营销传播可以提供发展强有力的、顾客导向的品牌资产。② 对舒尔茨来说,品牌是整合营销传播的中心。根据舒尔茨(2004)的观点,IMC 界定为一系列过程包括计划、发展、执行、评估与消费者、顾客、潜在顾客、雇员、相关者和其他相关的外在的和内部的受众的合作的、可测的、长期的、说服性品牌传播项目。因此,整合是品牌创建的关键因素。唐·舒尔茨和海蒂·舒尔茨说:"所以,我们的'偏见'是,没有什么'魔方'或'灵丹妙药'可以用来为企业创立品牌。无论从事广告、公共关系或者赞助活动的人怎么说,导致品牌最终取得成功的绝不是哪一件事情或者哪一种传播系统。今天,品牌成功的真正关键在于各个方面的协同合作,在于各种活动、努力以及产品和销售渠道等因素的整合。""所以,我们的'偏见'是,树立和维护品牌靠的是集成整合的方法,而不是依靠单一的某一个因素、某一种方法、某一个广告或投机性的新闻发布会。一个成功的品牌得以创立和维持下来,靠各个方面(也许还有更多的因素)的综合运用与一体化运作。因此,我们的'偏见'是针对集成和品牌整合方法的,而不是试图去证明单靠营销商的某一个创意就可以打造出一个品牌。"③在《全球整合营销传播》(2000)一

---

① Kitchen Philip, Brignell J. Joanne, Li Tao, Jones Grahan Spickett(2004), "The Emergence of IMC: A Theoretical Perspective", *Journal of Advertising Research*, 2004, 44(March), p. 28.

② See Keller, Kevin Lane(2001), "Mastering the Marketing Communications Mix: Micro and Macro Perspectives on Integrated Marketing Communication Programs", *Journal of Marketing Management*, 2001, 17(9), p. 823.

③ [美]唐·舒尔茨、海蒂·舒尔茨:《唐·舒尔茨论品牌》,高增安、赵红译,北京:人民邮电出版社 2005 年版,"前言",第 3—4 页。

书中,他指出"品牌是整合营销传播的钥匙"、"品牌已经或者正在向具有活力的轴心转变,所有市场营销和传播都围绕这个轴心运转"①。汤姆·邓肯的理论特色是以品牌来构筑 IMC 理论体系,其核心命题是"整合营销传播建立了品牌关系,品牌关系造就了品牌"②。从以上学者的观点来看,IMC 无疑在品牌化过程中起着关键作用。不过,这些学者都没有论证为什么 IMC 在品牌创建过程中能起关键作用。

本书认为,品牌一旦形成就具有由表及里的三个层次:品牌身份圈、品牌资产圈、品牌关系圈。三个层次圈的形成也是一个长期的过程,而 IMC 在品牌三个层次圈形成过程中都起关键作用。这正是 IMC 在品牌创建过程中能起关键作用的原因。

### (一)IMC 在品牌身份圈形成中的作用

品牌身份圈主要包括三个内容:品牌名称、品牌标志、品牌标识语。品牌身份圈让不同的品牌产生差异,能够相互区分,对于企业来说具有身份认同的作用,对于消费者来说具有快速认知和信心保证的作用,从而对买卖双方具有了节省交易成本的作用。

品牌身份圈的形成,是企业和消费者共同认同的结果,而在此过程中 IMC 居功至伟。品牌名称和品牌标志是企业或产品精心设计、专门拥有的无形资产。消费者对品牌名称和品牌标志的知晓度是品牌广度的重要指标,在众多品牌资产的测量中"知晓度"都是不可或缺的指标。国外许多研究发现广告与知晓度的关系。一项对服务类别 11 年(1986—1996)的追踪研究发现,广告与公司的知名度包括第一提名和无助回忆知名度有正相关,广告与广告知名度(包括无助广告回忆和广告总回忆)也有正相关。③ Rogart 说广告主利用重复迫使"广告品牌名字进入消费者的意识,并使之对该品牌感到舒适"④。

---

① [美]唐·舒尔茨、[英]菲利普·J.凯奇:《全球整合营销传播》,何西军等译,北京:中国财政经济出版社 2004 年版,第 54—55 页。

② [美]汤姆·邓肯(Duncan,Tom):《整合营销传播:利用广告和促销建树品牌》,周洁如译,北京:中国财政经济出版社 2004 年版,第 67 页。

③ See Miller S.,Berry L.(1998),"Brand Salience Versus Brand Image:Two Theories of Advertising Effectiveness",*Journal of Advertising Research*,1998,38,pp.77–82.

④ Rogart L.(1986).*Strategy in Advertising:Matching Media and Messages of Markets and Motiveation.* Lincoln,IL:NTC Business,p.208.

除广告加强品牌名称和标志的知晓度外,公共关系、宣传、促销活动、会展、售点 POP、实物陈列、户外、网站等都能增强知晓度。在 CIS 的设计中,品牌名称和标志设计运用到产品包装、办公用品(信纸、信封、名片、合同书、请柬、报价单、报表、票据等)、员工制服、企业交通工具、企业建筑、企业招牌、旗帜、路标、礼品上。由此可见,品牌名称和品牌标志广泛运用于一切品牌—顾客可能接触的地方。标准化的品牌名称和标志的应用,能够增强品牌知晓度、好感度和良好品牌联想,同时对于品牌的品质认知也大有帮助,有助于在公众心里产生关于企业规模、正规化、现代化、科学管理等正相关印象。无疑,品牌名称和品牌标志的传播需要整合进行。

　　品牌标识语也是品牌身份的象征。好的品牌标识语简洁易记,富有个性,经过整合营销传播很容易流行。不过,品牌标识语并非一句美丽的口号那么简单。品牌标识语应当是企业战略的高度浓缩。品牌标识语的设计需要经过三步走:(1)品牌战略定位:品牌战略定位是企业或产品对自身价值的判断与设计,它往往与企业战略和营销战略直接相关,同时需要考察消费者对该品牌的总体感觉。因此,正确的品牌战略定位必须与企业或产品的本身特点和内涵相符,同时与消费者对品牌的需求相符,否则难以成功。万宝路本来定位于女性香烟,但无论是烟草味道还是包装设计都不符合女性消费者需求,后来定位成"男子汉的香烟",从红白包装设计、牛仔形象、电视片强烈的色彩、激昂的音乐、到赛车、足球、拳击等男子汉体育项目赞助,处处围绕男性气质来进行传播,最终成为烟草第一品牌。耐克也有类似的经历。耐克公司是在 1964 年由美国俄勒冈大学长跑运动员费尔·奈特和他的教练比尔·波曼合伙成立的。最初耐克鞋定位于专业运动人士的鞋,尽管请著名运动员代言广告,但效果一直不佳,市场占有率长期排名第四。1987 年贝德伯里成为耐克广告经理,耐克公司自由洒脱的企业文化、美国民众慢跑运动的兴起,使他意识到必须对耐克重新定位。于是把定位于属于少数精英的物品,转变为定位于热爱运动的人们。广告传播着重表现耐克真正运动品质。广告片中出现大量普通人形象,有三项全能女运动员、有 80 岁跑步老人、有踢球的儿童等。一则经典广告是:在代表和象征嬉皮士的著名甲壳虫乐队著名歌曲《革命》的旋律中,一群穿戴耐克产品的美国人正如痴如醉地进行健身锻炼。这则广告准确地迎合了刚刚出现的健身运动的变革之风和时代新潮,给人以耳目一新的感觉。

到了 20 世纪 80 年代后期耐克的市场份额超过 50%，遥遥领先于阿迪达斯。如今，耐克品牌"自由运动"的定位已经深入人心。（2）品牌写真："品牌写真"是奥美广告公司"360 度品牌传播"理论的关键词。是指用一组简洁的语句，全面反映了品牌在它自己世界里的形象，是该品牌独特的概念和素质，也有人称之为"品牌的基因结构"或"品牌的 DNA"。奥美为美国运通卡撰写的"品牌写真"是："美国运通不是为每个人准备的，它是为那些想大主意、做大事情和有大视野的人准备的"。为《经济学家》杂志撰写的"品牌写真"是："《经济学家》是红色和尊贵的——无论在哪里出现都应获得尊敬。智慧、有影响力和洞察力，没有平庸的余地。《经济学家》吸引那些有相同素质的读者。"可见，所谓"品牌写真"，实际上是对品牌定位的语言表达。其作用是使所有传播形式有一个共同的旗帜，这样传播能够达到有序和整合。"每种传播形式（发生在品牌与消费者的每次接触中）都应该忠实于'品牌写真'，从前台到宣传册，从产品陈列到公关活动，每一个接触点都是品牌 DNA 的体现。"①（3）品牌标识语：从品牌写真中提炼出一句简洁响亮的口号就是品牌标识语。品牌标识语常常运用在广告中，故有人称之为"广告口号"。许多品牌标识语脍炙人口：例如耐克的"Just do it"，IBM 的"四海一家的解决之道"，苹果的"技术民主化"，英国石油（BP）的"能源尊重人类进步"，维珍（Virgin）的"挑战垄断"，索尼的"创新为王"，迪斯尼的"快乐的家庭娱乐"，星巴克的"回报每天的每一刻"，百事的"新生代的选择"，贝纳通的"无论何地，揭露偏见"，等等。这些极富个性的品牌标识语是品牌灵魂的体现，也成为整合所有营销传播的战略观念。

**（二）IMC 在品牌资产圈形成中的作用**

贝尔齐说："整合营销传播在近十年来作用日益重大的一个重要原因是，它在建立和维系品牌身份和资产上作用重大。"②黄合水认为"营销和传播活动是品牌资产形成的保障"③。在《战略品牌管理》一书中，凯文·莱恩·凯

① ［美］马克·布莱尔（Mark Blair）、理查德·阿姆斯特朗（Richard Armstrong）、迈克·墨菲（Mike Murphy）：《360 度品牌传播与管理》，胡波译，北京：机械出版社 2004 年版，第 17 页。
② ［美］乔治·贝尔齐、迈克尔·贝尔齐：《广告与促销——整合营销传播视角》（第 6 版），张红霞等译，北京：中国人民大学出版社 2006 年版，第 15 页。
③ 黄合水：《品牌资产》，转引自马谋超：《品牌科学化研究》，北京：中国市场出版社 2005 年版，第 116 页。

勒专门以一章内容讨论"整合营销沟通创建品牌资产"。他说:"虽然一个营销沟通方案的核心往往是广告,但就建立品牌资产而言,广告不是唯一的,甚至不是最重要的。"他还说:"虽然广告和其他沟通方法在营销方案中可以扮演不同的角色,但所有营销沟通战略都有一个重要目的,即有助于品牌资产的积累。根据基于顾客的品牌资产模型,营销沟通可以通过品牌认知在消费者的头脑中产生强有力的、偏好的和独特的品牌联想;促使消费者对该品牌形成正面的判断或印象;有利于建立消费者与品牌的关系以及品牌共鸣,从而积累品牌资产。除了形成必要的品牌知识结构以外,营销沟通方案还能激起人们的反应,构成基于顾客的品牌资产。"[1]

Sreedhar Madhavaram 等人(2005)提出,IMC 是一个公司整体品牌资产战略的内在部分[2](如图 4.5)。有效的 IMC 能够提高了公司品牌的有效性,并因之积极地影响了品牌资产。该论文提出一个品牌资产模式,揭示出品牌识别、IMC 和品牌资产三者间的关系。模式显示:品牌识别指导 IMC 去努力形成和维持品牌资产。品牌识别战略是品牌战略家在多种因素作用下制定的,包括环境因素、竞争对手因素、顾客需要因素,等等。品牌识别战略指导更协同、更有效的 IMC 战略的形成,并通过品牌资产接触的信息传递,最终形成品牌资产。顾客基础品牌资产就是顾客持有的品牌印象,它反过来调适战略家预期的品牌识别。

**(三)IMC 在品牌关系圈形成中的作用**

虽然传播只是品牌资产的推动者之一,但无疑是最重要的一个。品牌传播通过多种传播工具传递信息比单一的广告传播强。凯文·莱恩·凯勒详细列举了营销沟通的种种手段[3],以此证明品牌资产的形成不是由某一个营销传播方式导致的,见表 4-3。

实际上,凯勒列举的这些营销传播手段并没有能够穷尽所有的传播方式,

[1]　[美]凯文·莱恩·凯勒:《战略品牌管理》(第 2 版),李乃和等译,北京:中国人民大学出版社 2006 年版,第 246—247 页。
[2]　See Sreedhar Madhavaram, Vishag Badrinarayanan, Robert E. McDonald(2005), "Integrated Marketing Communication(IMC)and Brand Identity As Critical Components of Brand Equity Strategy—A Conceptual Framework and Research Propositions", *The Journal of Advertising*, Winter 2005, p. 72.
[3]　参见[美]凯文·莱恩·凯勒:《战略品牌管理》(第 2 版),李乃和等译,北京:中国人民大学出版社 2006 年版,第 246 页。

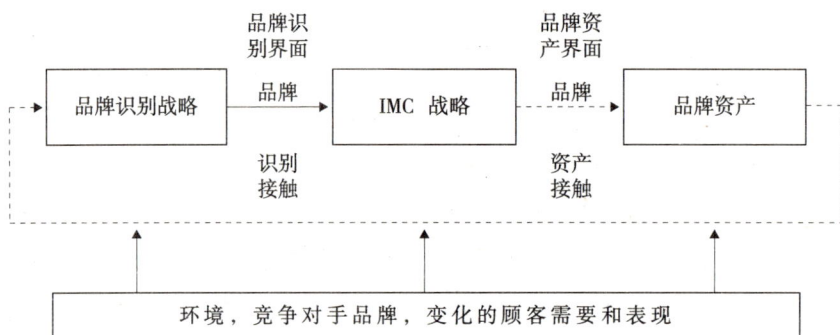

图 4.5　品牌资产战略

因为随着传播技术的发展,不断有新的传播形式诞生。因此,使用"品牌—顾客接触点"这一术语更具概括性。

　　唐·舒尔茨、田纳本、劳特朋在其 1992 年的第一本《整合营销传播》著作中,已经使用"接触"(conducts)这一概念。"我们所谓的'接触'是指消费者和潜在顾客接触品牌、产品类别等与厂商的产品或服务相关的市场活动所产生的经验,而且通过这样的经验,消费者可以获得资讯。消费者有千百个和品牌接触的方法。例如,接触包括朋友和邻居彼此交换意见、产品的包装、或是新闻杂志和电视的资讯、消费者和潜在顾客在零售店中得到的服务,以及产品在商店中陈列的位置等。"①

表 4-3　营销沟通方法

| 1. 媒介 | 6. 对中间商的促销 |
|---|---|
| 　电视 | 　批发补贴 |
| 　广播 | 　销售点展示补贴 |
| 　报纸 | 　促销补贴 |
| 　杂志 | 　经销商的活动与激励 |
| 2. 直接反应 | 　培训活动 |
| 　邮寄 | 　贸易展览 |
| 　电话 | 　合作营销 |

---

　　①　[美]舒尔兹、田纳本、劳特朋:《整合营销传播:谋霸 21 世纪市场竞争优势》,吴怡国译,呼和浩特:内蒙古人民出版社 1998 年版,第 191—192 页。

续表

| | |
|---|---|
| 广播 | 7. 对消费者的促销 |
| 印刷品 | 样品 |
| 与电脑相关的反应 | 奖金 |
| 与媒介相关的反应 | 溢价 |
| 3. 网络广告 | 回扣 |
| 网站 | 竞赛/开奖 |
| 互动广告 | 奖励 |
| 4. 地点广告 | 折价 |
| 广告牌和海报 | 8. 活动营销与赞助 |
| 电影院、航班和候机室 | 运动 |
| 产品道具 | 艺术 |
| 销售点 | 娱乐 |
| 5. 销售点广告 | 集会与节日 |
| 货架解说员 | 其他原因 |
| 走道标志 | 9. 公共关系与宣传 |
| 购物车广告 | 10. 人员推销 |
| 店内广播或电视 | |

　　汤姆·邓肯提出"品牌—顾客接触点"概念,他认为顾客接触到品牌和公司的任何情形都被称做品牌—顾客接触点,每个接触点都会影响顾客对品牌的印象。他把品牌—顾客接触点分四类:(1)公司创造的接触点:是指计划的营销传播信息,如广告、新闻发布、宣传册、包装、店面设计等,这类接触点最大的优点是企业能够高度控制。(2)内在固有的接触点:指在购买或使用品牌的过程中要求品牌的互动,因为这些是固定的接触点,始终在传递信息,尤其对当前顾客体验产生影响。例如柜台职员、办公室干净程度、电话接待人员等。只要加以重视和设计,内在固有的接触点也是可控的。(3)非预期的接触点:指未预料到的与品牌的联系,超出了公司的控制范围。如口碑、流言、新闻报道、分析师预测、专家评论等。它对公司的影响既可以是积极的,也可以是消极的。(4)顾客创造的接触点:顾客和利益相关者自己成为信息源,它可以是顾客与公司之间的互动,也可以是顾客之间的互动。当顾客主动与公司接触时,公司必须高度重视,否则可能影响顾客的不满意而导致损失。而顾客

之间的互动是公司无法控制的。① "顾客—品牌接触点"这个概念告诉我们：
(1)消费者品牌印象的形成同所有的接触点都有关系,各接触点传递出来的
信息综合到一起,形成消费者总体品牌印象。(2)在四类顾客—品牌接触点
中,公司创造的接触点是完全可控的、非预期接触点是完全不可控的,内在固
有接触点和顾客创造的接触点介于二者之间,属于半可控。(3)所有接触点
的信息传递都成为品牌传播,因此品牌传播有可控和不可控两类。而整合营
销传播是企业为建立与顾客良好关系而设计的对话机制,与企业战略观念高
度一致,因此属于可控的品牌传播。

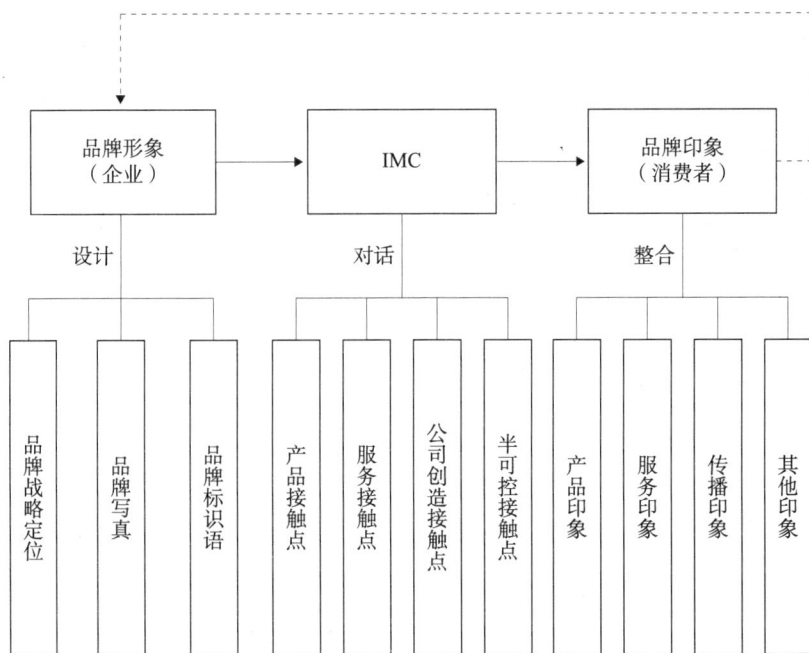

图 4.6　IMC 在品牌化中的作用

　　在企业的品牌形象和消费者的品牌印象中,整合营销传播起中间桥梁作
用,由于重视与顾客的对话,使产品接触点、服务接触点、公司创造的接触点、
半控制接触点能够传递符合消费者需要的信息,从而与消费者建立良好的关

---

　　① 参见[美]汤姆·邓肯:《广告与整合营销传播原理》(原书第 2 版),廖以臣、张广玲译,
北京:机械工业出版社 2006 年版,第 70—75 页。

系(如图4.6)。这样,消费者的品牌印象主要包括四个方面的印象:(1)产品印象:由产品接触点信息汇集形成的印象;(2)服务印象:由服务接触点信息汇集形成的印象;(3)传播印象:由公司创造的接触点和半可控接触点的信息汇集形成的印象;(4)其他印象:由不可控接触点的信息汇集形成的印象。根据格式塔心理学理论,部分心理图像能够拓扑成整体。因此,这四类印象也能够整合成为消费者头脑中的整体品牌印象。当然,由于 IMC 在此过程中的作用,消费者品牌印象与企业设计的品牌形象高度吻合,品牌关系圈因此形成,或者说品牌因此建立。

## 二、IMC 在品牌维护中的作用

有许多企业很重视品牌的创建但不重视品牌的维护。他们的一个错误认识是以为品牌一旦建立就能经久不衰。当然也有经久不衰的品牌,例如可口可乐、柯达、福特、宝洁等都有 100 多年的历史,但应当看到这些品牌从建立到现在,一直没有放松对品牌的维护和经营,这些品牌每年的广告费用数以亿计,这些品牌至今仍抓住每一个营销传播机会参与到现实生活。与此相反,中国有许多百年老字号,由于不注重品牌维护和品牌经营,不能给老品牌注入新的活力,如今或者已经湮灭,或者苟延残喘,品牌资产化为乌有,结果令人痛心。可见,任何品牌都有一个生命周期,如果能够注重品牌的维护,注重品牌创新,就能够延年益寿,将品牌历史转化为品牌财富。但是如果不注意对品牌的保养和呵护,品牌可能会迅速老化甚至衰亡。一项调查显示,1995 年国内家电品牌超过 200 个,到 2000 年仅剩下 20 多个,5 年夭折 90%。另一项调查显示,中国品牌生命周期平均不到 2 年。①

套用一句俗语"打江山易,坐江山难",可知"创品牌易,护品牌难"。品牌不是一个一劳永逸的东西,正如让·诺尔·卡菲勒(1995)所说的"品牌不是静止的,应该是动态的"②。因此,如何对已建品牌进行维护,使之不断创新、与时俱进,从而永葆青春,是每个品牌拥有者必须思考的问题。

---

① 《中国品牌生命周期:平均不足 2 年》,《新华每日电讯》2006 年 10 月 28 日,http://news.xinhuanet.com/mrdx/2006-10/28/content_5260213.htm,2008 年 4 月 22 日。

② [法]让·诺尔·卡菲勒:《战略性品牌管理》,王建平、曾华译,北京:商务印书馆 2000 年版,第 74 页。

品牌维护有许多策略,像商标权续注、产品和技术创新、专利开发和保护、打击假冒侵权行为、品牌延伸、新市场开发、组织结构创新、企业文化创新、营销传播等。由于本书论题限制,本书对上述品牌维护策略不一一阐述,只关注营销传播在品牌维护中的作用。

**(一)品牌形象创新**

品牌形象是企业可以设计并通过整合营销传播传递给消费者,如果消费者头脑中的品牌印象与企业设计的品牌形象相吻合,则一个品牌已经形成。品牌形象一旦形成,它具有相对稳定性。但是,如果缺乏营销传播新的刺激,品牌形象将出现老化,因此品牌形象也有一个创新的问题。在创新时应注意两点,其一是创新不能改变品牌的"基因",也就是与品牌写真保持一致;其二,创新应以消费者的认同为标准。企业在品牌形象创新时可以运用三种策略:更改品牌名称、更改品牌标志、更改品牌标识语。

1. 品牌名称更改

品牌名称是企业身份的第一标识物,其本身是无形资产。因此,当一个具有一定知名度的品牌在更改名称时,必然导致部分资产流失。不过,品牌名称的更改也可能产生新的、更大的无形资产。企业在更改品牌名称时,一般可能出于以下几种原因:(1)老名称缺乏个性、难以让人记住:例如著名的国际高科技品牌 IBM 公司,创办于 1914 年,其先前的名字叫"International Business Machine Corporations(国际商务机器公司)",冗长且毫无特色,1955 年改名为 IBM 后,形象焕然一新。还有 SONY,原名"东京通信工业",后盛天昭夫自创新词 SONY,简洁上口,很快为大家接受。(2)集团组织的变动需要新名称:最著名的案例是"埃克森美孚石油公司"的名称几经变更波折。此公司最早的历史始于 1892 年洛克菲勒在新泽西州建立的标准石油公司,1911 年在反垄断法裁决下被拆分为两个公司:纽约标准石油公司、新泽西标准石油公司。后纽约标准石油公司更名为美孚石油公司,而新泽西标准石油公司更名为埃克森石油公司。据说,1972 年,新泽西标准石油公司组成一个由社会学家、语言学家、心理学家、经济学家等各方人士组成的专家委员会,历经三年时间,研究了 55 个国家的语言和风俗,查遍所有的字典,最终从 1 万多个方案中选择了"埃克森"作为新的品牌名称。1998 年,埃克森石油公司以 772 亿美元收购美孚石油公司,又更名为"埃克森美孚石油公司"。(3)进入国际市场需要新名称。例如创立于 1984 年联想集团,英文本为 Legend,但在开拓国际市场时发现,Legend 已被抢注,于是于 2003 年新创"Lenova"一词。还有中国台湾宏基集团,1976 年创办时英文名称为"Multitech",经过十年努力在国际市场小有名气,不想被美国一家计算机厂商指控侵犯其商标权,最后不得不进行更名,最后更名为"Acer"。

不管出于什么原因,不论是主动更名还是被动更名,对于一个已经具有知名度的品牌来说都具有一定风险,不过新品牌名称往往能够带来新的活力,未必不是一件好事。伴随新的更名,会引起公众的好奇和关注,也是新的品牌传播契机。新名称可以通过广告、新闻发布会、宣传册、商品目录、网站、售点 POP、企业办公应用系统等方式整合传播,形成新的品牌形象。

2. 品牌标志更改

品牌标志是品牌第一视觉符号。如果说品牌名称是人的名字的话,那么品牌标志就是人的脸。与品牌名称相比,品牌标志更具有可变性。例如柯达自有标志以来,经历了 1907 年、1935 年、1960 年、1971 年、1987 年、2006 年六次变更,肯德基标志自从 1952 年正式面世以来,先后于 1978 年、1991 年、1997 年、2006 年四次修改标志。就是我们熟知的耐克钩子标志,从 1971 年问世以来也经历了四次更改。品牌标志的更改,一般是企业的主动行为,更改的主要原因如下:(1)品牌名称变更引起品牌标志更改,像 IBM、SONY、联想等标志都是因为品牌名称变更连带引发标志更改。(2)导入 CIS 需要更改品牌标志。1955 年 IBM 首次进行 CIS 设计获得成功,此后引发全球范围 CIS 导入热潮。其中的 VI 系统中,品牌标志设计是关键。1970 年可口可乐导入 CIS,设计了新的标志。还有 3M、马自达、松屋百货、富士、味全、健力宝、太阳神等都是在导入 CIS 改变原来的标志。(3)企业战略思路的改变引起品牌标志的变化。例如 2006 年柯达启用新标志,放弃了自 1971 年来的箱子图案,新标志由两条黄色平行线和中间的红色干净的字体 kodak 组成,表明企业战略思路从传统胶卷业务向数字影像业务的全面转型。而英特尔也放弃使用了 37 年之久的标志,新标志是一个近似封闭的圆圈中有"Intel"字母,旧标志中的"Intel inside"消失了。此举显示出英特尔从一个芯片巨头向消费电子产品的重大转型。

企业主动更改品牌标志不仅能够体现企业的战略思想改变,也能够更符合当下消费者对品牌的要求和口味。可口可乐在全球几乎每经历几年就会对商标进行一些修改和更新,以适应不断变化着的市场口味。2003 年可口可乐在中国推出新标志,可口可乐(中国)饮料有限公司总裁包逸秋表示,期望能借此为消费者带来耳目一新和富有时代创新的感觉。他说:"我们改变的不仅是标志,也是我们与消费者的一种新的沟通方式。"新标志的更改如同品牌名称更改一样,需要从多个方式整合传播,从而达到预期的效果。

3. 品牌标识语的更改

品牌标识语也称广告口号,常常是一句简洁明快的短句,由于广告和其他形式的传播品牌标识语成为广泛流传的流行语,也因此传播了品牌形象。好的品牌标识语必须符合"品牌写真",标识语使用的时间长度可长可短,但与品牌个性应当保持一致。与前两者相比,品牌标识语的更改更是司空见惯的维护品牌形象的方式。以可口可乐的品牌标识语为例,见表4-4。

**表4-4 可口可乐百年广告口号一览表**

| | |
|---|---|
| 1886 年请喝可口可乐 | 1957 年好品味的象征 |
| 1904 年满意——就是可口可乐 | 1958 年清凉,轻松和可乐 |
| 1905 年无论你到那里,你都会发现可口可乐 | 1961 年可口可乐,给你带来最佳状态 |
| 1906 年高质量的饮品 | 1963 年可乐更添妙趣 |
| 1907 年可口可乐,带来精力,使你充满活力 | 1964 年可口可乐给你虎虎生气,特别的活力 |
| 1908 年可口可乐,带来真诚 | 1965 年充分享受可口可乐 |
| 1911 年尽享一杯流动的欢笑 | 1966 年喝了可口可乐,你再也不会感到疲倦 |
| 1922 年口渴没有季节 | |
| 1925 年可乐美不胜收 | 1969 年真材实料 |
| 1927 年可乐无处不在 | 1970 年这才是真正的,这才是地道货 |
| 1929 年心旷神怡那一刻 | 1971 年我原拥有可乐的世界 |
| 1932 年太阳下的冰凉 | 1972 年可口可乐——伴随美好时光 |
| 1935 年可口可乐——带来朋友相聚的瞬间 | 1975 年俯瞰美国,看我们得到什么 |
| 1936 年令你心向神往的可乐 | 1976 年可乐添生活情趣 |
| 1937 年美国的欢乐时光 | 1979 年一杯可乐一个微笑 |
| 1938 年口渴不需要其他 | 1982 年这就是可口可乐 |
| 1942 年只有可口可乐,才是可口可乐 | 1986 年红白与你相辉映 |
| 1943 年美国生活方式的世界标志——可口可乐 | 1989 年挡不住的感觉 |
| 1944 年全球欢腾 | 1993 年永远是可口可乐 |
| 1946 年 yes | 1996 年这是可口可乐 |
| 1947 年可口可乐的品质,是你永远信赖的朋友 | 2001 年活力永远是可口可乐 |
| 1949 年可口可乐——沿着公路走四方 | 2003 年享受清凉一刻 |
| 1952 年你想要的就是可乐 | 2005 年要爽由自己 |
| 1955 年就像阳光一样带来振奋 | |

可口可乐的广告口号几乎每年都发生变化,但"万变不离其宗"。广告口

号总是与品牌自身个性——"活泼乐观"——保持一致,也总是与可口可乐的品牌写真——美国人的生活方式,值得与朋友分享的美好事物——保持一致。试设想如果可口可乐的口号百年不变,倒不符合美国人"喜欢变动"的国民性,也与可口可乐活泼乐观的品牌个性不相一致。因此,品牌标识语的变与不变,需要根据品牌本身个性和内涵来确定,也需要考虑企业战略思想、市场环境和消费者需求。戴比尔斯的口号"钻石恒久远,一颗永流传"就使用了60年,这符合钻石持久的特点,也符合消费者"忠贞不渝"的爱情观。百事可乐的口号"新一代的选择"也使用了40年,因为"新一代"总是一个时期最时尚、最年轻的群体,所以这个口号虽然没有改变,其内涵与社会文化变迁是同步的。以品牌写真为基点,演绎不同的品牌标识语,并加以传播,能够有效防止品牌形象,产生新的品牌活力。

**（二）接触点品牌维护**

大体上分,品牌接触点分两大类,一类是企业可控制的接触点,像企业创造的各种接触点如广告、新闻发布、宣传册、包装、店面设计、网站、产品包装、办公场所布置、服务人员的仪表等,这些接触点的信息能够得到公司设计、选择、编码、发布,企业能够有效控制接触点使之按照有利于品牌形象的方向前进。另一类是企业不可控的接触点,像顾客使用产品的体验、顾客与亲戚朋友之间的聊天、新闻报道、专家评论、口碑、流言等。这类接触点的信息传播按照它自己的轨道前进,企业无法控制。对于这两类接触点,企业都应当重视,一个成熟品牌如果不注意此两类接触点的维护,可能伤害品牌自身。

1. 可控制接触点品牌维护

对于可控制接触点,企业应当采取以下方法维护品牌:（1）列出所有可控接触点清单;（2）分析各接触点特点;（3）配置人员负责各接触点信息设计、发布、接收各接触点信息反馈;（4）汇总各接触点的传播效果和反馈信息,以利于下一次的信息传播。

以企业网站为例。企业网站是典型的可控制品牌接触点。在当今网络社会中,企业网站既是一个综合的信息平台,也是顾客信息调查系统,还是电子商务系统。一个设计优秀、管理良好的企业网站,也是品牌形象的展示舞台。对于一个成熟的品牌,企业网站绝非是可有可无的摆设,需要有专人负责。首先应当分析企业网站这个品牌接触点的特点。企业网站的特点有:信息海量

（无限链接）、多媒体传播（文字、图像、声音、动画、视频）、互动（即时互动、延时互动）。其次，在企业网站设计时，应该符合企业网站的特点。例如网站界面清晰、链接快捷、图文并茂、下载迅速，同时尽可能设计多一些的互动板块，例如 BBS 论坛、疑难解答、咨询台、意见箱、联系我、在线小游戏等，这些互动板块既能保持与顾客对话，形成黏性关系，也能从对话中分析有关消费需求、市场变动、企业经营管理中问题等众多信息。再次，应该有专人负责企业网站的维护，例如回答问题、更新内容、防止病毒等。国际品牌都非常重视企业网站建设。以可口可乐（中国）网站为例，网站内容十分丰富，包含四个次级网站：(1)可口可乐中国官方网站：可以了解可口可乐中国公司的业务和新闻，信息量大，板块丰富，包括新闻中心、关于我们、我们的品牌、精彩赞助、企业社会责任、饮料面面观、职业发展、联系我们、全球网站、网站导航等条目。(2)iCoke 网站：体验精彩数字生活，设计活泼生动，有许多娱乐游戏互动内容；(3)饮料与健康研究所网：解答饮料科学的奥秘，风格权威规范，有许多知识性和咨询问答内容；(4)产品网：以"汇聚点滴，成就美好"为口号，网页设计干净清爽，主要是关于产品知识介绍。可口可乐网站也很注意品牌形象宣传，例如首页正上方是红地白色的可口可乐中文标志，右下角有英文可口可乐标志、"全球奥运会合作伙伴"字样以及北京奥运会标志。在可口可乐中国官方网站首页有最新动态，例如有王力宏手持火炬在奥林匹亚的图文介绍。"精彩赞助"栏目，可以看到以往可口可乐赞助足球、篮球、奥运会、特奥会、一级方程式等活动的内容。在"企业社会责任"栏目，可以看到企业承诺、企业公益活动、企业承诺责任报告等内容。可口可乐（中国）网站给人留下的品牌印象是：这是一个现代化、科技含量高、富有人情味、充满活力、有实力的大型企业。反观我国许多大企业的网站，界面凌乱、下载速度缓慢、内容贫乏、缺乏互动、更新不及时、毫无特色，给人死气沉沉的印象。据统计，"75% 的网站每天访问量还达不到 200 人，生存现状令人堪忧"①。因此，成熟品牌一定要重视企业网站建设，重视网站设计和维护，这也是对品牌形象的维护。

2. 不可控接触点品牌维护

接触点不可控，并不是说企业就无能为力，也不是说企业就可以不作为。

---

① 唐世奇:《企业网站为何沦为"死站"》,《医学美学美容（财智）》2007 年第 11 期。

相反,对于一个成熟品牌来说,应当更加重视对不可控接触点的品牌维护。主要的方法有:(1)列出所有不可控接触点的清单;(2)分析各不可控接触点的信息传播方式和特点;(3)寻找企业可能进入不可控接触点信息传播的方式;(4)积极发挥可能施加影响的作用。

　　以企业处理品牌危机为例。"品牌危机是指由于组织内、外部突发原因造成的始料不及的对品牌形象的损害和品牌价值的降低,以及由此导致的使组织陷入困难和危险的状态。"①品牌危机的产生,固然有企业自身的问题,但不可控制接触点在危机发生机制中扮演了重要角色,新闻报道、网络热炒、流言盛行等典型不可控制接触点集体亮相,形成一股合力冲击成熟品牌的形象。许多品牌在这股冲击波中轰然倒下。像"八瓶三株喝死一老汉"导致三株死亡,"陈陷月饼"事件导致南京冠生园倒闭,"收购散酒勾兑"导致秦池崩盘,等等。即使品牌在危机中不死亡,如果应对失误也可能"很受伤"。例如,1999年6月9日,比利时和法国传出消费者在饮用可口可乐之后发生中毒,呕吐、眼花及头痛的消息。可口可乐首先拒绝承认是自己的问题,在拖延一周后才承认中毒原因是自己工厂的污染造成。随后可口可乐公司只同意收回部分产品,拒绝收回全部产品。而比利时和法国的分公司管理层也未充分参与该事件的沟通并及时作出反应,导致可口可乐在欧洲形象遭受重创,据统计,可口可乐公司总损失达到1.3万亿美元,几乎是最初预计的两倍,1999年年底公司宣布利润减少31%,全球共裁员5200人,董事会主席兼首席执行官道格拉斯·伊维斯特被迫辞职,危机后可口可乐公司主要的宣传活动目的都是要"重振公司声誉"。不过,也有许多企业在危机来临时沉着应对,及时处理,最终逢凶化吉、转危为安。1982年9月30日,有消息报道芝加哥地区有7人因使用强生公司的泰诺解痛胶囊而死于氰中毒,也有传闻说有250人生病或死亡。这个消息在全美1亿泰诺解痛胶囊消费者引起巨大的惊慌,强生形象一落千丈。强生公司迅速反应,作出的第一个举动就是以1亿美元的代价,召回市场上全部的泰诺解痛胶囊。这一举动得到新闻媒体和消费者的赞誉,一个敢做敢当、负责、以消费者利益为重的企业形象在这次危机中反而得到加强。强生公司因此获得美国攻关协会颁发的银钻奖。这个案例告诉我们,在危机

---

① 余明阳、杨芳平编著:《品牌学教程》,上海:复旦大学出版社2005年版,第238页。

来临时,企业应当高度重视、快速反应、冷静应对,一切以品牌形象为重。具体的措施是:首先,在第一时间成立危机处理小组,设立新闻发言人,召开新闻发布会,告知公众企业对危机的态度和决心,从而在第一时间阻止流言的蔓延。其次,组织人员调查事件来龙去脉,配合新闻媒介真实客观报道,并着重展示企业对危机的态度和处理危机的能力。再次,通过各种接触点传递正面信息。例如对内,通过企业报纸、企业广播、企业网站、黑板报、会议等多种形式稳定军心,对外通过主流媒介公布事实真相和危机处理办法。尤其应当重视网络媒介的信息传播,包括专人监测门户新闻网站、论坛、聊天室、博客等相关信息,公布真实信息和最新进展,从而引导正确的舆论导向。通过这样的危机处理,就能够遏制流言和负面信息的传播,将品牌形象的损害降到最低。对于一个成熟品牌,危机有时也是一次新的品牌传播时机,在万众注视下,品牌的个性、品牌的生命力得到充分曝光,也许应验了那句老话:"塞翁失马,焉知非福。"

# 第五章　理论与实践的统一

## ——IMC 理论价值的实现

前面我们已经对 IMC 理论的基本概念、基本命题和核心价值进行了理论上的分析,初步完成了对 IMC 理论的事实认识和价值认识的探索。然而我们认识的正确与否并不依赖于我们的逻辑判断和思辨,正如马克思所言:"思辨终止的地方,即在现实生活面前,正是描述人们的实践活动和实际发展过程的真正实证的科学开始的地方。"①因此,IMC 实践成为检验我们 IMC 理论认识的终极标准,IMC 实践现状如何、问题何在、如何解决这些问题达到 IMC 理论与实践的统一,是本章研究的内容。

## 第一节　理论价值实现的基本要求:
## 理论与实践的统一

### 一、"实践"的界定

在古代汉语中,将"实"和"践"二字合起来使用,其意思是实现、实行、实际行动等意思。《词源》对实践一词的溯源,认为最早见诸于宋代吴泳的《鹤林集·上邹都大夫》中的"实践真知,见于有政"②一句。这里的"实践"就是"实地履行"之意。现代汉语的"实践"一词,来自于日本。1912 年,《东方杂志》一篇译自日文的《德国社会党之胜利》第一次将与"理论"相对立的"实践"一词引入中国。20 世纪 20—30 年代,作为一个哲学概念的"实践"被中国

---

① 《马克思恩格斯全集》第 3 卷,北京:人民出版社 1960 年版,第 30—31 页。
② 《辞源》(修订本),北京:商务印书馆 1998 年版,第 465 页。

人普遍接受和使用。①

作为西方哲学的一个基本概念，"实践"一词在古希腊先哲们的著作中就出现了。最早使用实践一词的哲学家可算是古希腊的苏格拉底，他说："只要一息尚存，我永远不停止哲学的实践。"②亚里士多德把知识分成"理论（思辨）知识"、"实践知识"和"技艺或创制知识"三类。"理论（思辨）知识"指为着自身而被追求的知识，包括数学、物理学、哲学等；"实践知识"指为着行动而被追求的知识，包括伦理学、家政学、政治学等；"技艺或创制知识"指为着创作或制造而被追求的知识，包括诗学、修辞学、辩证法等③。康德是第一个系统研究"实践"的哲学家，其"三大批判"（《纯粹理性批判》、《实践理性批判》、《判断力批判》）中常常论及"实践"。在他看来，"实践"是与人们具体的活动形式相区别的一种本质上自由的活动，是一种纯正的道德上的意志自由，"实践"与"道德"有着紧密的关联。由此可见，康德的"实践"依然局限在"伦理实践"的范畴。黑格尔在实践问题上比康德进了一步，他从劳动的意义上来理解实践的。不过由于其唯心主义哲学体系，他把实践只是作为理念活动的一个环节。费尔巴哈非常重视人们世俗的日常生活的作用，因此他把"实践"与人们的日常生活相联系，他说："理论不能解决的那些疑难，实践会帮助你解决。"④但是将实践局限于生活实践范畴，难以真正解答实践的能动性、批判性和革命性。

只有在马克思主义诞生后，才真正解决了"实践"的含义、实践的意义、理论与实践的辩证关系等问题。马克思在《关于费尔巴哈的提纲》中，较完整地阐述了"实践"的相关思想。首先，马克思将实践理解为以劳动为核心的人的感性活动，他指出唯心主义和旧唯物主义都不理解真正的实践，在唯心主义和旧唯物主义那里，实践要么是纯精神的运动，要么是纯感性的活动，这两者被人为地割裂了。他说："从前的一切唯物主义（包括费尔巴哈的唯物主义）的

---

① 参见张汝伦：《作为第一哲学的实践哲学及其实践概念》，《复旦学报（社会科学版）》2005 年第 5 期。

② 《西方哲学原著选读》，北京：商务印书馆 1984 年版，第 68 页。

③ 参见苗力田主编：《亚里士多德全集》第 8 卷，北京：中国人民大学出版社 1994 年版，第 8 页。

④ ［德］费尔巴哈：《费尔巴哈哲学著作选集》上卷，荣震华译，北京：商务印书馆 1984 年版，第 248 页。

主要缺点是:对对象、现实、感性,只是从客体的或者直观的形式去理解,而不是把他们当做感性的人的活动,当做实践去理解,不是从主体方面去理解。"①其次,马克思重视实践的能动性和革命性。他说:"人的思维是否具有客观的[gegenständliche]真理性,这不是一个理论的问题,而是一个实践的问题。人应该在实践中证明自己思维的真理性,即自己思维的现实性和力量,自己思维的此岸性。"②他还说:"全部社会生活在本质上是实践的。凡是把理论引向神秘主义的神秘东西,都能在人的实践中以及对这个实践的理解中得到合理的解决。"③总之,马克思的所谓"实践",是主体与客体的统一,是主观性与客观性的统一,是现实性与理想性的统一,是历史性与具体性的统一。其后,恩格斯、列宁、斯大林、毛泽东等人进一步丰富和充实了马克思主义的"实践"理论。可以说,"实践"是马克思主义哲学的一个基本原则和内容,因此它也被称为实践哲学,正如欧阳康教授指出的:"实践性是马克思主义哲学的最本质、最重要的特征之一,是马克思主义哲学区别于和超越于一切唯心主义和旧唯物主义的最根本之点,也是正确理解马克思主义哲学所特有的唯物性、辩证性、历史性和人道性之间的内在统一性的最关键思路和最有效视角,是马克思主义哲学保持自己的科学性、革命性和批判性,从而能够不断自我更新、自我发展的最根本动力。"④

概括马克思主义关于"实践"的界定,我们可以作如下总结。

实践,是人们有目的地改造和探索现实世界的一切社会性的物质活动,是一种主体见之于客体的活动。实践具有客观性、能动性、社会历史性。实践的基本要素是主体、客体和手段(工具),三者不可缺一。人类一切改造和探索客观世界的活动形式都属于实践的形式,然而实践的基本形式是生产活动、社会活动(包括阶级斗争)和科学实验。实践是认识的来源、动力、标准和目的,因此,实践的观点是马克思主义认识论首要和

① 《马克思恩格斯选集》第1卷,北京:人民出版社1995年版,第54页。
② 同上书,第55页。
③ 同上书,第56页。
④ 欧阳康:《哲学研究方法论》,武汉:武汉大学出版社1998年版,第398页。

基本的观点。实践性是马克思主义哲学最本质的特征。①

## 二、理论与实践的关系

理论(认识)与实践的关系问题一直是哲学史中的一个基本问题,也是马克思主义认识论的核心问题。

中国哲学史上关于"知行观"的争论实际上就是关于理论(认识)与实践关系的争论。"知"大体相当于认识、理论之意,"行"大体相当于"实践、行动、活动"的意思。自先秦起,就有"知先于行"、"行先于知"、"知难行易"、"知易行难"等争论。

西方哲学史上一直重视追求对彼岸世界的探索,形成了高度思辨、高度抽象的哲学传统,但马克思主义的诞生改变了这种传统。经过马克思、恩格斯、列宁、斯大林、毛泽东等马克思主义者的不断努力,实践性成为马克思主义哲学的根本特性,也成为马克思主义哲学的精髓所在,马克思主义哲学也因此成为实践哲学的代表。关于理论与实践的关系,马克思主义哲学的基本主张是:理论与实践是紧密地相互联系和互相作用的,对待它们关系的唯一正确的态度,就是把两者紧密地结合起来。

### (一)实践是理论的前提

实践是理论的前提,包含以下三个要点。

1. 理论的起点在于实践

理论是概括地反映现实的概念和原理的体系,是系统化了的理性认识的结果。人们在实践中获得关于客观事物的感性认识,随后对它进行加工制作,上升到理性认识,再把这种理性认识按照一定的逻辑进行必要的整理,使之形成理论。可见,人类所取得的理论水平,决定于社会实践发展的水平。实践活动包括生产实践、社会实践、科学实验、交往实践等活动基础上形成的系统化了的理性认识就是理论。毛泽东在《实践论》中概述了这样的思想:认识从实践开始,在实践中人们首先产生许许多多的感性认识,这些感性材料积累多了,就会产生一个飞跃,即达到理论的认识或理性认识。所获得的这个理性认

---

① 黄楠森、李宗阳、涂荫森:《哲学概念辨析辞典》,北京:中共中央党校出版社1993年版,第202页。

识,一是需要实践进一步检验,而是需要在实践中发挥作用,从而达到认识的目的,于是产生第二次飞跃,即从理性认识到实践的飞跃。对于一个具体事物的正确认识,往往要经过由实践到认识,由认识到实践的过次反复才能实现。"实践、认识、再实践、再认识,这种形式,循环往复以至无穷,而实践和认识之每一循环的内容,都比较地进到了高一级的程度。这就是辩证唯物论的全部认识论,这就是辩证唯物论的知行统一观。"①

2. 理论的归宿在于实践

人们从实践中获得理论认识,其目的或者在于探索客观世界或者在于改造客观世界,最终是为满足人类实践活动服务的。主体的活动去把事物改造成适合人的需要的理想客体,这就是实践的本质。理论如果离开了实践这个目标就成为空洞的理论、毫无意义的理论。因此马克思说:"思辨终止的地方,即在现实生活面前,正是描述人们的实践活动和实际发展过程的真正实证的科学开始的地方。"②马克思还强调理论与实践统一的意义,他说:"哲学把无产阶级当做自己的物质武器,同样,无产阶级也把哲学当做自己的精神武器。"③马克思主义的唯物主义历史观、政治经济学和社会主义理论充分显示出理论的批判性、现实性和实践性,成为实践哲学的典范。

3. 检验理论真理性的标准是实践

理论真理性的判断,不能由其他理论来证明,也不能根据理论的逻辑性来判断,检验理论真理性的唯一标准是实践。马克思说:"我们看到,理论的对立本身的解决,只有通过实践方式,只有借助于人的实践力量,才是可能的;因此,这种对立的解决绝不只是认识的任务,而是一个现实生活的任务,哲学未能解决这个任务,正因为哲学把这仅仅看做理论的任务。"④他还说:"人的思维是否具有客观的[gegenständliche]真理性,这不是一个理论的问题,而是一个实践的问题。人应该在实践中证明自己思维的真理性,即自己思维的现实性和力量,自己思维的此岸性。"⑤1978 年 5 月 11 日,《光明日报》公开发表了

① 《毛泽东选集》第一卷,北京:人民出版社 1991 年版,第 296—297 页。
② 《马克思恩格斯全集》第 3 卷,北京:人民出版社 1960 年版,第 30—31 页。
③ 《马克思恩格斯选集》第 1 卷,北京:人民出版社 1995 年版,第 15 页。
④ 《马克思恩格斯全集》第 42 卷,北京:人民出版社 1979 年版,第 127 页。
⑤ 《马克思恩格斯选集》第 1 卷,北京:人民出版社 1995 年版,第 55 页。

《实践是检验真理的唯一标准》一文,指出"一个理论,是否正确地反映了客观实际,是不是真理,只能靠社会实践来检验"。"实践不仅是检验真理的标准,而且是唯一的标准。"①

**(二)理论是实践的依靠**

理论是实践的依靠,主要有两层含义:

1. 实践依靠理论作为指导

理论从实践中来,具有真理性的理论因为能够预见事物发展的趋势、动态而对实践有重大的指导作用。任何实践活动都可以分为合理的和不合理的、正确的和错误的、自觉的和盲目的,只有在理论指导下才能避免不合理的、错误的和盲目的实践。列宁说:"没有革命的理论,就不会有革命的运动。"②斯大林也说:"当然,离开革命实践的理论是空洞的理论,而不以革命理论为指南的实践是盲目的实践。"③可见,理论对实践具有指导作用。

2. 实践依靠理论作为检验标准

赵家祥说:"实践是检验理论是否正确的唯一标准。只有经过实践检验的理论和经得住长期的实践检验的理论,才有资格称得上真正正确的理论,这是毫无疑义的。但不能因而否认理论也可以检验实践,不能否认理论检验实践的必要性。"④理论的形成和发展,既是由社会实践的发展所决定的,也有自身的继承性和相对独立性。科学理论,不同于感性经验知识,具有全面性、逻辑性和系统性的特征。因此,它具有能动的反作用于实践的特征。由于人们在实践之前,需要确定实践的目的、步骤、方法,而这些都需要用相关的理论加以审视、检验其合理性,从而避免盲目性。另外,任何实践都需要付出代价,都是得失共生、利弊共存的,因此用相关理论衡量实践的利弊得失,能够增加实践的效果,保证其可行性。这些都说明理论能够检验实践。

**三、理论与实践的统一**

在对待理论与实践的关系问题上,最容易犯的错误是割裂二者的关系,要

① 《实践是检验真理的唯一标准》,《光明日报》1978 年 5 月 11 日。
② 《列宁选集》第 1 卷,北京:人民出版社 1995 年版,第 241 页。
③ 《斯大林选集》上卷,北京:人民出版社 1979 年版,第 199—200 页。
④ 赵家祥:《理论与实践关系的复杂性思考——兼评惟实践主义倾向》,《北京大学学报(哲社版)》2005 年第 1 期。

么单纯强调理论的重要性,要么单纯强调实践的重要性。余育德指出:"理论与实践关系的本质在于'理论观念(认识)和实践的统一',正确对待两者关系的关键就在于实行'结合'。'结合'是一个双向运动的过程,要实现这种双向运动,就要反对和克服来自理论和实践两头的搞'脱离'的阻力。"他还说:"同理论与实践相结合的正确态度相对立的,是理论与实践相脱离的错误态度。这不仅表现在理论脱离实际的教条主义倾向上,还表现在实践脱离理论的经验主义倾向上。"①

马克思主义在理论与实践的关系上,一直强调理论与实践的统一。马克思说:"哲学把无产阶级当做自己的物质武器,同样,无产阶级把哲学当做自己的精神武器。"②列宁在改造黑格尔的思想时强调指出:"必须把认识和实践结合起来。"③毛泽东强调理论联系实际、理论与实践相结合,都说明理论与实践应紧密相连。

本书认为,理论价值的实现唯有通过理论与实践的统一才能完成。理由如下。

第一,任何价值的实现都离不开实践,理论价值的实现也不例外。价值因为是反映主体和客体之间的互动、是客体满足主体需要的关系,因此价值需要直接与实践挂钩。实践是价值需要生成的基础,因为人的价值需要不是纯粹动物性的需要,而是"从社会生产和交换中产生的需要",是实践的产物。理论价值是指理论满足主体需要的关系,理论价值只有经过实践的检验才能获得证明,离开了实践理论是空洞的、死板的,理论价值因此无法实现。因此,列宁认为:"实践高于(理论的)认识,因为它不仅有普遍性的品格,并且有直接现实性品格。"④

第二,理论价值大小在于其真理性多少,而真理性判断只有通过实践标准来检验。理论价值的真理性包括两个方面内容,其一是理论的科学性,即认识是否真实地反映了客观事物及其规律;其二是理论的价值性,即认识对主体有

①  余育德:《"结合"比"联系"更全面——关于理论与实践关系问题的再认识》,《湖北社会科学》1988年第6期。

②  《马克思恩格斯选集》第1卷,北京:人民出版社1995年版,第15页。

③  列宁:《哲学笔记》,北京:人民出版社1993年版,第185页。

④  《列宁全集》第55卷,北京:人民出版社1990年版,第183页。

无肯定的意义和积极的作用。无论是科学性还是价值性,其判断依据归根到底通过生产实践、社会实践、科学实验等来评判、检验。因此列宁说:"人以自己的实践证明自己的观念、概念、知识、科学的客观正确性。"①

第三,理论价值的直接表现在于指导实践,因此理论必须与实践相结合。马克思把价值范畴奠基于实践之上,认为人类的实践活动是构成价值的最为坚实的基础,因为实践是人类的存在方式,是整个社会生活及整个现实历史的基础,同时也是价值生活的基础。但是实践大体可以分为两类:理性实践和盲目实践。基于理性认识(理论)基础上的实践是理性实践,而缺乏理论指导的实践是盲目的实践。理性实践对实践的目的、方法、步骤和预期效果都有事前规划,这种规划由于有理论指导而具有可行性、高效性和科学性,因此实践成果丰硕。而盲目实践只是误打误撞,实践效果没有把握,实践经验缺乏规律性。所以,理论的最终归宿一定是实践,理论价值只有通过指导实践而得到彰显。

综上所述,理论价值的实现只有通过理论与实践的有机结合才能实现,理论与实践的统一是理论价值实现的基本前提。

## 第二节　IMC 实践现状

实践,是人们有目的地改造和探索现实世界的一切社会性的物质活动,是一种主体见之于客体的活动。IMC 实践是指在人们的生产经营活动中为了提高营销传播效果而进行的有目的的主体见之于客体的活动。IMC 实践自 20世纪 80 年代中期开始首先在广告公司进行了有益的探索,此后 IMC 实践探索一直没有停止,IMC 日益成为企业营销界和广告公司实务界的一个追逐热点。但是,无可讳言的是,看上去很美的 IMC 在实践中却问题多多。IMC 实践困境折射出当前 IMC 理论之不成熟,理论的缺陷又反过来制约着 IMC 实践的进一步发展。因此,IMC 实践期待新的突破,期待提供给 IMC 理论更多的材料、更多的支撑、更多的检验。

---

① 《列宁全集》第 55 卷,北京:人民出版社 1990 年版,第 161 页。

**一、IMC 实践的四个时期**

**（一）萌芽期（20 世纪 50 年代至 80 年代初）**

IMC 诞生于实务界的自我探索，之后得到理论界的跟进研究。从 20 世纪 50—80 年代初是 IMC 的萌芽期，来自于营销传播实务界的实践探索是 IMC 诞生的直接原因。20 世纪 50 年代，西方营销界的主流观念早已经从"生产导向"和"销售导向"脱离出来，进入"营销导向"时期。50 年代末哈佛大学教授尼尔·鲍顿首次提出"营销组合"（Marketing Mix）概念，60 年代初杰罗姆·麦卡锡教授提出"4P 理论"（产品 Product、价格 Price、渠道 Place、促销 Promotion），它是对营销组合的高度概括，此后菲利普·科特勒提出 6P 理论（加上政治 Police、公关 PR）。而在实务界进行了一系列创新探索，丰富了营销组合理论。1956 年美国国际商用机械公司进行了第一个 CI 设计，变脸为"IBM"，把一个老迈沉闷的企业形象改换为一个充满活力的蓝巨人形象。随后，美国各大企业纷纷效仿 IBM，至 70 年代末绝大多数美国企业导入 CIS。在广告领域，50 年代奥美广告公司领军人物大卫·奥格威提出"品牌形象"、60 年代达彼斯广告公司董事长罗瑟·瑞夫斯提出"USP"、70 年代 Trout&Ries 广告公司的阿尔·里斯和杰·特劳特提出"定位"，共同支撑这些理论的典型案例是万宝路香烟的成功转型。万宝路香烟本来定位于女性香烟，但销售惨淡。40 年代李奥·贝纳重新为万宝路进行了整体转型，定位于男子汉的香烟，用红、白色块重新进行了包装设计，在电视广告和平面广告中无论是色彩、音乐和模特形象，都凸显出粗犷、激昂的阳刚美，最终万宝路成为烟草第一品牌。万宝路广告战役的成功，不仅在于定位的成功、品牌形象的统一、USP 的准确，而且在于万宝路广告多种媒介配合的协调性和长期保持风格的一致性。广告运动从此越来越重视媒介组合和活动的整体性。1971 年美国立法规定，禁止在电视和广播中播出香烟广告。万宝路只得另辟蹊径，通过赞助体育赛事来树立形象，像赞助拳击、赛车、篮球、足球等充满男子汉气息的比赛，获得冠名权而继续在媒介中曝光。由于效果很好，其他大型公司也纷纷效仿，像米勒酿酒公司、赖克、可口可乐公司等都是体育比赛的热心赞助商。于是，企业投入到公关的预算逐步增多、投入到广告的预算逐步减少。70 年代另一项预算增加的项目是终端促销，企业发现使用折扣、赠券、买一送一、赠品等终端促销活动往往能够刺激销售，效果超过大众媒介广告。这些营销实践导致"促销组合"

（Promotion Mix）理论的出现。此理论强调的是广告、人员推销、营业推广、公关等多种促销手段的配合运用。在此背景下，一些广告代理公司开始调整业务方向，扩大自己的代理范围，将公共关系、终端促销、事件营销、直效营销等业务纳入自己的经营范畴，像80年代初扬·鲁比堪提出"全蛋"方案（whole eggs）、奥美提出"交响乐演奏"（symphony）计划等，都属于IMC实践的早期萌芽。

**（二）诞生期（20世纪80年代中期至90年代初）**

20世纪80年代中期，在美国一些广告公司中出现了客户代理小组，他们负责全权代理客户的广告、公关、促销、直接营销等活动，他们把自己的小组命名为"整合营销传播"小组。80年代后期，"整合营销传播"概念得到当时美国4A's主席Keith Reinhard和执行总监John O'Toole的青睐，他们希望在4A广告公司中推广此概念。1988年，他们与西北大学麦迪尔新闻学院联系，联合实施一个旨在推广IMC的项目。到90年代初，多数4A广告公司接受了IMC概念，并在公司经营业务宣传中加入IMC实务的内容。这其中的代表是奥美广告公司。早在80年代后期，奥美广告公司已经更名为"奥美整合传播集团"，并提出"交响乐"主张，即把广告、直效营销、公关、促销等活动组合运用，如同不同乐器合奏出最美的交响乐乐章。90年代初奥美将"整合营销传播"与"品牌"联系起来，提出"360°品牌管家"经营理念，从不同方面围绕品牌进行整合营销传播，其为众多客户代理了整合营销传播活动，其中为IBM进行的整合营销传播活动策划十分成功。早期比较著名的整合营销传播集团还有智威汤逊、达彼斯、DDB Needham等。而像IBM、Intel、IP（国际纸业公司）、ACS（美国癌症协会）等都是最早一批实施整合营销传播而获得成功的组织。1991年，西北大学联合4As（美国广告公司联合会）和ANA（美国广告主协会）实施了美国第一个以IMC为主题的全国性调查，结果发现美国消费品广告主中开始接受整合的思想。① 1992年西北大学唐·舒尔茨教授与田纳本、劳特朋合著的第一本整合营销传播专著出版，宣告IMC正式诞生。

---

① See Caywood C. , Schultz D. E. , Wang P. (1991) , "Integrated Marketing Communications: A Survey of National Goods Advertisers, unpublished report. Bloomington" , in: *Medill School of Journism* , Northwestern University , June 1991.

## （三）普及期（20世纪90年代中期至21世纪初）

1993年,邓肯(Duncan)和埃弗雷特(Everrett)关于"广告客户对IMC的看法"调查表明美国广告客户(企业)的高层营销人员已经普遍认同IMC概念;①1997年,凯奇(Kitchen)和舒尔茨(Schultz)关于"美国广告公司对IMC的看法"调查表明美国广告公司的高层领导普遍接受IMC概念。② 这两个调查还表明无论是企业还是广告公司都认为"IMC是多种营销传播工具的组合运用"。1997年,美国生产力与质量中心(APQC)开始对IMC进行系统考察,通过对"最佳实践"公司包括"伙伴公司(Partner Firms)"和"赞助公司(Sponsor Firms)"进行实地调查,希望以此建立IMC的最佳实践标准。其得出的结论是美国IMC实践有四个发展层次。③ 1999年,凯奇(kitchen)和舒尔茨(Schultz)在美、英、澳、新、印五国开展IMC比较研究,证实IMC不是一个短期的管理时尚,也不是以往理论或实践的重复工作。调查还显示:"……五国IMC方法获得广泛发展,但IMC仍处于其发展的早期阶段。按照产品生命周期推理,似乎澳大利亚和印度处于引入期,英国和新西兰处于发展期,美国似乎到了成熟阶段早期。"④2001年,威廉姆·斯温(Willian N. Swain)在美国展开了IMC实证研究,考察了美国六大群体对IMC的看法。⑤ 六大群体是:全国性广告代理公司主管、全国性公关公司主管、全国性广告主的企业营销主管、全国性企业公关主管、广告公关营销学界、网络开发商。调查结果:超过93%的受访者认为IMC是"所有传播方式的联合",有83%的受访者认为IMC是"顾客售卖相关的所有接触以及发展忠诚度和关系的营销传播",还有超过半数的受访者选择了"运用数据库发展顾客忠诚度"、"发展顾客关系到顾客选择品牌满足需求的范围"、"持续达到消费者心理和人口统计"、"在开发产

---

① See Duncan T. R, Everrett S. E. (1993),"Client Perceptions of Integrated Communication", *Journal of Advertising Research*,1993,32(3),pp. 30-39.

② See Kitchen P. J. ,Schultz D. E. (1997),"Integrated Marketing Communications in US Advertising Agencies:An Exploratory Study",*Journal of Advertising Research*,1997,37(5),pp. 7-18.

③ 参见[美]唐·舒尔茨、海蒂·舒尔茨:《整合营销传播:创造企业价值的五大关键步骤》,何西军等译,北京:中国财政经济出版社2005年版,第15—26页。

④ Kitchen,Schultz(1999),"A Muti-Country Comparison of the Drive for IMC",*Journal of Advertising Research*,1999,39(1),p. 35.

⑤ See Swain Willian N(2001),"We Like it,We're doing It. But Do we Know what It is (yet)?"*An Exploratory Study of Integrated Marketing Communications*,WJMCR 4:4,September 2001.

品和市场前从消费者需求开始"等选项。这个结果说明美国实务界普遍接受
IMC这一概念,但对于IMC的看法开始趋于多元化。这一时期的另一实践变
化是,IMC从美国向全球扩散。20世纪90年代中期扩散到欧洲、亚洲、南美
洲、非洲和澳洲,到21世纪初期IMC已经成为全球营销领域的核心概念之一
以及核心业务之一。

**（四）困顿期（21世纪初至今）**

21世纪初期至今,IMC在全球营销领域和广告领域已经确立了自己的地
位。但是,IMC实践也出现了停滞不前的局面。其主要表现是IMC实践总是
在低层次徘徊。对于IMC实践层次,汤姆·邓肯与唐·舒尔茨各自提出不同
的"层次论"。唐·舒尔茨（1997）认为,整合营销传播有从低到高的四个层
次:(1)策略传播的协调;(2)市场营销传播范围的重新定义;(3)信息技术的
应用;(4)财务整合以及战略整合。① 汤姆·邓肯也把IMC分为由低至高的
四个层次:(1)形象的整合;(2)持续一致的声音;(3)良好的倾听者;(4)世界
公民。② 比较两人的"层次观"可以发现,在低层次方面两人只是表述上不同,
实质内容是差不多的,在高层次上从表述到内容都相差很大。从实际调查的
情况来看,绝大多数企业都只是能够做到"策略传播的协调",即"形象的整
合"和"持续一致的声音"。很难达到战略的整合,即达到关系互动整合和社
会责任整合。根据唐·舒尔茨的调查（1997）:大多数客户要么处于第1层
次,要么处于第2层次,少数进入第3层次,很少客户进入第4层次③。2001
年威廉姆·斯温（Willian N. Swain）的调查显示,超过93%的调查对象认为整
合营销传播是"所有传播方式的联合",这与最早的IMC定义完全一致,反映
出整合营销传播还是局限于低层次阶段。IMC实践最发达的美国尚且如此,
其他国家更不用说。我们见到各国发表的大量所谓IMC实践案例,不外乎是
多种营销工具的组合运用和多种媒介的组合运用,传达所谓"同一种形象、同

---

① 参见［美］舒尔茨（Schultz Don E.）、［英］菲利普·J. 凯奇:《全球整合营销传播》,何西
军等译,北京:中国财政经济出版社2004年版,第63页。

② 参见［美］汤姆·邓肯:《整合营销传播——利用广告和促销建树品牌》,周洁如译,北
京:中国财政经济出版社2004年版。

③ See Kitchen P. J., Schultz D. E. (1997), "Integrated Marketing Communications in US Ad-
vertising Agencies:An Exploratory Study", *Journal of Advertising Research*, 1997, 37(5), pp. 7-18.

一种声音"。而这种传播方式在半个世纪前的万宝路广告运动中就是这样做的。IMC 实践真的需要有新的突破、新的升级了。

### 二、IMC 实践目前存在的问题

尽管在企业营销部门、广告公司、公关公司等实务界普遍使用"IMC"概念并进行 IMC 实践活动，但目前 IMC 实践了无新意、停滞不前也是普遍的事实。为什么 IMC 实践难以"更上一层楼"呢？

唐·舒尔茨在其第一本整合营销传播著作中，就对 IMC 实践障碍进行了分析。而在 2003 年出版的《整合营销传播：创造企业价值的五大关键步骤》一书中，再次讨论了整合营销传播的障碍，他说："当 10 多年前整合营销传播的概念形成之时，我们发现了阻碍其成功执行的四种阻力：(1)抗拒变革；(2)组织架构；(3)能力和控制；(4)营销规划系统。尽管此后有了一些进展，但这四种阻力还是不同程度地存在着。"[①]特伦斯·A.辛普在谈到整合营销传播的障碍时认为，不同的专业化服务机构的相互配合很困难，因为"几乎没有营销传播服务提供者具有如此广范围的技能"[②]。汤姆·邓肯在谈及为何那么多公司无法整合的原因时，认为："以下就是主要的原因：(1)个人及部门之间的自我意识与权力之争。(2)薪金奖励办法助长自我意识及权力之争。(3)没有对员工进行以客为尊的教育。例如，教导员工要以顾客利益为优先，而不以销售为目的。(4)缺乏追踪与储存顾客及其他主要关系利益人资料的资料库和应用技术。(5)公司内部欠缺沟通和团体交流，以致无法促进跨职能企划的进行，来加强资料库的使用。(6)负责管理营销与业务的核心主管普遍缺乏营销传播的专业知识。(7)部门不了解关系利益人的重要性与多变性。(8)营销目标和营销传播目标相互冲突。(9)过度依赖大众传播媒体，对一对一媒体的运用策略认识不清。(10)只为加强部门职能做修正或改变，而

---

① [美]唐·舒尔茨、海蒂·舒尔茨：《整合营销传播：创造企业价值的五大关键步骤》，何西军等译，北京：中国财政经济出版社 2005 年版，第 284 页。
② [美]特伦斯·A.辛普：《整合营销传播：广告、促销与拓展》(第 6 版)，廉晓红等译，北京：北京大学出版社 2005 年版，第 18 页。

没有考虑到公司建立与维护顾客关系的整体利益。"①Cornelissen 和 Lock 认为 IMC 实践中的一个关键难题是缺乏效果测量系统。② William Swain 认为实践中两大难题是:谁来控制 IMC 以及如何测量 IMC。③

尽管以上学者对于 IMC 实践中的障碍有自己的分析和判断,但我们认为:整合营销传播实践目前存在的问题主要有四个,只有解决它们才能让 IMC 实践再进一步,成为真正意义上的整合营销传播。

1.营销实务界对 IMC 认识模糊是阻碍 IMC 实践进一步发展的主要原因

营销实务界主要包括企业的营销部门、广告公司和公关公司的主管和职员,他们是 IMC 实践的主体。但是对于什么是 IMC、如何进行 IMC 运作等关键问题,营销实务界人士的认识相当模糊。汤姆·邓肯在《行业中的 IMC:说得多做得少》一文中,指出:"很难找到一家不相信 IMC 的代理公司或客户营销主管。……但是,大多数人承认在应用这些原理和实践中存在困难。原因是在应用 IMC 时一直存在几个障碍。也许最大的问题是许多营销经理没有真正理解 IMC 的过程(他们依然以为 IMC 是所有的营销传播讯息听起来和看起来相似)。"④根据 2001 年威廉姆·斯温(Willian N. Swain)的调查显示,超过93%的调查对象认为整合营销传播是"所有传播方式的联合"。这实际上是最早期的 IMC 看法,也是最低层次的 IMC 观。基于这种认识,IMC 当然成为一种简单的传播策略工具,只需将多种促销手段加上多种媒体运作即可。但是,这种营销传播方式并非真正意义上的整合营销传播,因为这种方式既不新颖、也不能产生价值。而据笔者前文分析,IMC 的本质是"对话—关系—战略",其包括三个命题:其一,IMC 是一种对话。其二,IMC 的目标是建立关系。其三,IMC 是一种战略观念。营销实务界只有理解 IMC 的真谛,才能创

① [美]汤姆·邓肯、桑德拉·莫里亚蒂:《品牌至尊:利用整合营销创造终极价值》,廖宜怡译,北京:华夏出版社 2000 年版,第 31 页。

② See Cornelissen Joep P., Lock Andrew R. (2000), "Theoretical Concept or Management Fashion? Examining the significance of IMC", *Journal of Advertising Research*, 2000, 40, p. 8.

③ See Swain William N. (2004), "Perceptions of IMC after a Decade of Development: Who's at the Wheel, and How Can We Measure Success?" *Journal of Advertising Research*, 2004 March, pp. 46-65.

④ Duncan Tom(2005), "IMC in Industry: More Talk Than Walk", *Journal of Advertising*, 2005, 34(4), p.5.

造出品牌价值,也才能真正实现 IMC 高层次实践活动。

2. IMC 主体组织结构问题是阻碍 IMC 实践进一步发展的另一大原因

IMC 主体组织结构一直是 IMC 实践的障碍之一。IMC 主体组织结构包含两个问题:其一是组织内结构问题。传统企业组织内部结构一般是按照功能分类的垂直结构来运作。董事长高高在上,下面是执行总经理(CEO),再往下是分管不同工作的总经理像财务、生产、研发、销售、物流、营销、人力资源等,各位总经理之下再划分经理、副经理、经理助理、组长等,最下面是普通职员。在这样的垂直结构中,优点是条块分割、任务明确,便于各负其责。缺点是:横向沟通难以开展,而且由于专注于部门利益可能破坏整体利益。IMC 强调整合,即不同部门为共同目标相互融合形成一个整体。显然,传统条块分割的组织内部结构不适合于整合,因此必须进行组织结构创新。其二是组织内部与外部代理组织的整合问题。过去企业在进行营销传播像广告、公关时,一般是与专业广告公司或公关公司签订合同,委托广告公司或公关公司代理自己的业务,制定相应的目标,确定相应的代理经额。此时的广告任务或公关任务务因为相对较单纯,而很容易操作。实际上,此时是实行业务外包,企业本身只是起总体把握和配合的作用,实际业务流程由广告公司或公关公司操作和控制。在 IMC 实践中,因为涉及的营销传播活动众多,需要众多外部代理机构参与,像广告公司、公关公司、直效营销公司、事件营销公司、会展策划公司、终端促销策划公司、网站设计公司,等等。如何把众多不同公司整合在一起就成为一个难题。为了省事,一些企业聘请一个专门的整合营销传播公司或者综合性营销传播集团来代理整个 IMC 业务。然而,仍然存在一个问题,IMC 业务到底应该由企业还是由整合营销传播公司来控制? 对此企业和营销传播公司有不同的答案。企业认为自己有控制权,整合营销传播公司只负责实施操作。而整合营销传播公司认为自己更专业,应当全权负责 IMC 活动。目前有些企业在探索使用跨职能团队组织结构形式,即在团队组织中吸纳企业内部高管和整合营销传播公司高管形成一个跨职能项目团队,共同控制项目的进程。但是,这个项目团队依然有两大难题需要解决,一是这种组织结构缺乏稳定性和长期性,二是这种组织结构难以制定适当的薪酬制度和激励措施。因此跨职能项目团队的结构方式依然难以发挥作用。

3. 顾客数据库建设问题是阻碍 IMC 实践进一步发展的第三大原因

顾客数据库是指由特定组织收集和存储的关于顾客的若干数据的集合，这些数据是结构化的、为特定应用目的服务的信息。随着计算机技术、通信技术和网络技术三大信息技术的发展，数据库技术日趋完善，数据库应用日趋普及。"数据库营销"、"关系营销"、"定制营销"、"直复营销"、"客户关系管理"、"整合营销传播"等新兴营销和管理方式的基础都是顾客数据库建设。唐·舒尔茨在他的第一本《整合营销传播》著作中认为"整合营销传播模式的起点就是消费者和潜在消费者资料库建设"。他认为，"资料库的内容至少应包括人口统计资料、心理统计（psychographics）、和以往购买的记录。此外，消费者态度的资讯如消费者的产品类别网路（category network）及消费者对他们所使用产品的联想等资讯，对一个扎实的整合营销传播计划是必需的。"[1]汤姆·邓肯也很重视顾客数据库建设在整合营销传播中的作用，他说："数据库和伴随数据库都是公司实施整合营销传播的工具，更能体现顾客第一的哲学，而不再是句空话，一个整合营销传播中使用的信息系统包括的数据能在各种不同的应用过程中相互结合和匹配。"[2]但是，顾客数据库建设实践中却问题多多。主要表现在：（1）只知道收集数据，却不知道筛选和分析数据，导致收集到的数据成为"死数据"。（2）只重视信息技术手段而忽视了营销知识，导致收集到的许多数据是"废数据"。（3）数据的收集和管理不能做到组织内所有部门共同参与，导致数据库的数据是不完整的、缺乏更新的。（4）顾客数据收集时却忽略顾客的感受，侵犯顾客个人隐私权，导致顾客提供数据真实性下降。正因为这些问题的存在，尽管许多企业进行顾客数据库建设，但成功的案例并不多见。有学者指出："根据北美的经验，大约有40%的数据库营销建设项目是失败的。"[3]正因为顾客数据库难以成功建成，因此难以知晓整合营销传播对象的需求兴趣、行为特点和群体特征，这样有目的的对话难以进行，友好的长期的关系难以建立，整合营销传播难以持续地有效地推进。

4. IMC 效果测量问题是阻碍 IMC 实践进一步发展的第四大原因

① ［美］舒尔兹、田纳本、劳特朋：《整合营销传播：谋霸21世纪市场竞争优势》，吴怡国译，呼和浩特：内蒙古人民出版社1998年版，第80页。
② ［美］汤姆·邓肯：《整合营销传播——利用广告和促销建树品牌》，周洁如译，北京：中国财政经济出版社2004年版，第261页。
③ 罗茂初等：《数据库营销》，北京：经济管理出版社2007年版，第14页。

所有营销传播手段都存在一个效果测量问题。纽约商人约翰·华那迈克的那句名言"我知道我花在广告的钱有一半是浪费掉了,但我从来不知道到底是哪一半",说出了所有广告主对广告效果测量的怀疑。不过,由于广告或公关或直效营销等营销传播手段相对单一,实务界已经开发出相关的认知层次、态度层次和行为层次的相关指标,借助于问卷调查法、访谈法、仪测法、观察法、投射法等调查手段,能够测量出单一营销传播的大致效果。但是,对于IMC 效果测量,目前仍是很大的难题。Cornelissen 和 Lock(2000)断言 IMC 是一个昙花一现的管理时尚的一个重要依据是"没有一个测量 IMC 效果的量表体系"①。唐·舒尔茨和菲力普·凯奇在反驳的文章中,对此也不得不认可:"Cornelissen 和 Lock 论断中一个关键要素之一是说 IMC 缺乏测量。总体上我们同意作者的这一点。我们现在不能测量 IMC,也许某个时候我们就能了,许多人包括我们自己一直在努力。"②Semenik(2002)也认为:"……测量复杂的互动的混杂的促销元素是一件非常非常麻烦的、也可能超出现有方法论工具范围的事情。"③为什么 IMC 效果如此难以测量呢? 原因有四个:(1)IMC 是多种媒介、多种传播工具甚至是所有品牌接触点产生的全部效果的总和,而各个媒介、传播工具、接触点的效果测量就是一个很困难的事情;(2)传播效果包括认知、态度、行为等层面上的指标,单一层面指标相对容易测量,但 IMC 追求的是整合的效果,同时包含三个层面的综合指标,尽管有学者希图通过函数计算出这个指标,但很难证实指标的科学性;(3)传播效果可以分为短期的和中期的和长期的效果,一般来说公关重长期效果、广告重中期效果、促销重短期效果,但 IMC 效果同时包含短期、中期和长期,因此难以区分哪些效果是IMC 实践产生的、哪些效果只是单一营销传播工具产生的;(4)由于 IMC 实践的控制权分散到企业管理层、营销部、财务部、销售部和外部代理机构,因此IMC 效果测量的主体难以确定,无人愿意负责花巨资担负起这个"吃力不讨

---

① Cornelissen Joep P. ,Lock Andrew R. (2000),"Theoretical Concept or Management Fashion? Examining the significance of IMC", *Journal of Advertising Research*,2000,40,p. 8.

② Schultz Don E. , Kitchen Philip J ( 2000 ), " A Response to ' Theoretical Concept or Management Fashion?' ," *Journal of Advertising Research*,2000,40(5),p. 19.

③ Semenik R. J. (2002). *Promotion and Integrated Marketing Communications. South-Western.* Cincinnati,OH:South-Western,Thomson Learning,2002,p. 545.

好"的工作,导致测量工作难以制度化展开。正因为 IMC 测量存在以上难题,因此几乎所有的学者都认为它是 IMC 实践的一大障碍,但几乎所有学者开出的"药方"都难以让人信服。

四大难题制约着 IMC 实践的进一步发展。显然,要在实践中解决这四大难题必须先提出切实可行的解决方案,再在实践中检验其可行性。

## 第三节  IMC 实践障碍的突破

斯特沃德(Stewart,1996)曾经说:"IMC 只是一个理想,因为难以实践操作。"①菲利普·科特勒也有类似的看法:"整合营销传播的确是一个好的观念,可惜实施的难度太大。"②本书认为,低层次的 IMC 并不难实施,高层次的 IMC 在实施方面障碍重重,其中对 IMC 认识模糊、IMC 主体组织结构、顾客数据库建设和 IMC 效果测量是实践中四大障碍,本节提出相应的四大对策以解决这些难题,实现 IMC 实践新的突破。

### 一、IMC——从策略到战略

关于 IMC 认识中最大的一个问题是:IMC 一直被看做是企业的一种策略而不是一种战略。策略与战略不同的地方在于:策略是局部性的、战略是全局性的;策略是操作性的,战略是观念性的;策略是工具性的,战略是指导性的。在 IMC 实践中许多问题实际上同把 IMC 看做是策略相关。在 IMC 实施控制方面,因为把 IMC 看做是策略,因此往往把组织实施者放在营销部或传播部,而不是更高的管理层;因为把 IMC 看做是策略,所以千方百计寻找一个标准化实施流程,孰料不同的企业、不同的品牌、不同的营销环境、不同的传播对象进行整合营销传播时并无统一的标准流程;因为把 IMC 看做是策略,因此 IMC 只是当做一种企业对外炫耀的"噱头"而不是扎扎实实的工作;因为把

---

① Stewart D. W. (1996),"Market-back Approach in the Design of Integrated Communication Programs:a Change in the Paradigm and a Focus on the Determinants of Success",*Journal of Bussiness Research*,1996,37,pp.147-153.

② 转引自张金海:《20 世纪广告传播理论研究》,武汉:武汉大学出版社 2002 年版,第 149 页。

IMC看做是策略,因此总寻求找到一个可以进行效果测量的数学公式;因为把IMC看做是策略,因此总以为"整合营销传播=广告+公关+直效营销+促销+……"要想在IMC实践上有所突破,必须牢牢把握这样的认识:IMC不是一种策略,而是一种战略。

**(一)案例记录:维珍集团的整合营销传播**

理查德·布莱森(Richard Branson)这个著名的传统颠覆者在20世纪70年代以他首创的维珍唱片(Virgin Records)在英国舞台上掀起了一阵风暴。[①]他签下了许多不知名的艺术家,开始了一场延续至今的"马拉松公开赛"。虽然理查德·布莱森已经将维珍唱片出售(1992年以接近10亿美元卖给了百代),但他却在世界范围内创办了超过200家公司,每年的收入总计超过50亿美元。

"维珍"这一品牌(英国最受尊敬品牌榜第三位),以及布莱森的个人风格,已经在这200家公司中刻下深深的烙印。"维珍"的名字出现在各种各样的产品和服务中,比如航空、铁路、金融、软饮料、音乐、移动电话、度假、汽车、酒、出版业,甚至婚纱业。尽管涉足多个产业,但都在金钱、质量、创新、娱乐和竞争理念上体现着它们的共同价值。维珍集团仍然在由于竞争者的自满而存在没有被充分服务的顾客的市场中寻找新的机会。布莱森习惯于将这些与顾客敌对的竞争者称做"大灰狼"。他说:"只要我们找到他们,我们就有很大的机会在这一领域中比竞争对手做得更好。我们将给予顾客竞争者所没有的信赖、创新和友谊。"

举例而言,布莱森开创了维珍大西洋航空公司以取代乏味的、价格过于昂贵的英国航空。作为一位常常有惊人表演的推广大师,布莱森在一个极好的场合宣布了开创这家航空公司的消息,从而达到了免费广告的效果:1984年2月29日,他身穿第一次世界大战的飞行服,宣布了维珍大西洋航空公司的开始。1984年6月22日,他乘坐媒体和祝贺人士的飞机开始了新航线的首次飞行。此次飞行配备了铜管乐队,戴着白色领结、穿着燕尾服的来自Maxim的服务员以及免费香槟。这场空中派对吸引了世界媒体的争相报道,相当于做了价值百万美元的免费广告。布莱森知道记者们所要做的工作,如果他能

---

① 参见[美]菲利普·科特勒、凯文·莱恩·凯勒:《营销管理》(第12版),梅清豪译,上海:世纪出版集团、上海人民出版社2006年版,第670—671页。

给他们一个可以接受的理由,他们是很乐意报道他的新闻的。

同样,当 1998 年布莱森在美国推出他的维珍可乐时,他更是将军用坦克开上了纽约的第五大道,并因此成为各大网络早间电视节目的采访对象。2002 年,布莱森为了宣传他的移动电话业务,把自己吊在起重机上跳进了时代广场。2004 年,当他要将一种被称做维珍脉搏的小玩意介绍给市场时,他再次在纽约的一个夜总会里成为中心人物,这回他穿着颜色鲜艳的紧身衣,手里拿着一个 CD 随身听,模仿起了宝石家族。

维珍集团就是在这一次次的商业冒险中成长起来的。"当维珍进入一个行业时,我们不是延续传统,而是进行一次全新的再造过程。"布莱森说:"我们本质上就是一个冒险型的投资机构:这是一种烙印。"维珍集团不仅仅给布莱森新兼并的企业以财务上的支持,更重要的是为其提供了强大的品牌资源和管理支持。布莱森通常持有以维珍为品牌的企业 51%的股权,但他始终坚持高度分权的扁平化的组织结构,以保证他的员工能作出决策。

虽然布莱森避免采取传统的市场研究的方法,代之以"想到了就去做"的态度,但他还是与长期的顾客保持着紧密的联系。最初建立大西洋航空公司的时候,布莱森每月会邀请 50 位顾客与他进行交流和反馈。他还经常在机场与顾客进行交流,并且每当航空延误时,他总会为顾客提供礼物,不是维珍卡就是以后航班的折扣券。

维珍的营销攻势包括出版物和电台广告、直邮以及销售点资料。比如说维珍手机,就是以明信片的广告方式为顾客购买新产品提供折扣。

为了识别维珍网络电台的听众群,维珍集团特意创建了一个 VIP 俱乐部。听众只要提供他们的邮政编码就可以加入俱乐部,这样维珍网络电台就可以像地方性电台那样针对特定的听众群体以及特定的地区进行推广活动了。曾经以"嬉皮士资本家"而广为人知的理查德·布莱森,虽然现已被英国皇家授予爵位,但他仍旧以其非凡的风格出现在各种场合并寻找着新的商业机会。布莱森常常援引他朋友的一句忠告:"如果你没有给别人以足够的重视,他们就不会再关注你的下一次表演了。"

(二)案例分析

上面这个案例我们可以作多个角度的解读,本书从"战略"这个角度进行解读。

（1）IMC 成为一种企业营销传播战略与企业领军人物的战略眼光密不可分的，也就是说只有企业领导人首先把 IMC 看做是一种营销传播战略，IMC 才能够真的成为一种战略，否则很难成为一种战略。本案例中，正是因为维珍集团的领军人物理查德·布莱森的个人眼光和身体力行，才能够把 IMC 当做一种战略并多年来一直贯彻执行。

（2）以顾客为中心，致力于与顾客建立良好关系，是 IMC 战略的指导思想。本案例中，维珍集团之所以不断壮大的一个根本原因在于：能够不断发现由于竞争对手的自满而忽略顾客需求的新市场，例如布莱森开创的维珍大西洋航空公司能够获得成功，根本原因是顾客需要一个充满活力的、价廉物美的航空公司而不是一个乏味的、价格昂贵的航空公司，维珍大西洋航空公司正好满足了顾客的这一需求。布莱森习惯于将那些与顾客敌对的竞争者称做"大灰狼"，他给予顾客的是信赖、创新和友谊。

（3）与顾客对话，这既是一种发现顾客需求的方式，也是一种有效的建立与顾客关系的传播方式。姿态背后实际上是"以客为尊"的战略思想的体现。本案例中讲到，布莱森每月会邀请 50 位顾客与他进行交流和反馈；他还经常在机场与顾客进行交流；每当航空延误时，为顾客提供礼物；创建 VIP 俱乐部，等等，都是在进行对话。

（4）多种传播手段的综合运用，传达的信息是整合的信息，这是执行 IMC 战略的手段。本案例中，运用了公关、事件营销、出版物和电台广告、直邮以及销售点资料、明信片广告方式、折扣券等多种传播方式，传递的信息也是丰富多彩的，有公司开业、新航线开通、新产品上市、品牌宣传、促销信息，等等。

（5）将 IMC 战略变成一种企业文化。维珍集团企业文化就是理查德·布莱森倡导的"以客为尊"、"创新"、"活力"。布莱森坚持持有以维珍为品牌的企业 51% 的股权，是保证能够贯彻自己的战略思想，能够有一个整合的企业文化；布莱森坚持高度分权的扁平化的组织结构，是保证其员工能作出决策，能够共享同一个价值观。

（三）**总结**

必须认识到，IMC 是企业的一种战略而不是策略。许多关于 IMC 的糊涂认识源于把 IMC 当做一种策略。扭转错误认识是 IMC 实践获得新的突破的一个关键。

IMC 作为一种战略,包含三层意思:(1)整合的对象首先是观念,即在企业内部从上至下形成共同的理念:"以顾客为中心"。只有当这种理念成为企业的一种自觉的企业文化时,真正的 IMC 才可能实现。(2)整合的驱动力来自于企业高层特别是最高领导人,离开最高领导人的支持,IMC 无法成为一种战略。(3)IMC 战略的实施方式是品牌接触点的对话,以满足顾客对营销信息的需求,达到建立良好互动关系,最终形成品牌价值。

多种方法可以纠正目前营销实务界对 IMC 普遍的错误认识。首先,营销理论界从理论上正本清源,通过科学研究修正错误的认识,建立关于 IMC 的科学的认识。其次,理论界与实务界加强互动和交流,通过研讨会、座谈会、科研活动、书籍、报刊来普及正确的认识。再次,在企业开展咨询活动、培训活动、CI 活动时有意识地推广正确认识。最后,在整合营销传播实务中有意识地按照正确认识来实施,并通过成功的案例不断扩大影响。

### 二、组织结构创新

组织是为达到战略目标而维系在一起的群体。组织结构是一种组织存在方式,体现着资源配置、权力链和分工合作机制。组织结构问题一直是实施 IMC 的一大障碍。传统上,最常见的组织结构是根据自上而下的共同职能而组合活动的垂直形式。在这种组织结构下,整个组织是通过阶层制度来协调的,决策权集中在最高层的管理者身上,并常常以惯例、专业化工作和标准化的控制程序为基本特征。但是这种组织结构由于层级繁多,实行分割管理,常常出现部门利益之争,并且相互间沟通匮乏。在一个企业内部无法达到整合的组织中,要实施一个真正意义上的 IMC 几无可能,因此必须实行组织结构创新。此外,这种组织结构,常常把外来的代理组织当做"外人",无法从组织结构上给予代理组织一席之地,因此双方难以形成有效的、关系融洽的信任和合作关系,而一个高水平的整合营销传播绝不是企业组织或者代理组织单方面能够完成的。所以,如何通过组织结构创新跨越 IMC 实践的组织障碍是众多 IMC 专家反复思考的问题。

### (一)五种组织结构模型

在当今的组织管理中,存在 5 种组织结构模型,即直线垂直职能式、事业部式、水平矩阵职能式、团队式、网络式。① 各模型均存在自己的优点和缺点，以下分别作介绍。

1. 直线垂直职能式组织结构

图 5.1 和表 5-1 是对直线垂直职能式组织结构模型的简要概述。这种模型的优缺点都十分明显，由于便于领导层的控制而成为企业组织最流行的组织结构方式。但是，对于企业实施 IMC 来说，这种模型显然难以达到企业内部的整合，因此不利于 IMC 实践。

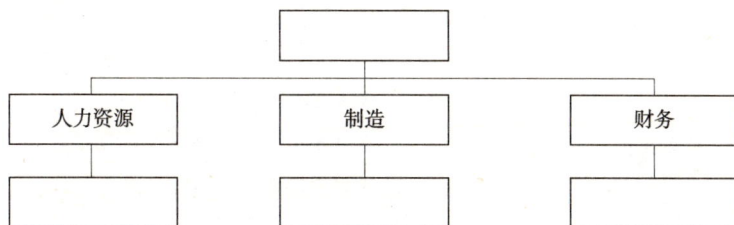

**图 5.1 直线垂直职能式结构图**

**表 5-1 职能垂直结构模式的优缺点**

| 优　点 | 缺　点 |
| --- | --- |
| 有效地利用资源和规模经济 | 不良的跨部门的沟通 |
| 深入的技能专业化及开发 | 对环境变化的反应迟钝，阻碍创新 |
| 职能部门内的职业发展 | 决策集中于高层，造成延迟 |
| 高层管理者的指导和控制 | 特定问题的负责人不清晰 |
| 职能部门内部的良好合作 | 员工对组织目标理解有限 |
| 解决复杂技术问题 | 对员工的一般管理培训有限 |

2. 事业部式组织结构

图 5.2 和表 5-2 是对事业部式组织结构的直观介绍。这种结构便于事业部内部的整合，但事业部之间的整合存在困难，对于一个企业组织来说，整体实施 IMC 存在困难，因此也不利于 IMC 实践。

---

① 参见［美］里查德·L. 达夫特:《管理学》(第 5 版)，韩经纶、书福祥等译，北京:机械工业出版社 2005 年版，第 300—312 页。

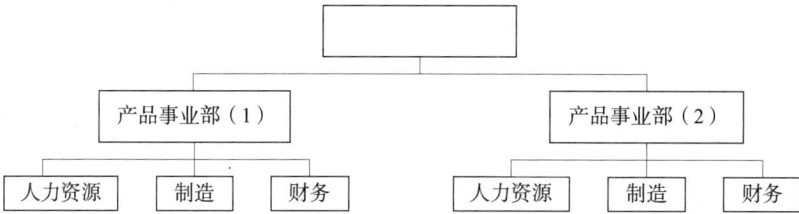

**图5.2 事业部式结构图**

**表5-2 事业部结构模式的优缺点**

| 优　点 | 缺　点 |
|---|---|
| 在不稳定的环境下具有足够的灵活性 | 事业部之间资源的重叠 |
| 鼓励关注顾客需求 | 事业部内部缺乏技术深度和专业化 |
| 容易识别产品问题的责任者 | 不良的跨事业部合作 |
| 重视整体的产品和事业部目标 | 缺乏高层控制 |
| 开发一般管理技能 | 事业部互相争夺企业资源 |

### 3. 水平矩阵职能式组织结构

图5.3和表5-3是对水平矩阵职能式组织结构的简要描述。此种结构克服了以上两种模型的部分缺点,在资源共享和灵活性上存在明显的优势,但是此种模型最大的缺点是事业部之间的矛盾依然难以消除,企业内部的整合依然存在困难,因此也不利于IMC实践。

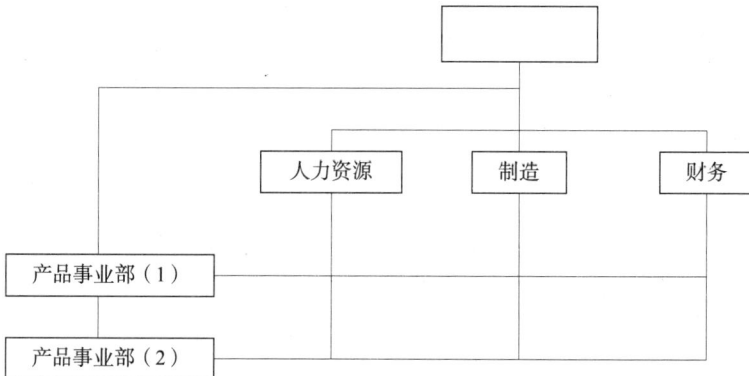

**图5.3 水平矩阵职能式结构图**

198

表5-3 水平矩阵式结构模式的优缺点

| 优 点 | 缺 点 |
|---|---|
| 比单一结构更有效地利用资源 | 双重命令链引起冲突和无所适从 |
| 对于变化的环境具有灵活性和适应性 | 矩阵两端的高度冲突 |
| 同时开发一般管理和专业管理技能 | 讨论和会议多于行动 |
| 跨部门的合作,所有部门可获专业知识 | 需要进行人际关系培训 |
| 扩大员工业务 | 矩阵的一方可能获得主导权力 |

### 4.团队式组织结构

图5.4 和表5-4 介绍了团队式组织结构。这种模型的最大优点是打破了职能部门之间的障碍,采用扁平化结构而不是垂直结构,这样便于企业领导层与员工的直接沟通,管理成本降低,员工的参与性增加。不过,这个模型的缺点是团队缺乏领导,有时难以形成快速决策。另外,权责有时不明晰,容易导致管理混乱。总的来说,对于欲实施 IMC 的企业,这种模型显然优于以上三种模型。

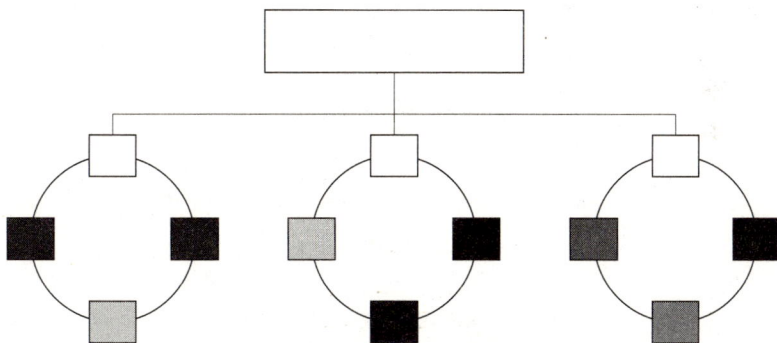

图5.4 团队式结构图

表5-4 团队式结构模式的优缺点

| 优 点 | 缺 点 |
|---|---|
| 具有一些职能结构的优点 | 双重领导和冲突 |
| 减少了部门间的障碍,增进默契 | 在会议上花费大量时间和资源 |
| 降低反应时间,更快地决策 | 无计划的分权 |

续表

| 优　点 | 缺　点 |
|---|---|
| 更高的士气,使员工更热心参与 | |
| 减少管理费用 | |

### 5. 网络式组织结构

图5.5 和表5-5 对网络式组织结构作了简要描述。网络式组织结构是一种最新的组织结构,其产生背景是全球化和数字化。在这种模型中,组织被看成是一个核心的网络集成器,周围是外部专家网络,诸如财务、设计、制造、分销等服务从不同的外部组织获得。优点是企业内部与外部的整合变得十分容易,节省了大笔培训、管理费用,但是这种结构的缺点是企业领导人难以控制全部操作,不确定性增加,另外企业文化和员工凝聚力难以产生。对于实施IMC 来说,其优点和缺点都很明显。

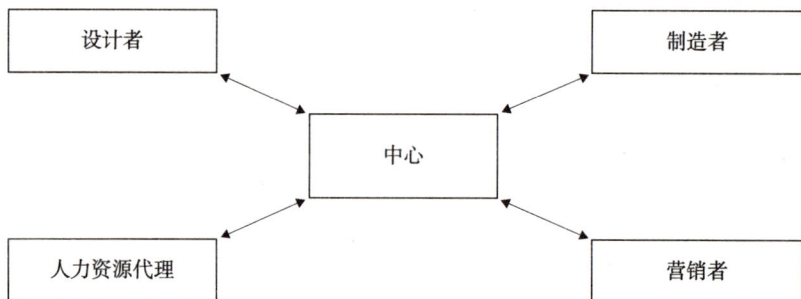

**图5.5　网络式结构图**

**表5-5　网络式结构模式的优缺点**

| 优　点 | 缺　点 |
|---|---|
| 全球竞争力 | 缺乏直接控制 |
| 劳动力的灵活性和挑战性 | 可能失去部分组织 |
| 减少管理费用 | 削弱员工的忠诚度 |

### (二)利于 IMC 实践的组织结构模型

以上五种组织结构模型各有利弊,因此目前几乎所有的企业组织在实施

IMC 时都存在不同程度的组织障碍。本书设计出一种组织结构模型,见图5.6。此模型综合了以上五个模型的优点,同时规避了以上五个模型的缺点,是一个便于实施 IMC 的组织结构模型。

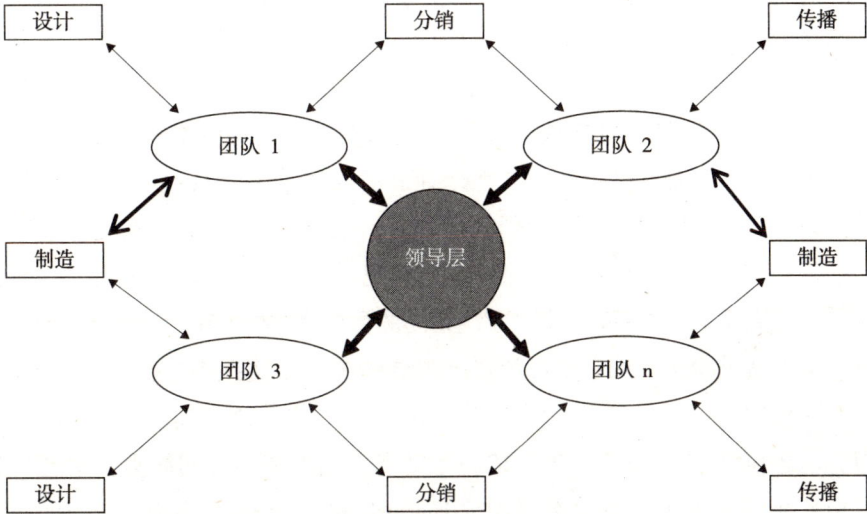

**图 5.6 便于实施 IMC 的组织结构模型图**

此模型大致分三层。第 1 层是核心层,即领导层。企业领导是一个企业的领路人,领导的战略眼光和个性往往决定一个企业的成败。对于一个实施IMC 的企业来说,离开了企业领导层的支持和决策,是不可能实现理想的整合营销传播的。这里的领导层是企业最高决策者,是一个以 CEO 为核心的决策团队。此领导层必须有"以客户为中心"的指导思想,有以营销为重的经营思路,有勇于创新的精神品质。如此,领导层才可能产生实施 IMC 的观念。第 2层是团队层,由若干团队组成。团队打破行政层层隶属关系,而是直接隶属于领导层,这样既克服了因为层次而带来的官僚主义干扰,也便于团队与领导层的直接沟通,增加了领导层对市场的敏感度,也提高了决策的效率。每个团队并非由固定人员组成,而是根据任务和项目的不同,抽调不同部门人员组成的机动部队。一个团队由领导层指令一位负责人,负责此项目整个过程,项目完毕则团队解散,负责人权力自动消失。领导层根据团队的工作绩效提供相应报酬和奖惩。团队的优点是任务明确,队员之间的交流顺畅,在团队工作中队员获得培训和技能提高。由于团队是临时性的,不存在团队与团队之间的利益冲突,便于整个企业内部的整合。第3层就是最外层,由企业外部的组织组成,一般包括设计、制造、分销、传播等代理性组织。也就是说,企业组织能够将自己的许多业务外包给这些外围的组织。这种方式有许多优点,尤其是在全球经济一体化时代,企业组织能够迅速高效地实现全球扩张。例如一家笔记本电脑企业,总部在美国,设计由印度一家公司负责,制造由日本一家公司完成,销售外包给中国一家公司。这些不同地域、不同职能的公司由企业内部的某一团队负责,这样既实现了直接的沟通,也能够避免网络式结构难以获得控制的缺点。整合营销传播团队在选择外围代理组织一般包括广告公司、公关公司、直效营销公司、会展策划公司、整合营销传播公司等。在选择时应该"货比三家",通过谈判和协议进行权责分配,这样实际上外围代理公司与企业组织的利益捆绑在一起,能够形成共同的目标,增进外部与内部的交流。

下面这个案例有助于我们理解组织结构在 IMC 实践中的作用。Acme 公司是一家矿产开采公司,公司员工包括地质学者、地球物理学家、工程师等脑力劳动者和熟练工、半熟练工等体力劳动者。脑力劳动者和体力劳动者长期互相歧视,不停发生冲突。公司聘请 Howard 开发一个项目来提升公司的凝聚力。Howard 设计了一个新的组织架构,希望通过此试验的成功在全公司推广。新的组织架构采用团队小组形式,小组被命名为 Donald Peterson 小组。Donald Peterson 是公司的一位老员工,在公司干了 39 年,他尝试了各种生产线和员工的位置,深知脑力劳动者和体力劳动者各自的苦衷。Donald Peterson 小组在公司的威其达分厂进行了试验。威其达分厂包括三大职能群体:作业群体主要承担开采作业和设备维护;井下群体主要由工程师和地质学家组成,他们决定在哪里打井和打井方式;井上群体由负责矿物粗炼和运输的工程师们组成。Howard 和 Peterson 工作的第一步是将不同群体的界限打散,让他们共享彼此的想法。他们设计了一个叫做"问题闲聊"的随意性月度会议。第一次会议仅有 Howard 和 Peterson 两人参加,但是后来人数逐渐增加,半年后会议成为深受大家欢迎的有效解决问题的工具。其次,Howard 和 Peterson 推行一个叫做"挑选问题和实施一个调整的方案"的项目。在闲聊会议上提出的问题,由临时性的团队负责实施一个方案予以解决。团队由三个职能群体选出的员工组成,问题解决团队自行解散。团队有不经过管理层批准就采取行动的权力。开始的时候三个群体成员沟通很困难。随着时间的推移,加上

Peterson 强有力的领导,团队成员开始聚合在一起关注问题的解决而不是喋喋不休的争吵。一年半后,不同的团队不光一起工作,而且开始彼此融洽。在一次闲聊会议上,有人提议每周劳力劳动者和体力劳动者举行一次垒球比赛。垒球比赛举办得很成功,双方一般赛后到酒吧喝几杯啤酒。威其达分厂的凝聚力得到提升,生产成本持续下降,内外沟通十分顺畅,IMC 项目实施得非常顺利。

### (三)广告公司在 IMC 实践中的地位

在上面的组织结构模型中,传播代理公司是企业重要的外围合作伙伴。广告公司作为营销传播重要参与者,成为外围传播代理公司的代表。其他的公关公司、直效营销公司、促销公司处于广告公司的附属,他们中许多公司要么隶属于广告公司,要么作为广告公司的战略合作伙伴。因此,本书专门讨论广告公司如何进入 IMC 实践的组织中并发挥何种作用。

一些学者专门讨论了 IMC 实践中谁是控制者的问题。凯奇和舒尔茨(1999)对广告公司主管的一项调查发现,多数广告公司认为客户是 IMC 的领导者。他们说:"广告公司,无论技术或能力多强,不能整合一个客户的营销传播项目,除非客户领路。"[1]高尔登等人(1999)的全球整合营销传播调查项目也得出类似的结论:"……客户—营销者在营销全球化过程中被认为是领导者,而客户是否授权专家控制 IMC 不是很清楚。"[2]洛(2000)对企业高层营销经理的调查发现:"客户应该负责战略方向和计划,这是整合传播项目的基础。"[3]William N. Swain 在《发展十年后的 IMC 观点:谁在掌控,如何才能成功测量?》一文中,调查了六大专业群体(广告公司主管、公关公司主管、企业营销主管、企业公关主管、广告和营销学者、公关学者),其中一个问题是:"在 IMC 实施中谁有领导权",回答结果如下:"顶级管理者 30.6%,营销管理者 35.5%,营销公司 0.5%,广告公司 3.3%,公关公司 4.4%,促销公司 0.0%,

---

①　Kitchen,Schultz(1999),"A Muti-Country Comparison of the Drive for IMC",*Journal of Advertising Research*,1999,39(1),p.15.

②　Gould S. J.,Lerman D. B.,Grein A. E.(1999),"Agency Perception and Practices on Global IMC",*Journal of Advertising Research*,1999,39(1),p.16.

③　Low G. S(2000),"Correlates of Integrated Marketing Communications",*Journal of Advertising Research*,2000,40(1),p.36.

以上全部或部分代表委员会21.3%,其他4.4%。"①由此可见,客户在 IMC 实施中有绝对领导权。

广告公司在 IMC 实施中没有领导权并不意味着广告公司在 IMC 实施中不发挥作用。实际上,IMC 的诞生就是广告公司自我拓展的结果。如今全球性的跨国广告公司都是以 IMC 为目标的营销传播公司,说明 IMC 在广告公司经营战略中的地位之重。

企业组织虽然拥有 IMC 实践的领导权,但它自身并不能独自完成 IMC 实践。企业组织需要得到广告公司的帮助来实施 IMC,几乎所有成功的 IMC 都是企业与广告公司密切合作的结果。过去企业只是把广告公司当做广告业务代理者,现在越来越多企业把广告公司看做是关系密切的战略合作伙伴。从代理费用制度改革可以体现这种变化。过去比较流行15%的"佣金制",即拿出全部广告活动总金额的15%作为广告公司的代理费,这实际上纯粹是把广告公司当做"外人"来看。现在许多企业采用"手续费制",例如广告公司完成某个项目期间通过谈判制订广告公司人员每月的手续费,这似乎表明在此期间广告公司人员成为了企业的员工一样。类似的还有"定金制",只不过把每月换成每年,双方关系更加稳定。还有一种是"绩效报酬制",通过谈判制订不同的报酬,报酬与营销传播效果挂钩,这样企业通过报酬与广告公司捆绑在一起。

利于 IMC 的企业组织结构模型中为广告公司留有一席之地。前文已经讨论了网络式组织结构,其最大的优点是能够很好地将外部组织与企业整合在一起。在知识经济时代,企业组织结构变成模块化的网状结构。模块化最初起源于产品的设计,后来扩展到产品的生产,最后发展到一个产业链的组织方式。我国学者芮明杰指出:"模块是指可组成系统的、具有某种确定独立功能的半自律性的子系统,可以通过标准的界面和其他子系统按照一定的规则相互联系而构成的更加复杂的系统。"②模块化仍然强调分工,但这种分工更强调模块的知识含量。由此,从前的产品链现在由知识链取代,从前的线性联

---

① Swain William N. (2004),"Perceptions of IMC after a Decade of Development:Who's at the Wheel,and How Can We Measure Success?"*Journal of Advertising Research*,March 2004,p.53.

② 芮明杰、刘明宇、任江波:《论产业链整合》,上海:复旦大学出版社2006年版,第6页。

接现在由网络连接取代。组织系统中的每一个模块都是一个集成,相对独立,但又不断与模块之外的模块和环境进行着物质、能量和信息的交流。在今天"模块化"时代,制造业、广告业、传媒业各自形成众多的模块,这些模块打破以往的产业界限,并且相互连接成网状结构。这就是说,模块之间的联系并不是简单的线性关系,而是纵向和横向的关联交织在一起。模块化组织结构是密集型知识经济的产物,依靠良好的资源重组和配置,极大地提高生产效率和竞争能力。模块化使产业边界日益模糊,使跨产业之间形成产业融合。"兼并收购"、"集团化"、"强强联姻"、"战略结盟"、"联合营销"、"定牌生产"、"特许经营"、"共同研究与开发"、"业务外包"、"产业集群"、"产业整合"、"产业融合"等术语的出现和流行,证明目前产业之间、企业之间对"融合"的需求。

　　广告公司要想进入企业组织结构之中,成为企业组织不可或缺的战略合作伙伴,必须自身也进行产业升级。传统上,广告公司依赖广告活动或广告作品的创意获取利润。但在产业融合背景下,这种"小创意"已经不再是企业最需要的能力。企业最需要的是知晓顾客的需求并针对需求进行信息沟通活动。因此,广告公司应该把工作重心转移到"知识库建设"上。目前广告公司在产品、市场、消费者、媒介、传播等方面的知识远远不足,这极大阻碍了广告公司向企业组织的延伸。在模块化网络结构中,是知识元素把不同的元素集成系统。因此,广告公司应大力建设"知识库",这是一个长期的积累过程,需要组织结构、技术能力和战略思想的高度统一。"知识库"应该包含两大部分:上游知识库和下游知识库。上游知识库包括行业数据库、市场数据库、政策数据库、产品数据库、顾客群体数据库、渠道数据库、消费行为数据库、流行文化数据库等;下游知识库包括媒介数据库、受众数据库、媒介接触数据库、传播效果数据库、节目数据库等。一旦广告公司关于市场、消费者、媒介等方面完善的知识库,企业将会让广告公司进入自己的团队,双方形成有机的整体。

　　广告公司业务向整合营销传播的转向,说明广告公司不满足将自己的业务局限在狭小的创意空间。通过自身"知识库"的建设,广告公司拥有了企业所缺少的市场、顾客和媒介的知识,由此能够被企业吸纳为团队的组成部分。广告公司与企业结成战略合作伙伴,共同成为IMC的实践主体。

### 三、完善顾客数据库建设

成功的 IMC 实践离不开完善的顾客数据库。IMC 本质是一种"对话—关系—战略"。企业营销者想与顾客进行对话,除了端正态度外,技巧也很重要。不知道自己的顾客是谁、在哪里、有何特点、有何喜好,则无法展开对话。而缺乏共同的话题则难以进行融洽的对话。因此需要通过顾客数据库来了解自己的顾客并开展对话。企业营销者想同顾客建立长期的良好的关系,必须想顾客之所想,行顾客之所欲,满足顾客的信息需求,而这也必须以顾客数据库为依据。企业战略的制定,当然是在宏观微观的市场环境下对产品、顾客、竞争对手等因素的分析基础上,提出最正确的战略目标,而这也当然需要借助顾客数据库的帮助。所以,顾客数据库是 IMC 实践的一个重要基础。尽管目前顾客数据库建设还有很大的缺陷,但不应因噎废食,而应全力以赴完善顾客数据库建设。

### (一)顾客数据库的建设流程

顾客数据库从无到有、从粗糙到精致,是一个不断完善的过程。顾客数据库建设大致需要以下五个步骤。

1. 数据库团队的组建

根据上面企业组织结构模型图可知,团队是组织的基本单位。数据库团队是进行 IMC 实践的企业必须组建的团队。以往之所以有大量数据库建设失败了,其中一个重要的原因是数据库建设缺乏强有力的组织领导。有的企业把数据库建设交给营销部门,有的企业把数据库建设交给信息技术部门,还有的交给销售部门、客户服务部门等。这种隶属于职能部门的组织方式的缺点是无法保证数据共享,且数据的数量和质量大受影响。运用团队的组织方式,可以打破部门之间的壁垒从而高效低成本地建立顾客数据库。一个成功的数据库团队应该包括以下人员:数据库团队经理,他是数据库建设的负责人,带领团队完成数据库项目;其他成员包括营销部人员、生产部人员、流通部人员、销售部人员、服务部人员、应用程序开发人员、数据挖掘人员、数据采集人员、数据分析人员等。数据库团队直接隶属于企业最高领导层,从而在人力资源和资金上得到保障。

2. 数据库模块开发

一个数据库能够储存一切可以数据化的信息。文字、图形、声音、影像等都可以转化为 1 或 0,然后储存在计算机中。所有的数据都是分门别类储存的,便于数据的储存、提取和分析。数据库模块开发是对数据库的总体设计,是信息化建设的基础步骤。一般来说,数据模块包含三个层次。最高层次称为谱系,中间层称为数据项集合,最下层是数表。三层结构呈星云状,其优点是当数据变动和更新时,主数表保持相对稳定。图 5.7 是一个顾客数据库谱系图,可见顾客数据库由众多子系统组成。

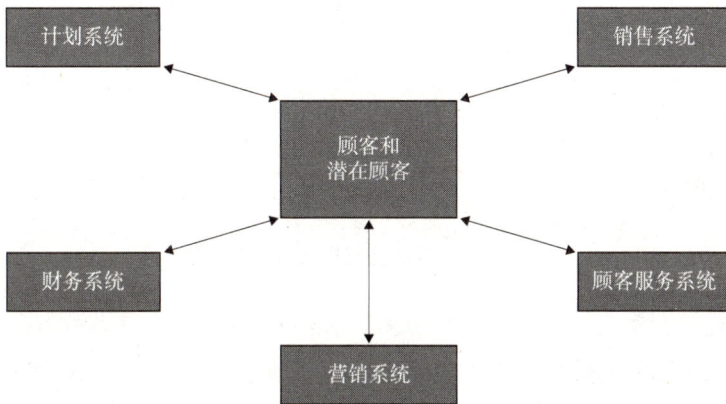

**图 5.7　顾客数据库谱系**

图 5.8 是顾客数据库的数据项集合,反映出顾客数据的项目。数据从低级到高级可分五个板块,最简单的项目只有顾客姓名和地址,最复杂的项目含顾客的个人喜好信息。

数表是数据库的最基本单位,一般包含主数表和辅助数表。数表之间有逻辑关联。一个数表中含一个首要键,通常把顾客编号和数据库时间作为首要键。

3. 数据采集和数据挖掘

数据是数据库的最基本要素。目前数据收集主要有两大方式:数据采集和数据挖掘。

数据采集是指数据库工作人员通过设计好的方式来收集顾客的资料。数据采集的主要方式有:(1)扫描数据;(2)信用卡数据;(3)登记注册数据;(4)服务卡数据;(5)名片收集;(6)促销活动获取数据;(7)问卷调查数据;(8)网站、电子邮件、电话询问获取数据。

数据数量

高

| | | | | 顾客个人<br>喜好信息 |
| | | | 互动数据<br>维修<br>退货<br>投诉<br>询问 | |
| | | 增强数据<br>人口和生<br>活方式特<br>征 | | |
| | 交易数据<br>历史数据<br>对促销活<br>动的反应<br>和购买 | | | |
| 身份数据<br>姓名<br>地址 | | | | |

低

低个性化　　　　　　　　　　　　　　　　　　高个性化

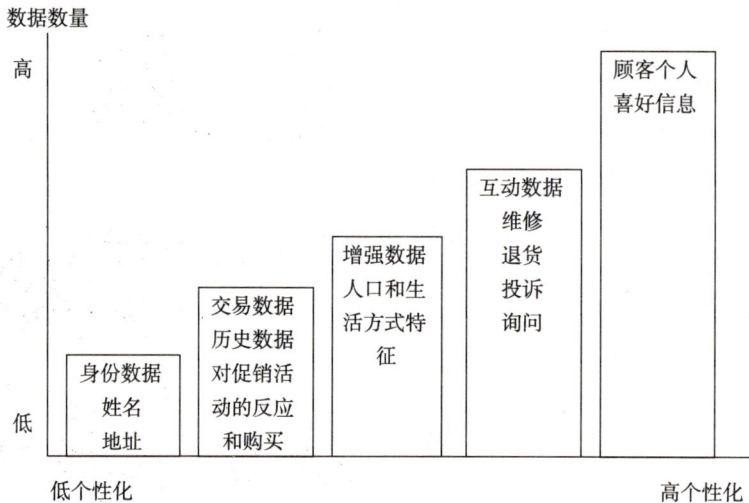

**图5.8　顾客数据库数据项集合**

数据挖掘是通过信息技术对海量的信息进行发掘,用以揭示出隐藏的、不明显的和预期外的数据挖掘的常见软件有甲骨文公司的 Darwin、IBM 公司的 Intelligent Miner、赛仕软件研究所的 Enterprise Miner 等。美国加州沃尔玛超市通过数据库发掘技术发现一个奇怪的现象:光顾购买婴儿尿布的多为男性,并且往往同时购买啤酒。超市经理于是调整货架摆放,将啤酒摆放在尿片附近,结果两者销量成倍增长。

采集到的和挖掘到的数据在经过标化、过滤、清理、补值后才可以入库。

4. 数据库的运行与管理

维护数据库的系统稳定是数据库管理人员的首要职责。数据库管理人员包括硬件和软件人员。硬件人员主要做计算机本身的维护、排障和升级。软件人员主要负责数表安排、数据装库、清理、拷贝,并监测数据库的使用情况。

数据库的安全系统和安全措施是管理数据库必须考虑的问题。在设计安全系统时应考虑数据分级,即根据数据敏感度来划分数据等级,越是敏感的数据,保密级别越高,能够接触到这些数据的人越少。另外需要对用户分级,即根据用户的职能状况划分不同的等级,级别越高的用户拥有的使用数据库的权限越高。另外,对数据库安全的监察、防火墙的设置、加密方法的运用等都可以提高数据库的安全。

顾客数据库应该进行维护并不断更新，因为顾客需求、购买方式、喜好等都在不断变化。数据的增添、合并、清除和整理，是数据库建设的一个长期的工作。仅仅只有顾客姓名和地址的数据库是一个低级的数据库，无法支持复杂的营销传播活动。

5. 数据库的使用和升级

数据库建造的目的是为了使用。不少企业在数据库建设中重建造而轻使用，这是对数据库建设的重大误区。数据库本身只是工具，必须在使用过程中检验其成效。顾客数据库至少可以做以下使用：（1）直效营销；（2）管理客户服务；（3）与顾客进行有效沟通；（4）顾客关系管理；（5）制定企业战略、企业营销战略与企业营销传播战略。顾客数据库的使用过程也是数据库不断完善的过程，因为在使用过程中常常能发现数据库结构设计、数据收集、数据质量、数据安全等方面的问题，因此当这些问题被解决后，就意味着数据库有了一次新的升级。

**（二）顾客数据库建设过程中的隐私保护问题**

企业创建顾客数据库的目的本来是为了可以更好地为顾客提供利益，但是在顾客数据库建设过程中却有可能损害到顾客利益，其中遇到的最大难题是如何在企业收集使用数据与顾客隐私保护之间寻求一种平衡。顾客个人信息的公开是有语境的，例如病人将病症告知医生、商人将经济收入告知理财专家都是被视为理所当然的，但是反过来医生要求病人告知经济收入、理财专家要求商人告知病症，则被看做是侵犯了个人的隐私权。企业组织要求顾客告知其个人资料，在有些时候是能够为顾客所理解的，例如在送货单上填写姓名和地址，在维修单上填写地址和电话号码，在通过电子邮件咨询有关产品问题时留下 E-mail 等，顾客往往能够自觉配合。但是，在有些时候顾客对个人信息的泄露感到担心、疑惑甚至愤怒。当一个客户购买了一栋房产，马上接收到无数装修公司的电话；当一个客户购买了一辆轿车，马上有无数家保险公司上门联系业务；当一位客户打开自己的电子邮箱，却发现垃圾邮件成群结队……他不得不疑惑：他们是怎么知道我的联系方式的？当顾客遇到几次滥用个人信息的事情后，他会对一切信息收集变得格外谨慎，有时遇到企业组织采集个人资料时，他就填上一个错误的信息，这直接导致顾客数据库的数据真实性大打折扣。于是，企业和顾客之间的信任关系被破坏。一项由哈里斯交互研究中心所做的关于隐私的民意调查显示,顾客最敏感的三个问题分别是:他们经常光顾的公司未经其允许把他们的信息提供给其他公司(75%);他们的交易可能不安全(70%);黑客可能盗取了他们的个人相关数据(69%)。①

现在,越来越多的顾客重视个人隐私权的保护。欧洲国家一般不愿意实施数据库营销,欧盟通过一个法律来阻止数据库营销在15国的增长趋势。美国1998年由联邦贸易委员会颁布一项保护儿童网上隐私保护法案。美国一些州也制定法律限制直接营销的发展。世界上许多国家的消费者监督组织把个人数据收集看做为一种侵犯隐私权的行为而予以抨击。美国联邦委员会提倡执行"隐私政策"。根据联邦贸易委员会的解释,这项政策包含五个核心原则:(1)告知:一个实体的信息实践政策应该明示给消费者;(2)选择:应该尊重性地给予消费者使用和散发信息的选择权,这些信息都是从他们那里收集的或是关于他们的;(3)使用:应该给予消费者的信息使用权,这些信息是由某一实体收集和储存的;(4)安全:数据收集者应该采取适当的措施确保所收集的信息的安全性和完整性;(5)调整:应该通过自我约束、政府法规或其他方式,确保隐私政策能够有效地实施。

因此,企业组织如何在收集和使用顾客信息而不侵犯顾客的隐私,成为企业建设顾客数据库时必须高度重视的问题。如果企业组织为了更好地进行整合营销传播实践而创建顾客数据库,却在收集和使用顾客个人数据时发生侵犯顾客权益的事情,这就直接与整合营销传播"以顾客为中心"的指导思想相违背,显然与初衷相矛盾。因此,企业组织在建设顾客数据库过程中,必须遵守相应的伦理道德,不能突破个人隐私的底线。企业组织在收集与使用数据的伦理准则如下:(1)让顾客知晓他们的个人数据正在被采集;(2)顾客有选择允许或不允许其个人数据被采集;(3)采集的数据不得超出关于产品和服务的相关信息;(4)采集的数据不但有益于公司而且有益于顾客自己;(5)采集到的数据将不得转卖或转让给第三方。

### (三)一个利用顾客数据库来进行 IMC 实践的案例

位于佛罗里达州巴拿马市快速洗车行的所有者吉米·布兰奇,使用他的

---

① 参见[美]汤姆·邓肯:《广告与整合营销传播原理》(原书第2版),廖以臣、张广玲译,北京:机械工业出版社2006年版,第135页。

顾客牌照去跟踪其顾客光顾的频率。根据这样的信息,他能够确定他 2/3 的顾客每年只来一两次。更重要的是,他发现那些顾客——一年在洗车行要洗 3 次或 3 次以上的顾客,占据了他收益的 2/3。

他使用这项信息去改进对于洗车行业的市场细分。他采用折扣的方法来鼓励低频率顾客更常来光顾他的洗车行。例如,洗车的人会收到一份价值 3 美元的优惠券,前提是在两星期内再次光顾。对于经常性的顾客,在他们光顾的时候,则会收到特殊的身份识别的待遇,且车行的工作人员会努力劝说他们去购买额外的服务,比如一项上蜡服务或是底盘清洗服务。如果他们的回应是关于汽车服务方面的要求,那么可以帮助布兰奇保持他的电脑信息更新,这些顾客可以享受额外服务费用的一些折扣。

根据车牌号跟踪顾客也帮助洗车行的销售人员个性化地与顾客打交道。当一位顾客把车停下来,前台的一位销售人员便会输入顾客的车牌号到电脑里。老顾客的名字就会在电脑屏幕上显现出来,所以工作人员可以根据每个人的不同情况进行问候致意。这种识别和反应服务会创造卓有成效的品牌关系。①

上述案例之所以获得成功,给我们以下启示:(1)采集的数据必须是与产品和服务密切相关的且对顾客有益。吉米·布兰奇采集的是车牌号,其目的是给自己带来更好的收益,同时能够提供顾客折扣和特殊服务,因此这种采集信息方式不牵涉侵犯顾客个人隐私;(2)数据采集必须更新。吉米·布兰奇采集的车牌号不断更新,不断增添顾客姓名、汽车服务要求等相关信息,因此收集到的数据如同新鲜血液一样长盛不衰;(3)顾客数据库的目的是为了使用。吉米·布兰奇采集车牌号,目的是识别和保持经常性顾客,发展潜在顾客,数据库的使用卓有成效;(4)顾客数据库能够帮助与顾客交流以及发展与顾客良好关系,能够带来品牌资产,换言之,顾客数据库能够帮助企业进行整合营销传播。

### 四、IMC 效果测量的重新思考

营销传播的效果测量一直是客户最为关心的问题,广告、公关、直效营销、

---

① 参见[美]汤姆·邓肯:《广告与整合营销传播原理》(原书第 2 版),廖以臣、张广玲译,北京:机械工业出版社 2006 年版,第 127 页。

促销等传播活动的效果测量已经开发出一系列指标,例如销售额、销售量、市场占有率、知名度、理解度、好感度、忠诚度、媒体曝光度、回应率等。一些学者也提出相应的效果测量模型,例如露易斯提出的 AIDA 模型、莱维奇和斯坦纳提出的 L&S 模型、科利提出的 DAGMAR 模型等。问卷调查、焦点小组访谈、控制试验、仪器测量、内容分析等方法也用以进行获取效果数据。但是这些理论、指标和测量方式似乎在 IMC 效果测量上缺乏说服力,IMC 效果测量被众多营销传播专家视为 IMC 实践中的最大障碍。Cornelissen 和 Lock 认为只是一个流行时尚,其重要的证据就是"IMC 缺乏测量"。唐·舒尔茨、菲利普·凯奇、汤姆·邓肯等人都一直致力于寻找到一种有效测量 IMC 效果的方法,但至今仍不成功。因此,必须对这一问题重新思考。

**(一)已有的 IMC 效果测量方法存在诸多缺陷**

关于 IMC 效果测量,一些学者提出了自己的设想,但都存在着明显的漏洞。

1. 唐·舒尔茨提出的 IMC 行为—态度测量模式

舒尔茨在其第一本《整合营销传播》专著中,提出一个 IMC 效果测量模式。[①] 从图可见,舒尔茨认为,整合营销传播效果可分两大类:行为方面的和态度方面的效果,且此两者相互影响、循环沟通。大体而言,交易、兴趣交易和品牌联结属于行为方面因素,态度和网络属于态度方面因素。每种因素都可加寻找到相应指标进行测量,综合起来就是整合营销传播的效果。

唐·舒尔茨提出的 IMC 行为—态度测量模式,是最早 IMC 效果测量的思考,模型参考了广告效果测量的方式。广告效果测量已经出现了认知层面、态度层面和行为层面的众多指标。这个 IMC 效果测量模式同传统意义上的广告效果测量模式大同小异。但我们知道,至少有三个理由说明简单套用广告效果测量模式是缺乏说服力的。其一,IMC 是一种战略方式,而广告只是一种策略工具,二者有明显的差异;其二,IMC 作为一种实践活动,是追求所有接触点的总体传播效果,广告只是其中的一个接触点,其他接触点效果测量并非都与广告效果测量方法上是一致,用广告效果测量指标代替 IMC 效果测量指

---

① 参见[美]舒尔兹、田纳本、劳特朋:《整合营销传播:谋霸 21 世纪市场竞争优势》,吴怡国译,呼和浩特:内蒙古人民出版社 1998 年版,第 166 页。

标,有以偏概全之嫌;其三,从时效上讲,广告时效较短,整合营销传播时效较长,两者用类似的测量指标显然难以让人信服。因此,唐·舒尔茨提出的这个 IMC 效果测量模式存在很大的问题,他自己后来用 ROCI 模式代替这个模式,如图 5.9。

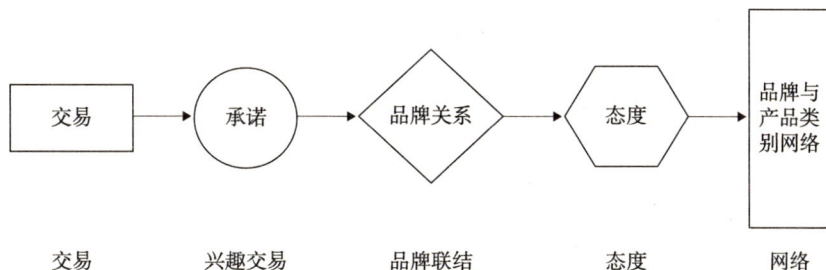

**图 5.9　IMC 观点的传播测量**

**2. 唐·舒尔茨提出的 ROCI 模式**

从 2000 年开始,唐·舒尔茨逐步明确提出用 ROCI 作为测量 IMC 效果的方式。在他的《全球整合营销传播》(2000)和《整合营销传播——创造企业价值的五大关键步骤》(2004)两本书中,都花了很大篇幅介绍这种方法。

所谓"ROCI",即 Return on Customer Investment,指的是"顾客投资回报率"。他的方法主要是通过公式计算来获得数据,以此评估整合营销传播的效果。评估方法见表 5-6。

**表 5-6　ROCI 评估方法表**

| | 现有顾客 | 竞争性顾客 | 新兴顾客 |
|---|---|---|---|
| 1. 整个产品类别中的现有收入流 | $ | $ | $ |
| 2. 需求份额 | % | % | % |
| 3. 品牌的顾客收入流 | $ | $ | $ |
| 4. 毛利润(%) | % | % | % |
| 　毛利润($) | $ | $ | $ |
| 5. 没有品牌传播项目时的收入流 | $ | $ | $ |
| 　没有品牌传播项目时的毛利润 | $ | $ | $ |
| 6. 有品牌传播项目时的收入流 | $ | $ | $ |
| 7. 有品牌传播项目时的毛利润总额 | $ | $ | $ |
| 8. 品牌传播投资 | $ | $ | $ |

|  | 现有顾客 | 竞争性顾客 | 新兴顾客 |
|---|---|---|---|
| 净利润 | $ | $ | $ |
| 9.有和没有品牌传播时的毛利润差额 | $ | $ | $ |
| 10.新增收益或损失 | $ | $ | $ |
| 投资回报率 | % | % | % |

他认为,传统企业在传播预算上的一个错误观念是把营销传播仅仅看成是一种付出(output),而不是一种回报(outcome),但实际上应该"把顾客视为资产,把传播视为投资"。因此,顾客投资回报率就是指投资到顾客身上的钱可以预计有多大的回报比率。他把顾客分为三个群体:现有顾客、竞争性顾客、新兴顾客。整个过程分为四步骤:第一步,评估三个群体的现有价值;第二步,计算没有品牌传播时的收入流和毛利润;第三步,计算有品牌传播时的收入流和毛利润;第四步,比较计算出投资与回报的比率。与以往传播效果测量的一个重大变化是,唐·舒尔茨的ROCI还考虑到了长期效果和短期效果的不同计算方式。他把短期效果看做是一个财务年度可以看出来的效果,称为业务建设;把长期效果看做是几个财务年度显示出来的效果,称为品牌建设。他认为短期效果在财务年报上可以计算出来,而长期效果必须测量品牌资本。计算公式为:客户投资回报率=新增回报/品牌传播总投资;新增回报=有品牌传播时的回报-没有品牌传播时的回报。

ROCI的测量方法有三个优点:其一,从顾客而不是企业的角度来讨论整合营销传播的效果;其二,看出整合营销传播有长期效果与短期效果之分;其三,将长期效果与品牌资产挂钩。但是,ROCI的测量方法也存在许多缺陷。第一,将实际状况分成没有品牌传播和有品牌传播两种状况,过于理想化,现实生活中几乎不存在没有品牌传播的状况;第二,三大顾客群体的现有价值必须依赖于完善的数据库建设,但是现实中鲜有如此完善的顾客数据库;第三,品牌传播时的投入容易计算而回报难以量化计算,因为除了可以转化为量化数据的行为指标外,情感、记忆、非理性因素等难以数据量化;第四,长期效果具有累积性特点,难以区分是哪一次或哪几次的传播结果,而且长期概念本身界定不明,三五年或者三十五十年都可以称为长期,时间长度不一则传播效果量化数据有很大差异。因此,虽然 ROCI 的测量方法较前一种方法有进步,但仍然难以成为检验 IMC 效果的可行方法。

3. 汤姆·邓肯的整合营销传播检查法

汤姆·邓肯提出的整合营销传播检查法包含两种测量方法,其一是关系矩阵法,其二是整合营销检查法。关系矩阵法主要用以检查整合营销传播的外在结果,如品牌知名度、顾客满意度、销售成果、关系状况。可以分为五大矩阵:(1)顾客收益性。即检查现有顾客和潜在顾客对企业的收益大小;(2)终身顾客价值五分法分析。将顾客分成五个均等的群体,检查每个群体的收益与平均贡献"生命";(3)购买次数指数。检查最近 30 天平均购买次数,可以得知新顾客的忠诚度;(4)推荐指数。追踪由顾客或关系利益人向他人推荐品牌所得来的生意的百分比,是关系建立的一个证明;(5)顾客占有率。在同一种产品品类上统计本品牌占有率的多寡。五大矩阵指标如果是增长性的,表明品牌传播生效,如果呈现负增长现象,表明品牌传播出现问题。整合营销检查法是一种评估工具,主要用来检查公司内部的整合营销成效,包括营销传播管理人员的核心能力、公司内部沟通的质与量、营销传播信息的一致性及这些信息是否依一致性策略来进行。检查方法主要包括:(1)认知、态度和行为的问卷调查;(2)传播网络检查;(3)内容分析法;(4)销售商、供应商及其他关系利益人的访谈;(5)安排匿名的购买者和来电话者检查法;(6)接触点分析法。关系矩阵法主要是检查外部,属于输出控制;整合营销检查法主要检查内部,属于过程控制。此二者密切配合,共同完成整合营销传播检查。①

汤姆·邓肯的这种检查法,看起来较严密,通过具体指标和数据反映整合营销传播效果。但是,此方法存在三个问题:第一,汤姆·邓肯并没有严格区分整合营销与整合营销传播,因此许多检查项目并非属于整合营销传播的范畴,例如公司内部沟通质量的检查,应当属于企业组织传播范畴,并非整合营销传播应该检查的项目;第二,关系矩阵法有量化指标而整合营销检查法缺乏量化指标,此二者之间的关系因此难以说明。实际上,整合营销传播是由外而内外再由内而外的过程,不应将二者人为割裂开来。第三,五大矩阵并不能完

---

① 参见[美]汤姆·邓肯、桑德拉·莫里亚蒂:《品牌至尊:利用整合营销创造终极价值》,廖宜怡译,北京:华夏出版社 2000 年版,第 283—301 页。

全检查到整合营销传播的外在表现,例如品牌知名度、理解度、好感度等指标是整合营销传播的一些传播效果指标,但五矩阵并未吸纳这些指标。总之,汤姆·邓肯的这种检查法并不能完全检查出整合营销传播的效果。

### (二)整合营销传播效果测量方式新探

以往的整合营销传播效果测量都存在不同程度的缺陷,因此在实践中并未获得广泛的采纳。从以上介绍的三种测量方式来看,共同存在的问题是把整合营销传播当做是一种策略工具而非战略方式,因此陷于长期效果与短期效果、单一效果与集合效果、传播效果与营销效果的矛盾之中。本书首先将整合营销传播看做是企业组织的一种战略观念,其次将它看做是可以实践的企业营销传播运作方式,因此在效果上可以分为长期和短期两个层面的效果,在测量上制订相应的指标和方法。

1.整合营销传播长期效果的测量

整合营销传播的实践价值在于它能够为企业带来品牌价值,品牌是联结企业与顾客的纽带,品牌对企业和顾客双方都存在价值。但品牌的建立是一个长期的过程,从产品到品牌过程中有诸多因素共同发挥作用,例如企业经营者的战略思路、产品研发能力、产品质量、物流水平、渠道建设程度、服务水平、价格因素等等,当然还有传播因素。第四章中已经论述了整合营销传播在品牌建设过程中的作用,也论述了整合营销传播能够带来品牌价值。

因此,整合营销传播产生的长期效果就是为企业带来品牌资产。而对于品牌资产的测量,我们可以制订出一系列指标。第四章中,我们已经介绍了国内外专家对于品牌资产评估的指标,我们的结论是:"品牌资产是品牌给企业和消费者带来的市场价值,它的评估指标有:(1)品牌力度:品牌所占市场份额和影响力;(2)品牌长度:品牌历史积累和未来延伸潜力;(3)品牌广度:品牌知名度、消费者覆盖面、国际化程度;(4)品牌深度:消费者对品牌的心理深入程度,包括品质认可度、品牌联想度、品牌美誉度、品牌忠诚度"。根据这个结论,我们可以把整合营销传播的长期效果转换为品牌资产度的测量。品牌资产度并非品牌资产的实际价值,而是反映品牌资产大小的一个指标,旨在说明品牌化程度。品牌指标度越大,说明品牌化程度越高,也就越能反映整合营销传播的效果。我们可以用公式表达:

$$BE = BS \times 20\% + BL \times 20\% + BB \times 30\% + BD \times 30\%$$

转化为文字说明,就是:品牌资产度(Brand Equity)= 品牌力度(Brand Strength)×20% +品牌长度(Brand Length)×20% +品牌广度(Brand Breadth)×30% +品牌深度(Brand Deepth)×30% 。

其中,BS、BL、BB 和 BD 都可以通过进一步的量化指标计算出来:

品牌力度(BS)= 品牌市场占有率+企业国内知名度+企业股市增值幅度

品牌长度(BL)= 企业创建年限+品牌创建年限+企业创新能力

品牌广度(BB)= 品牌知名度+消费者人口统计分散程度+品牌销售国家数

品牌深度(BD)= 品质认可度+品牌联想度+品牌美誉度+品牌忠诚度

值得说明的是,品牌资产度只是反映整合营销传播的长期效果。因此,每五年进行一次测量,测量方法可以采用问卷调查法、小组座谈法、焦点访谈法、仪器测量法、控制试验法、心理投射法、内容分析法、观察法、第二手资料统计法等,以此可以测量出各种指标,最终计算出品牌资产度。

2. 整合营销传播的短期效果

整合营销传播的短期效果一般以一年为测量时间单位,主要是通过比较企业的品牌形象与消费者的品牌印象的重叠程度来进行效果评估。整合营销传播的最大价值是在品牌建设上起作用,通过企业与消费者的持续对话,最终在消费者头脑中形成整合之后的品牌印象,如果这种品牌印象与企业设想的品牌形象相一致,就可以认为是整合营销传播产生了作用。因此,我们可以找出能够测量品牌形象和品牌印象共同的指标,比较二者的契合度,从而揭示出整合营销传播的效果。

我们设计出下面量表用以考察品牌形象和品牌印象的契合度,见表5-7。

表5-7 品牌形象和品牌印象测量表

| | 品牌形象项目 | 品牌印象测量指标 |
|---|---|---|
| 关于企业 | 1.企业名称<br>2.企业标志<br>3.企业使命口号<br>4.企业规模<br>5.企业创新<br>6.企业社会责任 | 知名度、记忆度、好感度、联想<br>认知度、好感度、联想<br>认知度、好感度、传诵度<br>认知度<br>认知度<br>认知度 |

| | 品牌形象项目 | 品牌印象测量指标 |
|---|---|---|
| 关于产品 | 7. 产品包装<br>8. 产品质量<br>9. 产品价格<br>10. 产品购买<br>11. 产品品牌名称<br>12. 产品商标<br>13. 产品广告口号 | 认知度、好感度、联想<br>认知度、好感度、联想<br>认知度、好感度、联想<br>便利性、联想<br>认知度、好感度、联想<br>认知度、好感度、联想<br>认知度、好感度、传诵度 |
| 关于服务 | 14. 售前服务<br>15. 售中服务<br>16. 售后服务 | 快捷性、周到性<br>快捷性、周到性<br>快捷性、周到性 |
| 关于传播 · 可控传播 | 17. 媒介广告<br>18. 公关活动<br>19. 促销活动<br>20. 直效营销活动<br>21. 会展活动<br>22. 企业网站 | 可信度、好感度<br>可信度、好感度<br>可信度、好感度<br>可信度、好感度<br>可信度、好感度<br>可信度、好感度、互动性 |
| 关于传播 · 半可控传播 | 23. 媒体报道<br>24. 网络消息 | 轰动性、参与性、偏向性<br>轰动性、参与性、偏向性 |
| 关于传播 · 不可控传播 | 25. 流言 | 轰动性、参与性、偏向性 |

由表5-7可知,企业组织能够自行设计出一个品牌形象,与以往的CIS设计不同的是,企业品牌形象项目更多,主要包括四大类:关于企业的、关于产品的、关于服务的和关于传播的。除了第25项是完全不为企业控制的项目,第23、24项是企业可以利用或者引导的,属于半可控项目。前22项属于企业能够进行设计和控制的项目,企业组织在品牌形象设计时应该充分考虑这22项,"以客户为中心"这个纲领贯穿于这22项,保持多样信息的协调性,共同形成一个统一的完整的品牌形象。

消费者对品牌的印象也是企业、产品、服务、传播等信息的综合心理知觉和记忆,25个项目都对品牌印象产生部分作用。认知、好感、记忆、联想、体验等成为所有项目的基本心理测量指标。显然,认知度、好感度、记忆度高,联想和体验呈正相延伸,则说明品牌印象与品牌形象契合度高;相反,认知度、好感度、记忆度低,联想和体验呈负相延伸,则说明品牌印象与品牌形象契合度低。契合度高,则说明整合营销传播效果好,契合度低,则说明整合营销传播效果差。

　　对于品牌形象的测量,主要依靠高端访谈、员工座谈、内容分析等方法获得材料;对于品牌印象的测量,主要方法有问卷调查、焦点访谈、仪器测量、小组座谈、内容分析等。测量一般以一年为一个单位展开,因此测量结果可以看出整合营销传播的短期效果。

　　综上所述,企业组织实施整合营销传播可以产生短期效果和长期效果。通过整合营销传播,企业组织将设计的品牌形象成功地转化为消费者良好的品牌印象。而这种品牌印象经过长期的积累,最终转化为品牌资产,这又是企业组织持续的"对话—关系—战略"实施的必然结果。

# 第六章　IMC 理论在中国的实践运用

　　IMC 概念出自美国,随即成为一个全球性的营销理论研究热点。IMC 于 1994 年传入我国港台地区,1996 年传入我国大陆,经过十余年的介绍和传播,现在 IMC 已经成为我国营销界和广告界竞相追捧的对象,广告公司经营战略向整合营销传播转向,"广告策划"被"整合营销传播策划"取代,甚至"广告"一词大有被"整合营销传播"一词取代之势。但是表面上的热闹并不能掩盖 IMC 深层危机,正如张金海先生所说:"整合营销传播导入中国已有好几年时间。然而我们对它的认识比较多地还停留在较为抽象而表层的阶段,大家趋之若鹜,也尝试着身体力行,然而中国企业的传统模式依然顽固存在,离真正意义上的现代企业还相距甚远,其不成功或成效甚微是在意料之中的。问题还在于,许多人只是把整合营销传播作为一种可资利用的外在观念和诱人旗号,而生出种种的应用误区。"①目前我国 IMC 理论的实践运用困难重重,IMC 理论研究的浮躁和浅薄导致 IMC 实践难以更上一层楼,反过来 IMC 实践的停滞不前限制了 IMC 理论的进一步发展。总之,无论是在理论上还是在实践上,IMC 在中国都需要更多的自主创新。

## 第一节　IMC 理论在中国的适用性分析

　　如何看待 IMC 这样一个舶来品? IMC 是否适用于中国? 我国的专家学者作出了自己的思考和判断。张金海先生在《20 世纪广告传播理论研究》一书中,对 IMC 理论的世纪性意义进行了分析,指出"未来的营销传播,永远是

---

　　① 张金海:《20 世纪广告传播理论研究》,武汉:武汉大学出版社 2002 年版,第 149 页。

整合营销传播"①,但同时也指出该理论在我国实践中的种种问题,如"大而化之"、"理解褊狭"等。陈刚先生有类似的看法,他说:"整合营销传播是对全球营销领域正在发生的变化进行深入思考之后,所提炼出的一种观念,然后逐渐形成一套可操作的执行模式。而这个过程并没有完成,所以还存在一些争议和探讨。一个是自身还需要进一步的完善,同时,最主要的是如何适应不同的市场环境。虽然整合营销传播同中国的市场环境和传播环境的需要还有一定的距离,但整合营销传播观念的导入,对中国市场的成长又是极其必要的。首先有助于中国的企业在全球化的过程中未雨绸缪,应对未来的挑战,同时,更重要的意义在于,应该根据中国的市场特点,选择性地吸取整合营销传播理论中的精华。"②屈云波在《IMC,会遭遇水土不服吗?》一文中提出"由于中美两国在经济和文化上巨大的时空差异,强调'分众互动传播'的'整合营销传播'在中国只能有选择地、动态地'洋为中用',不可照搬照套"③。陈胜乔在《整合营销传播,请打破舒尔茨的理论框框》一文中指出:"整合营销传播理论是在西方企业界产生的,是专门为解决发达市场的传播问题总结设计的,就我国市场现状看,无论是企业的执行力、经营管理水平、市场意识,还是消费者的购买力、消费的习惯和行为等,都与发达国家市场存在着很大的差别。实践证明,中国企业要获得整合营销传播的成功,必须打破舒尔茨设置的理论框框,对西方现成的经验加以变通,否则,就可能将自己推至绝境。"④另一位营销专家张鑫认为 IMC 这一理论与中国市场现实之间的差异之处主要有四点:第一,IMC 是由西方实践而产生的,是解决发达市场传播问题的具体方法。第二,中国市场的特殊性。第三,中国消费者的不成熟。第四,中国企业还处在高速发展期。因此认为:"IMC 作为一种理论体系,也不是百试百灵的灵丹妙药,他也不可避免的有着自身的弱点与问题,尤其是当这一先进的理论与国内具体实践相结合之后,过去暴露不出来的问题暴露了,从实践操作层面而言,

---

① 张金海:《20 世纪广告传播理论研究》,武汉:武汉大学出版社 2002 年版,第 184 页。
② 陈刚:《整合营销传播在中国市场》,《中国广告》2004 年第 10 期。
③ 屈云波:《IMC,会遭遇水土不服吗?》,《企业研究》2002 年第 8 期。
④ 陈胜乔:《整合营销传播,请打破舒尔茨的理论框框》,《中国民营报》2005 年 7 月 15 日。

IMC 应当改进,因为,没有任何一种理论是可以保证恒久不变的。"①魏炬在《整合营销传播适用性比较分析》一文中,指出 IMC 在中国既有适用性的一面,也有不适用的一面,他说:"综上所述,尽管整合营销传播是一种先进的营销传播理论,其执行也在众多的国际企业发挥了效应,然而它毕竟是诞生于外国的,对于中国这样一个具体的环境而言,有适用的一面,也同时存在许多非适用因素。"②

从以上学者的观点来看,一方面大家对 IMC 理论的先进性持肯定态度,另一方面对此理论在中国的适用性表示担忧。本书认为,IMC 理论是代表 21世纪的营销传播前沿理论,具有独特的理论价值和社会价值,是适用于中国本土营销环境和传播环境的。

**一、IMC 理论具有先进性**

诚于前文所论,尽管 IMC 理论至今仍算不上是一个成熟的理论,但它还是具有符合时代特点的内涵,它反映出营销传播理论在新经济环境下和新传播环境下的自我调适和自我变革。经济全球化、媒介碎片化、企业集团化、技术数字化等是宏观时代背景,催生着一个新理论的诞生。

通过前文我们对 IMC 理论真相的探究,已经知道 IMC 不是营销传播工具的简单组合,也不是寻求"一种声音"的战术手段,而是一种"对话—关系—战略"。

首先,IMC 作为企业组织的一种传播战略思想,加强了企业组织的凝聚力和战斗力,在"以顾客为中心"的指导思想下整合了全部营销传播活动,既满足了企业组织信息传播有序的要求,也满足了消费者对营销信息的需求。

其次,IMC 作为企业组织的一种营销信息传播活动,不再采用单一的控制的传播手段,而是通过与顾客开展对话,这是一种平等的、互动的、多途径的信息交流。企业在对话中更加了解消费者的需求,消费者在对话中获得所需的信息,同时双方加深了了解、建立起良好的关系。

---

① 张鑫:《IMC,你被谁抛弃?》,博锐管理在线,(http://esoftbank.com.cn/wz/46_6025.html),2005 年 7 月 16 日。

② 魏炬、朱晓娜:《整合营销传播适用性比较分析》,《辽宁大学学报》(哲社版)2007 年第1 期。

最后,良好的关系能够产生品牌价值。通过IMC的实践运用,企业传递出特有的品牌形象,这种品牌形象与消费者感受到的品牌印象发生高度重合。企业拥有品牌,但消费者决定品牌资产的多少。这样,品牌成为企业和消费者的共同目标,无论在创建品牌时还是维护品牌时,IMC都发挥着重要的作用。

正因为IMC具有其独特的理论价值和实践价值,它一经诞生就迅速扩散至全球,成为营销传播界的"宠儿"。无论是在国外还是国内,你可以对IMC有不同的看法,但不能忽视IMC的存在。目前,尽管IMC处于前范式阶段,但其作用已经显现,随着此理论的日益丰富和完善,其理论价值和实践价值将更加突出。

### 二、IMC理论与中国营销实践环境相适应

IMC实践环境包括宏观的政治环境、经济环境、媒介环境和文化环境。我们分析这些外在环境发现,中国营销需要IMC。

1. 中国政治环境

1978年11月中共中央召开了十一届三中全会,将党的工作重心从阶级斗争转到经济建设上来,中国全面实行"改革开放"政策。1982年召开了党的第十二次全国代表大会,提出"把马克思主义的普遍真理同我国的具体实际结合起来,走自己的道路,建设有中国特色的社会主义"的思想,确定分两步走在本世纪末实现国民生产总值翻两番的目标。1987年党的"十三大"提出"一个中心、两个基本点"的基本路线。1992年召开的党"十四大"是在邓小平"南巡讲话"之后的又一次思想解放,明确提出"建立和完善社会主义市场经济体制"。1997年的"十五大"提出了"在邓小平理论指引下进行有中国特色的社会主义建设"。2002年"十六大"提出全面贯彻"三个代表"重要思想,全面建设小康社会。2007年的"十七大"提出"落实科学发展观,继续解放思想,坚持改革开放,推动科学发展,促进社会和谐,为夺取全面建设小康社会新胜利而奋斗"。

回顾三十年建设,是我国政治稳定的三十年,也是我国经济体制改革不断推进的三十年,也是对外开放不断加强的三十年。三十年来,我国民主法制建设不断取得进步,政治体制改革稳步推进,人民代表大会制度、多党合作

和政治协商制度、民族区域自治制度不断完善,爱国统一战线发展壮大,人权事业健康发展。中国特色社会主义法律体系基本形成,行政管理体制、司法体制改革不断深化。2004 年"保护私有财产"入宪,2007 年《物权法》颁布实施,这些都表明我国从法律角度保护市场经济的健康运行。稳定开明的政治环境下,我国市场经济建设不断进步,大国复兴之路正在延伸。只要市场经济建设这个中心不变、只要改革开放这个方针不变,IMC 就有用武之地。

## 2. 中国经济环境

改革开放的三十年是市场化程度不断增强的三十年。从"计划经济"到"有计划的市场经济"再到"社会主义市场经济",话语转换背后彰显的是对市场认识的转变。在经济结构调整上,国有企业改革稳步推进,个体、私营等非公有制经济发展迅速。在市场体系建设上,宏观调控体系不断完善,财税、金融、流通、住房等改革不断深化。开放型经济迅速发展,商品和服务贸易、资本流动规模显著扩大。2001 年我国加入世贸组织,表明中国正式进入全球经济一体化大家庭,也表明中国改革开放进入新阶段。

三十年来,中国经济持续增长,GDP 年增长率保持在 7% 以上,是世界上经济发展最快的国家。国民生活水平显著提高,从 20 世纪 80 年代初期人们追求"三大件"(手表、自行车、收音机),80 年代末期"新三大件"(冰箱、彩电、洗衣机),到如今的"电脑、住房、小汽车",反映出一个时代的进步。中国经济的进步也影响着世界。如今,中国商品遍及全球,依靠高质低价"中国制造"占领西方市场。以海尔、联想为代表的中国企业已经进入世界五百强,具有国际竞争力的大企业集团越来越多。中国似乎用三十年时间完成西方百年的市场成长。

进入 21 世纪后中西方营销理念和营销环境的差异越来越小,目前中外企业普遍认识到,营销和品牌是企业核心竞争力。"经济全球化"、"数据库"、"知识经济"、"关系营销"、"网络"等词汇同样流行于整个国际市场。何佳讯和卢泰宏对中国和世界营销史的比较证明,中国和世界营销理念、营销运作策略以及营销组织结构的变迁具有相通性,见表 6-1。这说明中国经济环境与西方经济环境具有共性,也说明 IMC 也适用于中国。

表 6-1　中国营销史研究的宽泛框架:与世界营销变迁的共性①

| 世界营销变迁 | | 中国营销转型 | |
|---|---|---|---|
| 营销理念变迁 | △营销基本概念的拓展<br>△顾客导向营销思想的确立 | 营销理念转型 | △众多领域行业从无到有地引入营销(例如银行和媒体);<br>△已有的营销行业从推销导向开始迈向顾客价值导向(如关注顾客的真正需要) |
| 营销运作策略变迁 | △营销功能环节的全面改造<br>△21 世纪营销主流模式的展现 | 营销运作策略转型 | △从粗放型营销转向精细型营销(如细分市场和通路深耕);<br>△从封闭自我型营销转向开放关系型营销(如厂商关系和顾客关系);<br>△从单打一的策略转向整合型的策略(如竞争策略开始多样化;整合营销传播的实际运用) |
| 营销组织变迁 | △对采购、生产、研发部门的组织、流程的改造;<br>△营销部门组织的演进 | 营销组织转型 | △营销部门在公司的组织架构中的地位上升;<br>△初级形态的营销部门开始再造为真正意义上的市场部(如基于市场研究指引产品研发) |

### 3. 中国媒介环境

媒介是信息传播的载体。1979 年以后,中国媒介环境有了很大的改变。

第一,媒介制度发生了变化。从 1979 年以后,媒介功能从单一的"喉舌论"向多功能转变。媒介的宣传功能和产业功能都获得认可。目前媒介制度实行政府与市场的双轨引导,行政力量和市场力量在媒介经营运作中都同样发挥作用。此两种力量时而博弈,时而合谋,左右着中国媒介的发展。

第二,传统媒介和新媒介的蓬勃发展。据统计,截至 2006 年底中国出版报纸总数 1935 种、期刊 9468 种,电台 267 座、电视台 296 座、广播电视台 1935 座、教育电视台 46 座。有线电视用户 1.4 亿户,广播、电视人口覆盖率分别为 95.03%和 96.24%。收音机、电视机社会拥有量分别达 5 亿台、4 亿台。② 可见,以报纸、杂志、广播和电视为代表的传统媒介保持优势地位。不过,以网络和手机为代表的新媒体发展异常迅猛。截至 2008 年 6 月底,我国网民数量达到了 2.53 亿,其中宽带网民数达到 2.14 亿人,CN 域名注册量 1194 万个,三个指标均跃居世界第一。截至 2010 年 12 月底,我国网民数量达到了 4.57

---

① 何佳讯、卢泰宏:《论中国营销的转型方向与研究方法》,《中国流通经济》2003 年第 3 期。

② 参见张晓明、胡惠林、章建刚:《2008 年中国文化产业发展报告》,北京:社会科学文献出版社 2008 年版。

亿,互联网普及率达到34.3%,其中宽带网民数达到4.5亿,手机网民达3.03亿,IPv4地址数量达2.78亿,而搜索引擎、网络购物、BBS、QQ、博客、微博、播客、网络电视、网络报纸等新型传播方式受到网民的欢迎。① 而根据信息产业部的统计,截至2007年7月底,我国固定电话用户数量为3.72亿户,手机用户数超过5.08亿户,手机普及率近40%,达到世界平均水平。② 截至2010年12月底,我国手机用户数超过8.59亿,手机普及率达64%。③ 传统媒介和新媒介互相竞争、互相促进,为我国信息传播提供了广阔的平台。

第三,数字技术成为主导传播技术。传统媒介开始数字技术整体转换,像激光彩排系统、数字印刷机、数码相机、数码摄影机、虚拟演播室、光缆纤维、卫星等技术广泛运用于传统媒介上,而网络技术从Web1.0转变为Web2.0,手机技术向3G迈进。所有的信息都能够通过0和1代码转换,信息存储、查询和复制变得容易,可以超文本链接海量信息,实现高清晰度的多媒体传播。

第四,媒介"碎片化"明显。报纸扩版、杂志发行系列刊、广播和电视进行频道定位等,无不体现"碎片化"特征。媒介"碎片化"背后的原因是受众细分化。如今的受众的信息需求多样,受众的个性张扬,于是形成一个个分众群体。传统大众媒介传播效果下降,而分众传播效果增加。

第五,受众权力上升。由于媒介同质化严重,消费者决定媒介的购买、阅读和收视(收听)。"发行量"、"收视(听)率"成为媒介经营好坏的重要指标,这体现出受众权力的上升。同时新媒介的出现,导致传播方式由传统的"推"转化为"拉",搜索引擎、博客、播客等的兴起说明了受众参与到信息的制作和传播中来。受众自主采编、自主传播的权力在新媒介环境中得到体现。

以上中国媒介环境的变化同西方媒介环境的变化保持同步,媒介数字化、碎片化表明信息渠道丰富多样,而受众权力上升表明传统信息控制方式过时,企业组织必须寻找到符合消费者口味的信息及其传播形式,才能产生传播效

---

① 参见中国互联网络信息中心(CNNIC):《第27次中国互联网发展状况统计报告》,http://www.cnnic.cn,2011年1月24日。

② 参见《我国手机普及率近40%,接近世界平均水平》,央视网,http://news.cctv.com/science/20070824/109094.html。

③ 参见《我国每百人持64部手机 普及率固话3倍》,新浪网,http://tech.sina.com.cn/roll/2011-01-27/18081645532.shtml。

果,而整合营销传播正是这样一种传播方式。

　　4. 中国文化环境

　　文化,根据英国人类学家泰勒的定义:"文化,或文明,就其广泛的民族学意义来说,是包括全部的知识、信仰、艺术、道德、法律、风俗以及作为社会成员的人所掌握和接受的任何其他才能和习惯的符合体。"①文化是人类创造出来的,它具有群体共享性、传承性、习得性、象征性,因此,不同民族、不同国家有其典型的、代表性的文化,不同的文化能够产生碰撞、交流、融合和变迁,同时一个民族、一个国家的文化又有其文化传承的相对稳定性,通过物态文化、制度文化、行为文化和精神文化的代际传承保证文化的延续性。

　　中国文化至少有 200 万年历史,有文字记载的历史有 5000 年,是迄今世界上最久远、最稳定、最丰富、最发达的文化之一。中国文化之所以成为世界上唯一没有断层的文化,其根本原因在于中国文化本身具有的包容性。从中国文化的形成过程来看,一般学者认为夏商周三代是中国文化的雏形期,而春秋战国是中国文化的形成期。可以发现,中国文化是在多元一体的格局下发展起来的。齐鲁文化、巴蜀文化、荆楚文化、吴越文化、岭南文化、三秦文化、燕赵文化等地域文化的融合汇聚,形成了中国传统文化基因。许多学者把"包容性"看做是中国文化的一个基本特征。例如许思园认为,中国传统文化的根本精神是融合与自由。② 朱哲认为中国传统文化的基本精神有四,其中之一是"有容乃大的包容精神"③。程裕祯认为中国文化的民族外在特点有四:(1)统一性;(2)连续性;(3)包容性;(4)多样性。④ 朱耀廷认为中国传统文化有八大特征,其中第一条就是"延续性、凝聚力与包容性"⑤。这种包容性既表现在春秋时期的"百家争鸣"上,也表现在儒道佛三位一体上,还表现在对基督教、伊斯兰教的同时接受上。因为这种包容性,所以中华民族成为多民族文化多元一体、和谐共存的典范。文化的包容需要气度,也需要整合。而中国传

---

　　① ［英］爱德华·泰勒:《原始文化》,连树声译,上海:上海文艺出版社 1992 年版,第 1 页。
　　② 参见许思园:《论中国文化二题》,见《中国文化研究集刊》第 1 辑,上海:复旦大学出版社 1984 年版,第 117 页。
　　③ 朱哲:《中国文化讲义》,武汉:武汉理工大学出版社 2006 年版,第 5 页。
　　④ 参见程裕祯:《中国文化要略》,北京:外语教学与研究出版社 1998 年版,第 7 页。
　　⑤ 朱耀廷:《中国传统文化通论》,北京:北京大学出版社 2005 年版,第 7 页。

统思维方式中就有整体思维,"天人合一"、"太极、阴阳、五行"、"以和为贵"等无不是整体思维的反映。张岱年说:"中国传统思维方式有一个特点,就是整体思维,中医非常强调整体,把人体看成是一个整体,同时又把人与整个世界看成是一个整体。这可以说是中国古代的系统思想。"①这种整体思维方式强调的是将不同元素纳入到一个整体之中,这也是我们所谓的"整合"。因此,中国文化本身既是整合的结果,也是整合的过程。

由于中国文化的"整合"的传统,中国企业实施整合营销传播显得非常自然,并有其文化基础。唐·舒尔茨曾表示在中国更容易实行整合营销传播,他说:"东方文化更注重整体化,万事万物都相关联、相配合。我感觉在东方文化中整合是很自然的,这对于西方公司来说比较困难,因为我们总是将每个小局部拼凑起来,试图从中能攒出点什么来。东方文化及宗教都崇尚整体化,我觉得在东方实施整合理论比在西方要容易得多。"②

从以上分析可知,中国当今的政治环境、经济环境、媒介环境和文化环境为整合营销传播在中国的引进和应用提供了良好的土壤,中国完全适用这个正在发展的理论,IMC 在中国大有可为。

## 第二节　IMC 在中国的实践运用现状及问题

### 一、IMC 在我国实践运用的兴起

IMC 于 1996 年传入中国后,首先在广告公司中得到呼应,像广州奥美、盛世长城、智威汤逊 & 中乔、北京电通等跨国广告公司经营思路发生改变,纷纷对外宣布实行整合营销传播业务。但是,这些广告公司所理解的整合营销传播不过是实现为客户代理广告、公关、促销等活动的"一站式"服务业务,"整合营销传播"只不过是"营销传播组合"的一个更时髦的名词而已。

真正率先尝试实施 IMC 的本土企业是广东科龙集团。2000 年 3 月,科龙集团在时任公司副总裁的屈云波的率领下,实施了我国第一个整合营销传播战略方案。当时聘请了奥美、电通、朗涛、罗兰-贝格、麦肯光明等跨过广告公司和

---

① 张岱年:《中国传统哲学的批判继承》,见《文化与哲学》,北京:教育科学出版社 1988 年版,第 266 页。

② 芮成钢:《与营销大师对话》,《北京青年报》2002 年 1 月 28 日。

咨询公司协助开展工作。科龙集团新成立了 200 多人的整合传播部,打破传统职能区隔,把不同营销传播功能诸如广告、公关、促销、软文和企业形象等组织在一起,重新规划了旗下各个冰箱品牌、空调品牌和服务品牌的战略,并对各品牌的战略定位、传播的核心信息进行了规范。在营销网络方面,推出了"500 形象店、5000 网点"工程,希望以此加强对终端的控制,从而提升整体传播的效果。同时,下移了营销重心,确定了以分公司作为经营主体,赋予销售经理充分的权力,以提高对市场快速反应的能力。企业的最终目标是通过整合营销传播将自己从以生产为导向的企业改造成以营销导向的现代公司。然而,事与愿违,科龙集团的这次耗资巨大的战役并未达到预定的效果。据统计,集团为改造营销系统共付出了近 10 亿元的代价,但是,2000 年、2001 年企业却连续两年亏损超过 20 亿元。新的关系网点没有建立起来而老的关系网点遭到破坏,屈云波只有离职下台,一场轰轰烈烈的整合营销传播实践以失败告终。后来有人对此次整合营销传播实践失败的总结原因,认为以下五点是失败原因:(1)水土不服;(2)没有执行力;(3)摊子铺得过大;(4)没有考虑资金承受力;(5)偏向理想主义①。

　　但是,这次 IMC 实践的失败并未阻拦住 IMC 在中国的发展步伐。之后,越来越多的企业加入到实施 IMC 的行列中来,像海尔、长虹、海信、TCL、康佳、中国移动、蒙牛等企业先后实施了整合营销传播活动。由于各企业对整合营销传播的理解不一致,实施的目标和方案也各不相同,最终效果难以评估。从各企业的宣传来看,无不把整合营销传播作为一种新营销传播方式加以运用,对 IMC 充满期待。当然,也可以看到,中国本土企业对 IMC 的理解还较幼稚,实践运用的层次还较低级。

## 二、IMC 在我国实践运用的现状

### (一)北京地区的整合营销传播实践调查

　　2004 年英国的菲利普·凯奇和中国北京外交学院的李涛(音译)在北京实施了一个关于整合营销传播实践在中国现状的调查。② 调查采用问卷调

---

　　① 参见陈胜乔:《整合营销传播,请打破舒尔茨的理论框框》,《中国民营报》2005 年 7 月 15 日。

　　② See Kitchen Philip J. ,Li Tao(2005). Perceptions of Integrated marketing Communications:a Chinese ad and PR agency perspective. International Journal of Advertising,2005,24(1),pp.51-78.

查,调查对象是北京的广告公司和公关公司的经理和高管。他们向150家广告公司和50家公关公司发送了问卷,最终回收了65份广告公司问卷和26份公关公司问卷。其中有效问卷分别60份和23份,有效率分别达到40%和46%,通过对调查结果的统计和SPSS分析,得出如下结论:

(1)83%的广告公司和70%的公关公司声称为客户提供IMC服务。另外,50%的广告公司和35%的公关公司声称只有25%—75%的客户要求运用整合运动。

(2)对于"什么是IMC?"的回答,广告公司回答最多的选项是"IMC是一种战略商务过程"(5.9),而公关公司回答最多的选项是"传播方式的联合"(5.4)。

(3)对于"运作一个成功的IMC项目最重要的因素是什么?",广告公司和公关公司的回答一致,排在第一位的是"客户对IMC的理解",排在第二位的是"运动战略的一致性"。

(4)对于"谁控制着IMC项目?",56%广告公司声称自己控制,57%的公关公司声称客户控制。

(5)对于"是否测量IMC效果?",1/3广告公司声称经常测量,37%广告公司声称有时测量;17%公关公司声称经常测量,44%声称有时测量。但只有9%的广告公司和21%的公关公司声称使用标准化测量矩阵。

(6)对于"IMC在中国的前景如何?",全部回答者的74%认为有必要发展中国的IMC,16%认为要等等看,还有10%的回答者认为国情不同没有必要发展IMC。

(7)对于"阻碍IMC实践向前发展的因素",调查结论如下:客户对IMC的理解;代理公司跨专业传播技术;客户的营销传播投入;本土化适应性;营销环境;政府因素;风险心理因素。

由此可知,中国的广告公司和公关公司大多数已经接受IMC概念,并认为它是当前市场的必需。但是对于企业是否接受IMC,对于什么是IMC,谁控制IMC等问题上,大家的看法也不一致。尽管IMC被认为对于营销传播代理公司和客户都具有价值,但是仍然存在许多障碍因素阻碍了IMC在中国的进一步发展,IMC在中国现阶段仍处于IMC的第一个阶段——策略整合阶段。

此调查只是调查了广告公司和公关公司对于IMC的看法,缺乏对企业营销人员的调查,这不能说不是一个缺陷。另外,调查样本全部来自于北京地区,有地域的局限性,因此调查结论的代表性大打折扣。

**(二)"整合营销传播在中国的实践现状"调查**

2007 年 5 月至 2009 年 9 月,笔者实施了一个名为"整合营销传播在中国的实践现状"的调查。

调查对象分为广告公司和企业两大类。分别设计了两套问卷,受访者分别为广告公司的老总和企业的营销管理高层。两套问卷在大多数问题保持一致,以方便对二者回答的最终比较。每套问卷制作 100 份,共计 200 份。调查地域涵盖全国三十多个城市,采用邮寄问卷和入户发放问卷两种方式。2007 年 6 月开始实施调查,2008 年 8 月完成问卷回收。广告公司类问卷共回收 68 份,有效问卷 55 份,有效问卷回收率达 55%;企业类问卷回收 93 份,有效问卷 86 份,有效问卷回收率达 86%。整个调查的有效问卷回收率为 75%。问卷统计和分析结果如下。

**1. 中国广告公司的整合营销传播实践现状**

本次调查的广告公司分布的地域既包括北京、上海、广州等一线城市,也包括武汉、南宁、西宁等二线城市,还包括襄樊、恩施、湘潭等三线城市;规模大小不等,包含:特大规模公司、较大规模公司、中等规模公司、较小规模公司和小广告公司等。广告公司样本覆盖基本可以反映中国广告公司实践 IMC 的整体状况。

表6-2　广告公司规模

| | | 频　率 | 百分比 | 有效百分比 | 累积百分比 |
|---|---|---|---|---|---|
| 有效 | 特大广告公司 | 3 | 5.5 | 5.5 | 5.5 |
| | 较大广告公司 | 7 | 12.7 | 12.7 | 18.2 |
| | 中等规模广告公司 | 23 | 41.8 | 41.8 | 60.0 |
| | 较小规模广告公司 | 18 | 32.7 | 32.7 | 92.7 |
| | 小广告公司 | 4 | 7.3 | 7.3 | 100.0 |
| | 合　计 | 55 | 100.0 | 100.0 | |

调查显示,"整合营销传播"已经成为大多数广告公司的耳熟能详的流行

语,92.7%的广告公司表示听说过"整合营销传播"一词。

**表6-3 是否听说过"整合营销传播"一词**

| | | 频 率 | 百分比 | 有效百分比 | 累积百分比 |
|---|---|---|---|---|---|
| 有效 | 没听说过 | 4 | 7.3 | 7.3 | 7.3 |
| | 听说过 | 51 | 92.7 | 92.7 | 100.0 |
| | 合 计 | 55 | 100.0 | 100.0 | |

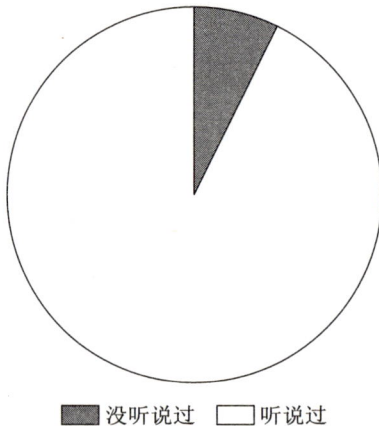

■ 没听说过　□ 听说过

**图6.1 是否听说过"整合营销传播"的比例图**

近6成的广告公司表示已经开展过"整合营销传播"业务,其中有14.5%的广告公司声称自己开展"整合营销传播"业务超过5年。

**表6-4 业务是否应用了整合营销传播统计表**

| | | 频 率 | 百分比 | 有效百分比 | 累积百分比 |
|---|---|---|---|---|---|
| 有效 | 还没有 | 23 | 41.8 | 41.8 | 41.8 |
| | 已经有 | 32 | 58.2 | 58.2 | 100.0 |
| | 合 计 | 55 | 100.0 | 100.0 | |

超过40%的广告公司声称已经代理企业开展了"整合营销传播"业务。广告公司开展的"整合营销传播"业务的主要内容有:公司名称中有"整合营销传播"(3.6%)、公司对外宣传中有"整合营销传播"一词(32.7%)、公司经

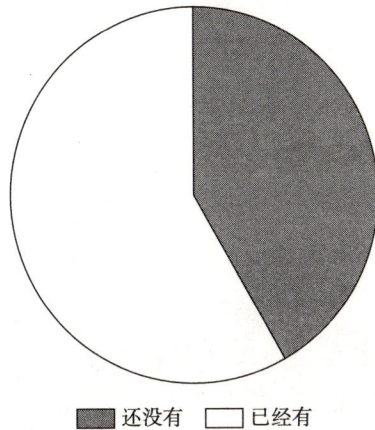

**图6.2　业务是否应用了整合营销传播统计图**

营理念有"整合营销传播"一词(29.1%)、公司专设"整合营销传播"部(5.5%)、公司已代理企业若干"整合营销传播"业务(41.8%)。

　　广告公司在代理企业开展了"整合营销传播"业务时,大多数感觉与企业的合作比较愉快(41.8%),没有填答"非常不愉快"的,"不太愉快"的只有1.8%。

**表6-5　广告公司对与企业合作的感觉**

| | | 频　率 | 百分比 | 有效百分比 | 累积百分比 |
|---|---|---|---|---|---|
| 有效 | 没有合作 | 22 | 40.0 | 40.0 | 40.0 |
| | 非常愉快 | 3 | 5.5 | 5.5 | 45.5 |
| | 比较愉快 | 23 | 41.8 | 41.8 | 87.3 |
| | 一般 | 6 | 10.9 | 10.9 | 98.2 |
| | 不太愉快 | 1 | 1.8 | 1.8 | 100.0 |
| | 合　计 | 55 | 100.0 | 100.0 | |

　　广告公司在"整合营销传播"实践中碰到的障碍,提及率依次为:难以与客户沟通(7.3%)、难以突破企业的组织结构限制(27.3%)、难以监测传播效果(25.5%)、难以做到真正的整合(41.8%)、代理酬金偏低(12.7%)、客户执行时容易走样(32.7%)。广告公司在关于"整合营销传播最大的障碍"的问

题中,回答"难以做到真正的整合"是最多数,是回答其他者 2 倍以上。

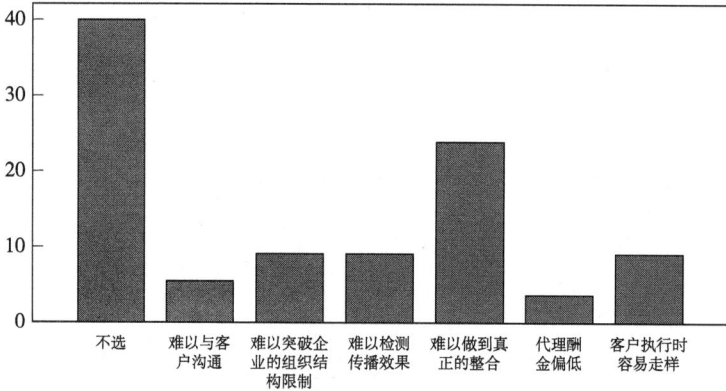

**图 6.3 整合营销传播最大的障碍统计图**

　　广告公司主管对于"整合营销传播"理论的看法分歧较大,表现在对这个理论的新颖性、成熟性、易懂性和价值大小的判断上存在较大的差异。有41.8%的人认为该理论"比较新颖",40%的人认为该理论新颖性"一般",10.9%的人认为该理论"比较过时"。有43.6%的人认为该理论"比较成熟",41.8%的人认为该理论成熟性"一般",7.3%的人认为该理论"不太成熟"。有16.4%的人认为该理论"比较难懂",38.2%的人认为该理论易懂性"一般",有32.7%的人认为该理论"比较容易懂",还有5.5%的人认为"很容易懂"。对于"整合营销传播"的价值,有10.9%的人认为"很有价值",58.2%的人认为"比较有价值",16.4%的人认为"有点价值",还有7.3%认为"应用价值不太大",没有人填答"完全没价值",可见多数广告公司认同整合营销传播具有应用价值。

　　对于"整合营销传播"的前景,广告公司的主管们表示"特别乐观"和"特别悲观"的均为0%,"比较乐观"的有34.5%,"比较悲观"的有3.6%,另有21.8%的人回答"说不清"。

　　对于"未来是否有加快整合营销传播实践的打算",广告公司的主管们表现出分歧,回答"有"、"没有"和"说不清"的人基本上势均力敌。

　　由此可以看出,广告公司的主管们基本都知道有"整合营销传播"这个概念,也有近60%的公司有了实践活动,然而对整合营销传播理论属性和前景的认识还存在相当大的不确定性,对于整合营销传播实践中的障碍也存在困惑。

2. 中国企业的整合营销传播实践

本次调查的企业样本分布地域广泛,包含特大城市、大城市、中小城市甚至县城。既有生产型企业,又有服务型企业。企业在当地的规模也大小不等,样本基本可以反映中国企业实践 IMC 的整体状况。

表6-6　企业规模统计表

| | | 频 率 | 百分比 | 有效百分比 | 累积百分比 |
|---|---|---|---|---|---|
| 有效 | 特大企业 | 6 | 7.0 | 7.0 | 7.0 |
| | 较大企业 | 16 | 18.6 | 18.6 | 25.6 |
| | 中等规模企业 | 35 | 40.7 | 40.7 | 66.3 |
| | 较小规模企业 | 21 | 24.4 | 24.4 | 90.7 |
| | 小企业 | 8 | 9.3 | 9.3 | 100.0 |
| | 合计 | 86 | 100.0 | 100.0 | |

调查显示,大多数企业的营销主管们听说过"整合营销传播"一词,78%的受访者表示听说过"整合营销传播"一词。

表6-7　是否听说过"整合营销传播"一词统计表

| | | 频 率 | 百分比 | 有效百分比 | 累积百分比 |
|---|---|---|---|---|---|
| 有效 | 没听说过 | 18 | 22.1 | 22.1 | 22.1 |
| | 听说过 | 68 | 77.9 | 77.9 | 100.0 |
| | 合计 | 86 | 100.0 | 100.0 | |

调查显示,20.9% 的企业主管表示没有听说过"整合营销传播"一词,41.9% 的企业表示已经开展过"整合营销传播"实践,37.2% 的企业表示还没有开展"整合营销传播"实践。开展"整合营销传播"实践的时间从几个月前到 5 年前的都有,反映出整合营销传播在企业的实践不是一个时尚,而是一个持续存在的营销传播方法。

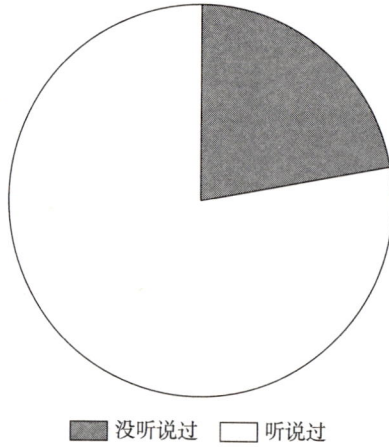

没听说过 □ 听说过

**图6.4 是否听说过"整合营销传播"统计图**

**表6-8 企业是否应用整合营销传播**

| | | 频 率 | 百分比 | 有效百分比 | 累积百分比 |
|---|---|---|---|---|---|
| 有效 | 不知该词 | 18 | 20.9 | 20.9 | 20.9 |
| | 还没有 | 32 | 37.2 | 37.2 | 58.1 |
| | 已经有 | 36 | 41.9 | 41.9 | 100.0 |
| | 合计 | 86 | 100.0 | 100.0 | |

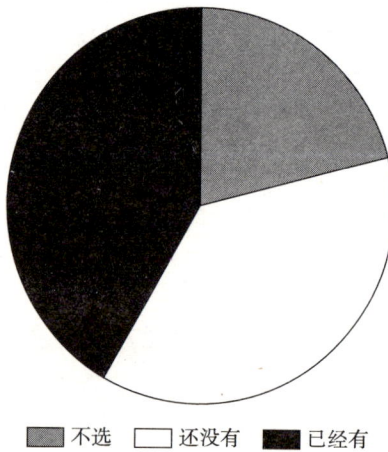

不选 □ 还没有 ■ 已经有

**图6.5 "企业是否应用整合营销传播"统计图**

　　超过 40% 的企业主管声称开展过整合营销传播实践活动。企业开展的整合营销传播实践活动主要有：企业把"整合营销传播"视为战略思路（15.1%）、企业运用"整合营销传播"宣传品牌（27.9%）、企业运用"整合营销传播"达到促销目标（17.4%）、企业专门设置"整合营销传播"部门（5.8%）、企业与广告公司合作开展了若干"整合营销传播"活动（22.1%）、其他（2.3%）。

　　企业在与广告公司联合实施"整合营销传播"业务时，大多数感觉与广告公司的合作比较愉快（27.9%），没有填答"非常不愉快"的，合作感觉一般的有 12.8%。

　　企业对于实施整合营销传播时遇到的障碍，提及率依次是："难以与广告公司沟通"（2.3%）、"难以突破企业的组织结构限制"（19.8%）、"难以测量传播效果"（24.4%）、"难以做到真正的整合"（32.6%）、"代理酬金偏高"（10.9%）、"广告公司水平低"（8.1%）、其他（6%）。企业主管对于"实施整合营销传播时遇到最大障碍"的回答，排在首位的是"难以做到真正的整合"，是回答"难以突破企业的组织结构限制"人数的 2 倍。

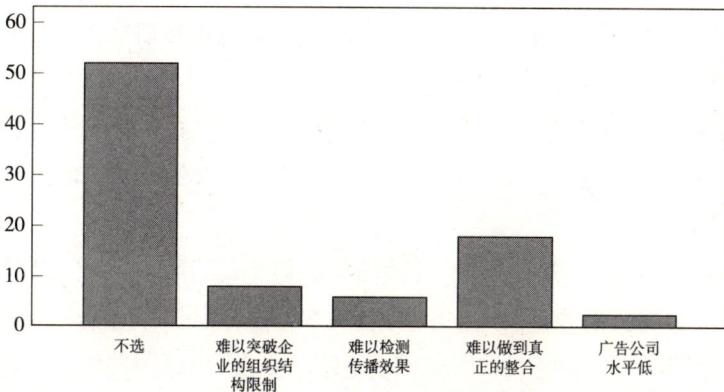

**图 6.6　企业实施整合营销传播遇到的最大障碍统计图**

　　企业主管对于"整合营销传播"理论的看法分歧较大，表现在对这个理论的新颖性、成熟性、易懂性和价值大小的判断上存在较大的差异。有 41.9% 的人认为该理论"比较新颖"，33.7% 的人认为该理论新颖性"一般"，3.5% 的人认为该理论"比较过时"。有 30.2% 的人认为该理论"比较成熟"，31.4% 的人认为该理论成熟性"一般",15.1%的人认为该理论"不太成熟",有2.3%的人认为该理论"很不成熟"。有9.3%的人认为该理论"比较难懂",45.3%的人认为该理论易懂性"一般",有20.9%的人认为该理论"比较容易懂",还有3.5%的人认为"很容易懂"。对于"整合营销传播"的价值,有24.4%的人认为"很有价值",37.2%的人认为"比较有价值",15.1%的人认为"有点价值",还有2.3%认为"应用价值不太大",没有人填答"完全没价值",可见企业中多数人认同整合营销传播具有应用价值。

对于"整合营销传播"的前景,企业主管们表示"特别乐观"和"特别悲观"的均为0%,"比较悲观"的有1.2%,绝大多数选择"比较乐观"(32.6%),另有8.1%的人回答"说不清"。

对于"未来是否有加快整合营销传播实践的打算",企业主管们表现出分歧,回答"有"者占30.2%,回答"没有"者占14%,回答"说不清"者占33.7%。

由此可以看出,企业营销主管们近8成知道有"整合营销传播"这个概念,有4成的企业有整合营销传播实践活动,不过他们对整合营销传播理论属性和前景的认识分歧较大,整合营销传播实践中的障碍也客观存在着。

3. 广告公司和企业的"整合营销传播"实践现状比较研究

比较广告公司和企业的IMC实践现状,可以得出以下结论。

(1)广告公司比企业更多地知晓"整合营销传播"这个概念,大致是93%：78%。广告公司比企业更多地运用"整合营销传播"实践,大致是60%：40%。

(2)在对于"整合营销传播"实践障碍问题上,无论是广告公司还是企业都把"难以做到真正整合"作为首选,表明双方对于什么是整合、如何有效整合,都心存疑惑。广告公司将"难以做到真正整合"的原因归咎于"企业执行时容易走样",而企业将"难以做到真正整合"的原因归咎于"难以监测传播效果"。双方也对"难以突破企业的组织结构限制"存在共识。

(3)对于"整合营销传播"理论是否是一个新理论,广告公司与企业的看法基本类似,除极少数人认为该理论过时外,大多数认为该理论比较新颖或一般新颖。对于"整合营销传播"理论是否是一个成熟理论,广告公司与企业的看法也基本类似,大多数人认为该理论比较成熟或一般成熟,不过企业比广告公司有更多人主张该理论不太成熟或很不成熟。对于"整合营销传播"理论是否容易读懂,广告公司与企业的大多数人认为该理论"比较容易懂"和"一般"。

(4)对于"整合营销传播"的价值,企业(24.4%)比广告公司(10.9%)有更多的人主张"很有价值",双方多数人主张"比较有价值",回答"应用价值不太大"和"完全没价值"的鲜见。

(5)对于"整合营销传播"的前景,广告公司比企业更悲观些,广告公司有21.8%的人回答"说不清",企业只有8.1%的人回答"说不清";广告公司表示"比较悲观"的有3.6%,而企业"比较悲观"的只有1.2%。同样显示出这一点的,广告公司与企业相比,有更多人回答"没有计划加大未来对整合营销传播的实践投入"。

(6)广告公司和企业双方在整合营销传播实践合作方面总体良好,填答合作比较愉快均占多数,不过也有相当大比例填答"合作一般",反映出双方合作还有更大的空间。从双方对对方专业能力的信任度来看,双方都有待提高。18.2%的广告公司认为企业对整合营销传播认识一般,12.7%的广告公司认为企业对整合营销传播认识模糊;同样有18.6%的企业认为广告公司对IMC 认识一般,有5.8%的企业认为广告公司对 IMC 认识模糊。

### (三)中国 IMC 实践现状总结

结合北京地区和笔者的调查,可以看出:

(1)中国的营销传播领域已经普遍知晓和接受了"整合营销传播"概念,总体而言该概念的认知度至少达到80%。

(2)广告公司和公关公司实行业务转型,将单一的广告或公关业务相互贯通延伸,约3/4 的广告公司和公关公司已经实施了 IMC 业务,而且大多数实践时间超过五年。这说明 IMC 在中国已经开展起来,而且具有时间的连续性,说明它不是一个营销管理时尚,而是一个方兴未艾的潮流。

(3)企业在实施 IMC 实践时,缺乏像广告公司和公关公司那样的动因,但也有4 成以上的企业进行了相关的 IMC 活动,主要用以促销和宣传品牌。

(4)无论是广告公司和公关公司,还是企业对整合营削传播的理解都有待提高,因为还是把整合营销传播当做低层次的战术组合运用,而没有上升为一种建树品牌和培养客户关系的战略观念和行动。广告公司、公关公司和企业对 IMC 理论的认知模糊是 IMC 实践陷于低层次的主要原因。

(5)实践障碍是客观存在的。"难以达到真正整合"是各方都赞同的最大障碍,"客户执行时容易走样"、"难以监测传播效果"也是实践中遇到的较大难题。另外,"双方沟通困难"、"难以突破企业的组织结构限制"、"双方代理酬金矛盾"都有人选择,反映出 IMC 在中国实践障碍是全方位的。"难以达到真正整合"的背后深层原因还需要各方进一步探究。

(6)广告公司、公关公司和企业对 IMC 的未来发展存在较大的疑虑,有相当比例的公关公司、广告公司和企业对 IMC 的前景看不清楚,而打算加快 IMC 实践步伐的广告公司和企业的比例远远小于我们的设想。这反映出 IMC 理论还不是一个成熟的理论,IMC 理论的深刻性、概括性、精确性、简洁性、贯通性、清晰性、一致性和成果性都需要进一步完善,有待于营销实务界和理论界的进一步努力。

理论与实践是相辅相成的。理论可以指导实践,实践反过来可以完善理论。目前中国 IMC 实践中存在的问题,需要营销实务界共同努力,也需要营销理论界的理论创新。在理论上回归 IMC 的核心价值,逼近 IMC 真相,就能够给 IMC 实践以科学的指导,使 IMC 的实践运用充满实效和活力。

## 第三节　IMC 在我国实践运用的前景

我国 IMC 实践运用目前基本上限制在营销传播工具的组合运用上,其产生的传播效果非常有限。IMC 实践运用需要有新的突破,需要从战术层面走向战略层面,需要充分发挥 IMC 的社会价值。对于 IMC 在我国的实践运用前景,我们有理由表示乐观。

**一、自主品牌发展战略提供 IMC 实践运用"沃土"**
**(一)自主品牌战略还是 OEM 战略**
改革开放以来,随着中国经济的快速发展,中国制造业在全球制造业中占据重要地位,"中国制造"的产品遍及全球。但是与制造大国地位不相符合的是,我国自主品牌在全球分量很轻。2004 年世界品牌实验室评估的《世界最具影响力的 100 个品牌》揭晓,我国仅海尔入榜,排名 95 名。2006 年在世界品牌实验室编制的《世界品牌 500 强》中,美国占据 245 席,法国占据 46 席,日本占据 44 席,中国仅占 6 席(海尔、联想、中央电视台、长虹、中国移动和中铁工程)。

我国自主品牌的"人微言轻"与许多因素有关,但最重要的一个因素是中国企业在发展战略上选择贴牌(OEM)战略。贴牌(OEM)是指中国国内企业从事外国品牌的生产,依靠廉价的劳动力资源赚取加工费,因此大量的国际名牌实际生产地为"中国制造"。绝大多数企业在资金、技术、管理、人员素质和国际市场知识等方面与发达国家知名企业相比存在较大差距,贴牌(OEM)生产利润稳定、风险小,节省了研发投入、技术投入、广告宣传投入、品牌管理投入等,这对于我国企业的初期发展来说极具吸引力,成为我国经济早期发展的一种惯用模式。

但是 OEM 发展战略存在诸多弊端:(1)导致我国企业缺乏自有核心技术和知识产权,难以摆脱对国外技术的依赖,陷进引进—技术过时—再引进的怪圈。以我国汽车行业为例,尽管合资生产近 20 年了,但三大汽车基地至今没有拥有自主知识产权的汽车品牌。(2)缺乏自主品牌,缺乏高利润回报。"中国制造"在国际上享有盛誉,但同时在国际上形成了"档次不高,价格低廉"的刻板印象,而实际上许多高档次的品牌都是在中国生产的。以耐克运动鞋为例,耐克鞋大部分是中国贴牌生产的,耐克收购时是 12 美元一双,而在市场上卖 120 美元。缺乏自主品牌,只是"替他人做嫁衣"。(3)我国企业沦为国外企业的低级的生产车间,大量消耗本国的资源,并对环境形成危害,成为典型的以能源消耗和牺牲环境为代价的发展模式;(4)由于缺乏自主品牌,企业缺乏科研创新的能力和动力,难以在市场竞争中做大做强,这对于民族品牌的发展是一大障碍;(5)拥有众多有竞争力的自主品牌才能提高国家整体竞争力,对于一个经济发展后进大国,没有自主的知识产权,没有自己的品牌,就等于没有竞争力,在经济全球化背景下可能被强势经济兼并、肢解,甚至危害国家经济安全。

正因为如此,我国政府已经认识到自主品牌发展对我国经济建设的重要性,开始了战略转型。2007 年 10 月胡锦涛在"十七大"报告中,第一次把创新型国家作为我国国家发展战略的核心。胡锦涛说:"提高自主创新能力,建设创新型国家。这是国家发展战略的核心,是提高综合国力的关键。要坚持走中国特色自主创新道路,把增强自主创新能力贯彻到现代化建设各个方面。认真落实国家中长期科学和技术发展规划纲要,加大对自主创新投入,着力突破制约经济社会发展的关键技术。加快建设国家创新体系,支持基础研究、前沿技术研究、社会公益性技术研究。加快建立以企业为主体、市场为导向、产学研相结合的技术创新体系,引导和支持创新要素向企业集聚,促进科技成果向现实生产力转化。深化科技管理体制改革,优化科技资源配置,完善鼓励技术创新和科技成果产业化的法制保障、政策体系、激励机制、市场环境。实施知识产权战略。"①2008 年 3 月国务院总理温家宝在十一届全国人大一次会议上的政府工作报告中明确提出"坚持把自主创新作为转变发展方式的中心环节"、"加大政府采购对自主创新产品的支持力度"、"优化出口结构,鼓励自主知识产权和自主品牌产品出口"。② 可见,以自主创新为基础的自主品牌战略已经成为我国经济中长期发展的一个核心战略。

**(二)自主品牌战略需要 IMC**

自主品牌的建设是一项长期的系统的工程,从技术研发、生产质量到后期销售和服务都是品牌建设的一个组成部分,而营销环节也是自主品牌建设的重要环节,在此环节 IMC 发挥着重要作用。今天,国家开始实施自主品牌为主导的发展战略,这为我国运用 IMC 提供了广阔的"舞台",IMC 不仅能够帮助创建自主品牌,而且能够帮助自主品牌的保值和增值。

1. 创牌阶段需要 IMC

自主品牌从无到有、从小到大,从一个国内品牌变为一个国际品牌,这个创牌过程中 IMC 发挥着重要作用。

首先,与品牌身份的相关要素如品牌命名、品牌标志、品牌口号等,需要整合营销传播进行一致性传播。这就类似 CI 的作用,将这些身份要素系统运用于产品包装、广告、媒介宣传、企业网站、企业建筑物、企业运输工具、办公用品、员工服装等应用系统中,从而在各个品牌接触点产生一致的品牌印象。

其次,在创牌阶段,自主品牌首先考虑如何提高在国内市场的知名度、联

---

① 胡锦涛:《胡锦涛在中国共产党第十七次全国代表大会上的报告》,新华网,http://news. xinhuanet. com/newscenter/ 2007-10/24/content_693868_4. htm,2007 年 10 月 24 日。

② 温家宝:《十一届人大一次会议的政府工作报告》,人民网,http://npc. people. com. cn/GB/28320/116286/116574/ 959453. html,2008 年 3 月 5 日。

想度、美誉度、忠诚度和品质认可度。这些指标都离不开各种传播手段的综合运用。应该把所有品牌接触点都看做消费者形成品牌印象的来源，注意了解消费者在各接触点（产品接触点、服务接触点、公司控制的接触点、公司半控制接触点）的信息需求，保持与消费者良好的互动，并将营销信息真实、有效地传递给消费者，从而形成整合的良好的品牌印象。由于整合营销传播的作用，企业的品牌形象和消费者的品牌印象形成最大的重合，这时一个品牌创立出来。

最后，在创牌阶段，自主品牌应该考虑国际传播问题。在经济全球化的背景下，一个品牌需要不断成长，即由国内品牌成长为国际品牌。我国自主品牌的国际地位不高，很大程度与品牌国际传播水平欠缺有关。例如，在创牌之初，我国许多企业没有考虑品牌身份要素如何进行国际传播的问题，导致品牌国际化过程中十分被动。中华老字号"王致和"在开拓德国市场时发现此商标已经被德国欧凯公司抢注，不得不与之打官司，花费巨大代价才获得自己的商标权。我国著名的 IT 龙头企业"联想"，其英文商标本为"Legend"，但在进入国际市场时发现全球二十多个国家已经注册了"Legend"商标，不得不重新设计一套标志"Lenove"，并花巨资进行国际传播。又例如，许多自主品牌在建立企业网站时，很少考虑到同时开办英文网页，这就浪费了巨大的国际传播资源。又例如，自主品牌在国际广告运作时，由于缺乏国际文化知识导致传播效果不佳，在中国深受欢迎的龙、蝙蝠等符号，在西方人眼中是邪恶不祥的符号，如果生搬硬套，往往效果适得其反。这些问题说到底，是缺乏对国际市场和消费者的彻底了解，无法形成良好的对话，导致品牌国际化的困难。而整合营销传播能够有效解决这些问题。

2. 护牌阶段需要 IMC

品牌的建立并不意味着 IMC 可以"退休"了，相反 IMC 在护牌过程中发挥着重要作用。IMC 不仅能防止品牌资产的流失，而且能增长品牌资产。

第一，IMC 可以防止品牌资产流失。品牌虽然为企业所拥有，但品牌价值由消费者决定。一个知名度很大的品牌，也拥有较大的品牌资产。但是如果它得不到有效维护，资产瞬间可以消失殆尽。本土自主品牌中，曾经的巨人、春都、三株、亚细亚、爱多、秦池都曾显赫一时，但很快兵败如山倒，最后品牌资产流失殆尽。所以，当一个品牌形成后，企业领导人应该居安思危、防微杜渐，时刻以消费者需求为中心，不断满足消费者信息需求，并在各接触点信息交流中建立与消费者持久的关系。只有这样,才能防止品牌资产的流失。

第二,IMC可以带来品牌资产的继续增值。即使是一个成熟品牌,可以通过IMC达到品牌资产的持续增值。首先,随着时间和空间的迁移,总会有新的市场,那么通过IMC可以扩大该品牌在新市场的知名度、联想度、美誉度、忠诚度和品质认知度,品牌资产随之增值。其次,消费者的信息需求随时间推移而不断发生着变化,企业因此不断追求着技术创新,这也需要企业通过IMC向消费者传递新的信息,满足消费者新的信息需求需要。以可口可乐为例,作为一个百年老字号,如今品牌资产已经达到704亿美元,连续多年名列品牌排行榜之首,这与它精心维护品牌的策略密不可分。从1928年的阿姆斯特丹奥运会开始,到2008年北京奥运会,80年来从未间断对奥运会的赞助,其传递给消费者的健康、快乐的形象一直延续至今。IMC需要花费资金,但同时IMC也是一种投资,其回报就是品牌资产的不断增值。

### 二、网络新媒介的发展为 IMC 在我国的实践应用提供技术保障

我国网络媒介发展迅速,在此领域已经赶上世界发达国家的水平。正是网络媒介的发展,为IMC在我国的应用提供了技术保障,也让我们对IMC充满信心。

### (一)我国网络新媒介的发展现状

我国网络媒介诞生于1987年,是年9月,北京计算机应用技术研究所建成中国第一个国际互联网电子邮件节点,并于9月14日发出了中国第一封电子邮件:"Across the Great Wall we can reach every corner in the world"(跨越长城我们能达到世界每一个角落)。1992年底,包括中科院院网(CASnet)、清华大学校园网(TUnet)和北京大学校园网(PUnet)的NCFC工程建成。1994年4月20日,NCFC工程通过美国Sprint公司连入Internet,实现了与Internet的全功能连接,从此中国被国际上正式承认为真正拥有全功能Internet的国家。1994年5月,中国科学院高能物理研究所设立了国内第一个WEB服务器,推出中国第一套网页。1995年1月,由国家教委主管主办的《神州学人》杂志,成为中国第一份中文电子杂志。1996年出现第一个网上购物。1997年1月1日,人民日报主办的人民网建立。1999年"政府上网工程"、"企业上网工程"相继启动。1999年7月12日,中华网在美国纳斯达克首发上市,这是在

美国上市的第一个中国网络公司股。2000 年新浪、网易、搜狐在美国上市,掀起了第一次上市高潮。2004 年 3 月掌上灵通、Tom、盛大、腾讯、空中网、前程无忧网、第九城市纷纷上市,兴起了上市第二轮热潮。2004 年 12 月,我国顶级域名接入 IPv6,标志我国国家域名进入下一代互联网。

　　表 6-9 显示的是中国网络 13 年来的发展状况。截至 2010 年 12 月底,我国网民数量达到了 4. 57 亿,其中宽带网民数达到 4. 5 亿人,手机网民达到 3. 03 亿人,互联网普及率达 34. 3% ,家庭上网计算机数量为 8470 万台,IPv4 地址数量 2. 78 亿个,中国网站数量为 191 万个,网民每周上网时长为 18. 3 个小时。94. 8% 的中小企业配备了电脑,92. 7% 的中小企业接入了互联网中小企业有建站行为的比例达到 43% 。42. 1% 的中小企业曾利用互联网进行过营销和推广活动,21. 3% 的中小企业曾利用 Email 进行过营销,利用电子商务平台推广的比例达到 19. 3% ,利用搜索关键字进行营销的比例达到 15. 4% 。[1] 可见,网络媒介在我国已经十分普及,而且已经成为网民生活不可分割的组成部分。

表 6-9　1997—2009 年中国网络发展一览表[2]

|  | 网民 | 上网计算机 | cn 域名数 | 网站数(个) | 带宽容量(M) |
|---|---|---|---|---|---|
| 1997 年 | 62(万) | 29. 9(万台) | 4066(个) | 1500(个) | 25. 408 |
| 1998 年 | 210(万) | 74. 7(万台) | 18396(个) | 5300(个) | 143 |
| 1999 年 | 890(万) | 350(万台) | 48695(个) | 15153(个) | 351 |
| 2000 年 | 2250(万) | 892(万台) | 12. 2(万个) | 26. 5(万个) | 2799 |
| 2001 年 | 3370(万) | 1254(万台) | 12. 7(万个) | 27. 7(万个) | 7597. 5 |
| 2002 年 | 5910(万) | 2083(万台) | 17. 9(万个) | 37. 1(万个) | 9380 |
| 2003 年 | 7950(万) | 3089(万台) | 34(万个) | 58. 5(万个) | 27216 |
| 2004 年 | 9400(万) | 4160(万台) | 43. 2(万个) | 66. 9(万个) | 74429 |
| 2005 年 | 1. 11(亿) | 4950(万台) | 109. 7(万个) | 69. 4(万个) | 135106 |
| 2006 年 | 1. 37(亿) | 5940(万台) | 180. 3(万个) | 84. 3(万个) | 256696 |

---

　　① 　参见中国互联网络信息中心(CNNIC):《第 27 次中国互联网络发展状况统计报告》,http://www. cnnic. cn,2011 年 1 月 24 日。

　　② 　据中国互联网络信息中心(CNNIC)第 1—25 次《中国互联网络发展状况统计报告》整理,http://www. cnnic. cn。

| | 网民 | 上网计算机 | cn 域名数 | 网站数(个) | 带宽容量(M) |
|---|---|---|---|---|---|
| 2007 年 | 2.10(亿) | 7800(万台) | 900.2(万个) | 150(万个) | 368927 |
| 2008 年 | 2.98(亿) | 8470(万台) | 1357(万个) | 287.8(万个) | 640286 |
| 2009 年 | 3.84(亿) | 10000(万台) | 1345.5(万个) | 323(万个) | 866367 |

### (二)网络媒介助推 IMC 发展

目前我国网民数量居世界首位,而且仍有很大的上升空间。与传统的大众媒介相比,网络媒介有着自身的特点和优势。第一,网络媒介是采用数字技术的媒介,信息海量,便于制作、储存、下载、复制、修改和链接。第二,网络媒介使用多种媒介符号,融合视频、音频、文本、图片和动画于一体,可作为大众媒介使用,亦可作为人际传播媒介使用。第三,网络媒介打破传统媒介的时空限制,可以跨越国界传播,也可一天 24 小时传播。第四,网络媒介缺乏"把关人"控制,进入简单,使用灵活,而且可以虚拟,成为一种相对自由和民主的媒介。第五,网络媒介有极强的互动性。尤其是 2003 年后,网络借 web2.0 再次"轻舞飞扬",Blog(博客)、RSS(即时聚合)、Padcasting(播客)、SNS(社会化网络软件)、WIKI(维基)等 CGM(消费者自生媒介)形式成为新的时尚。web2.0 与 web1.0 的区别有三:(1)web2.0 是对话式的,web1.0 是浏览式;(2)web2.0 是网民自我创造式的,web1.0 是中心网站创造式的;(3)web2.0 是拉(pull),web1.0 是推(push)。总之一句话,web2.0 比 web1.0 更具互动性。

网络新媒介的这些特点非常契合 IMC 的本质属性,因此,网络新媒介为整合营销传播提供了技术保障。

首先,网络使"以消费者需求为中心"不再是一个空洞的口号。在整合营销传播理论中,"以消费者需求为中心"是企业组织的整合观念和传播战略。"以消费者需求为中心",这个口号已经喊了很多年,但在大众媒介传播时代,难以真正做到这一点。在大众媒介时代,广告是最重要的营销传播手段,广告发挥其告知功能和诱导功能,能够很轻易地"忽悠"消费者。在信息传播中,企业处于明显的强势地位,而消费者处于弱势地位,消费者接受的是不完全信息,表现出强烈的信息不对称性。"以消费者需求为中心"因此也只是一个美丽的口号而已。但由于网络新媒介的诞生和普及,消费者有了自己表达的平台,企业组织再也不能随心所欲地控制信息传播了。消费者能够借助新媒介主动寻求信息、反映意见、表达不满。在企业与消费者的权力"天平"上,消费者不再是被忽略不计的一方了。从"阜阳劣质奶粉"事件、"SK-Ⅱ化妆品"事件、肯德基"苏丹红"事件到"三鹿奶粉"事件,消费者通过网络揭露真相,形成一股强大的社会舆论力量,保护了消费者合法权益。正是网络新媒介的出现,改变了信息不对称传播的传统,使"消费者需求为中心"能够成为企业自觉遵循的核心思想。

其次,网络媒介提供了整合营销传播的对话工具。消费者可以通过搜索引擎主动寻找自己想要的信息而不是被动地接受信息;消费者可以上企业网站通过电话或 Email 等方式,表达自己的看法、意见和建议;消费者可以通过博客或播客的形式,来赞美或抨击使用的产品或服务;消费者还可以通过聊天、BBS 论坛等方式进行口碑传播或批评控诉。消费者通过网络,能够很方便地制作信息、发布信息、分享信息。而同时,网络对企业也是一种新的对话工具。企业可以通过搜索引擎关键词吸引消费者,也可以通过各种网络广告形式发布信息,还可以通过企业网站与消费者进行沟通,还有 BBS 论坛、博客和播客都是企业可以利用的信息发布平台。网络媒介的互动性特征,要求媒介使用者尽可能地相互尊重、相互对话。无疑,以"对话"为交流特点的整合营销传播,获得一个很好的对话工具——网络。

最后,通过网络媒介企业能够更容易地获得消费者信息需求,从而针对性地发布信息,达成与消费者良好关系的建立。在大众传媒时代,企业要获知消费者信息需求,并不是一件容易的事,要事先经过大规模的市场调查。不过,在网络时代企业获知消费者信息需求的手段很多,资料库的建立有技术为保障。例如,企业可以将终端消费者购买信息、消费者免费电话获得的信息、企业网站网民信息、客户服务信息、网络问卷调查获得的信息等合成消费者资料库,也可以通过数据挖掘技术将网络中隐藏的消费者需求信息挖掘出来,还可以通过软件技术将电子商务背后的消费者需求信息分析出来。总之,由于网络的存在,消费者数据库建设不再是一个无法解决的难题。而数据库的建成,可以精准地知晓消费者的信息需求,便于对话的开展和关系的建立。

总之,随着我国网络媒介的进一步发展,企业和消费者对网络的使用更加自如,IMC 在我国的应用将更加普及、更加深入!

# 结语：永远的整合营销传播

"永远的整合营销传播"是张金海先生在《20世纪广告传播理论研究》一书中提出的一个命题。本书以此命题作为结语。

"永远的整合营销传播"包含着两层含义。

第一层含义是指：整合营销传播实践活动永无止境。自古以来，人类的生存发展离不开经济生活。而自商品经济发展至今，市场竞争愈加激烈。竞争从一地到一国到如今全球范围内展开。而只要还有经济发展，只要还有市场竞争，就离不开营销，离不开营销信息传播。在大众传播时代，营销信息传播活动以单向传播的广告为代表，企业有选择地发布有利于自己的营销信息，消费者似乎是"靶子"，很容易被"魔弹"击中。而在网络传播时代，广告失去了往日的光彩，消费者可以主动搜寻所需的营销信息，也可以反击"魔弹"。传播手段的多样性，传播特点的互动性，导致消费者权力上升，而企业无法完全控制营销信息的传播，也无法忽略消费者对相对完全信息的追求。在此背景下，营销传播方式变得更加丰富多彩，营销传播特点变得更具互动性，营销传播目的变得更具人情味。营销传播在"整合"的旗号下悄然发生着巨变。而这种巨变才刚刚开始，营销传播实践探索仍在进行中。如何整合似乎永远是营销实务界的一个课题，在这个层面上我们说"永远的整合营销传播"。

第二层含义是指：整合营销传播的理论探索永无止境。自20世纪80年代后期开始，整合营销传播就成为理论研究者的一个研究热点。至今，该理论还没有成为一个成熟的范式。而该理论巨大的包容性和深刻性，使之超过以往任何广告理论或营销理论，也使该理论探索变得异常艰难。科学实在论认为，理论不过是对外在实在的真相的描述，可以无限逼近但无法完全与外在一致。因此理论的成熟是一个过程。20世纪90年代初期，整合营销传播被看做是营销传播工具的组合，90年代中期之后整合营销传播被看做是形成"一种声音"的信息传播方式，本书提出整合营销传播是一种"对话—关系—战略"，这些理论探索只是一步步向真相迈进。整合营销传播理论探索需要一代一代的学者的坚持和努力，才能达成一个范式，而即使成为一个范式也不意味着理论的终结，它将被另一个范式取代。理论探索永无止境，这或许正是理论的魅力吧。

生有涯，知无涯，吾将上下而求索。

# 主要参考文献

一、中文文献

（一）译著

1. ［奥］弗里茨·瓦尔纳：《建构实在论》，王荣麟、王超群译，台北：五南图书公司,1997 年。

2. ［德］阿·科辛：《马克思列宁主义哲学词典》，郭官义等译，北京：东方出版社,1991 年。

3. ［德］费尔巴哈：《费尔巴哈哲学著作选集》上卷，荣震华译，北京：商务印书馆,1984 年。

4. ［德］伽达默尔：《伽达默尔集》，严平编选，邓安庆等译，上海：上海远东出版社,2003 年。

5. ［德］汉斯·波塞尔：《科学:什么是科学》，李文潮译，上海：上海三联书店,2002 年。

6. ［德］黑格尔：《美学》（第 2 版），朱光潜译，北京：商务印书馆,1979 年。

7. ［德］黑格尔：《小逻辑》（第 2 版），贺麟译，北京：商务印书馆,1980 年。

8. ［德］曼弗雷德·布鲁恩：《传播政策》，易文译，上海：复旦大学出版社,2005 年。

9. ［法］让·诺尔·卡菲勒：《战略性品牌管理》，王建平、曾华译，商务印书馆,2000 年。

10. ［荷］里克·莱兹伯斯（Rick Riezebos）、巴斯·齐斯特（Bas Kist）、格特·库茨特拉（Gert Kootstra）：《品牌管理》，李家强译，北京：机械工业出版社,2004 年。

11. ［美］F. 约瑟夫·莱普勒、林恩·M. 帕克：《品牌整合战略》，苏德华译，西南财经大学出版社,2003 年。

12. [美]R. N.波义德：《科学实在论的现状》，载邱仁宗主编：《国外自然科学哲学问题》，北京：中国社会科学出版社，1991年。

13. [美]阿尔·里斯、劳拉·里斯：《公关第一，广告第二》，罗汉、虞琦译，上海：上海人民出版社，2004年。

14. [美]戴维·阿克(David A. Aaker)：《管理品牌资产》，奚美华、董春海译，北京：机械工业出版社，2006年。

15. [美]道恩·亚科布奇、博卡·卡尔德：《凯洛格论整合营销》，邱琼、王辉锋译，海口：海南出版社、三环出版社，2007年。

16. [美]菲利普·科特勒：《营销管理》(第5版)，梅汝和译，上海：上海人民出版社，1996年。

17. [美]菲利普·科特勒、加里·阿姆斯特朗：《市场营销》，俞利军译，北京：华夏出版社，2003年。

18. [美]菲利普·科特勒、加里·阿姆斯特朗：《市场营销原理》(第11版)，郭国庆等译，北京：清华大学出版社，2007年。

19. [美]菲利普·科特勒、凯文·莱恩·凯勒：《营销管理》(第12版)，梅清豪译，上海：世纪出版集团上海人民出版社，2006年。

20. [美]凯文·莱恩·凯勒：《战略品牌管理》(第2版)，李乃和等译，北京：中国人民大学出版社，2006年。

21. [美]赖瑞·佩斯(Larry Peray)：《整合行销传播策略——从企划、广告、促销、通路到媒体整合》，王镛、洪敏莉译，台北：远流出版社，2000年。

22. [美]里查德·L.达夫特：《管理学》(第5版)，韩经纶、书福祥等译，北京：机械工业出版社，2005年。

23. [美]理查德·J.塞米尼克：《促销与整合营销传播》，徐惠忠、张洁译，北京：电子工业出版社，2005年。

24. [美]路易斯·布恩、大卫·库尔茨：《当代市场营销学》(原书第11版)，赵银传等译，北京：机械工业出版社，2005年。

25. [美]马克·布莱尔(Mark Blair)、理查德·阿姆斯特朗(Richard Armstrong)、迈克·墨菲(Mike Murphy)：《360度品牌传播与管理》，胡波译，北京：机械出版社，2004年。

26. [美]玛格丽特·波洛玛：《当代社会学理论》，孙立平译，北京：华夏出版社,1989年。

27. [美]欧内斯特·内格尔:《科学的结构——科学说明的逻辑问题》,徐向东译,上海:上海译文出版社,2002年。

28. [美]欧文·M.柯匹(Irving M. Copi)、卡尔·科恩(Carl Cohen):《逻辑学导论》(第11版),张建军、潘天群等译,北京:中国人民大学出版社,2007年。

29. [美]乔治·贝尔齐、麦克尔·贝尔齐:《广告与促销——整合营销传播展望》(第5版),张红霞等译,大连:东北财经大学出版社,2000年。

30. [美]乔治·贝尔齐、迈克尔·贝尔齐:《广告与促销——整合营销传播视角》(第6版),张红霞、庞隽译,北京:中国人民大学出版社,2006年。

31. [美]斯科特·贝德伯里、斯蒂芬·芬尼契尔:《品牌新世界》,苑爱玲译,北京:中信出版社,2004年。

32. [美]唐·舒尔兹、田纳本、劳特朋:《整合营销传播:谋霸21世纪市场竞争优势》,吴怡国译,呼和浩特:内蒙古人民出版社,1998年。

33. [美]唐·舒尔兹、田纳本、劳特朋:《新整合营销》,吴磊等译,北京:中国水利水电出版社,2004年。

34. [美]唐·舒尔兹、田纳本、劳特朋:《整合行销传播:21世纪企业决胜关键》,吴怡国译,北京:中国物价出版社,2002年。

35. [美]唐·舒尔茨(Schultz, Don E.)、[英]菲利普·J.凯奇:《全球整合营销传播》,何西军等译,北京:中国财政经济出版社,2004年。

36. [美]唐·舒尔茨、海蒂·舒尔茨:《整合营销传播:创造企业价值的五大关键步骤》,何西军等译,北京:中国财政经济出版社,2005年。

37. [美]唐·舒尔茨、海蒂·舒尔茨:《唐·舒尔茨论品牌》,高增安、赵红译,北京:人民邮电出版社,2005年。

38. [美]汤姆·邓肯、桑德拉·莫里亚蒂:《品牌至尊:利用整合营销创造终极价值》,廖宜怡译,北京:华夏出版社,2000年。

39. [美]汤姆·邓肯:《整合营销传播——利用广告和促销建树品牌》,周洁如译,北京:中国财政经济出版社,2004年。

40. [美]汤姆·邓肯:《广告与整合营销传播原理》(原书第2版),廖以臣、张广玲译,北京:机械工业出版社,2006年。

41. ［美］特伦斯·A.辛普:《整合营销传播:广告、促销与拓展》(第 6 版),廉晓红等译,北京:北京大学出版社,2005 年。

42. ［美］托马斯·库恩:《必要的张力——科学的传统和变革论文选》,范岱年、纪树立等译,北京:北京大学出版社,2004 年。

43. ［美］托马斯·库恩:《科学革命的结构》,金吾伦、胡新和译,北京:北京大学出版社,2003 年。

44. ［美］威廉·M.普赖德、O.C.费雷尔:《营销观念与战略》,梅清豪等译,北京:中国人民大学出版社,2005 年。

45. ［美］沃纳·塞佛林、小詹姆斯·坦卡德:《传播理论起源、方法与应用》(第 4 版),郭镇之等译,北京:华夏出版社,2000 年。

46. ［美］约瑟夫·R.多米尼克:《大众传播动力学——数字时代的媒介》(第 7 版),蔡骐译,北京:中国人民大学出版社,2004 年。

47. ［苏］H.B.布劳别尔格、H.K.潘京:《新编简明哲学辞典》,高光三等译,吉林:吉林大学出版社,1983 年。

48. ［英］Nigel F. Piercy:《市场导向的战略转变》,吴晓明等译,北京:清华大学出版社,2005 年。

49. ［英］爱德华·泰勒:《原始文化》,连树声译,上海:上海文艺出版社,1992 年。

50. ［英］保罗·斯图伯特:《品牌的力量》,尹英等译,北京:中信出版社,2000 年。

51. ［英］彼德·切维顿:《品牌实施要点》,李志宏、林珏译,北京:北京大学出版社,2005 年。

52. ［英］菲利普·J.凯奇、［美］唐·舒尔茨:《21 世纪企业沟通》,北京世纪英闻翻译有限公司译,北京:中国商务出版社,2004 年。

53. ［英］克里斯·费尔:《整合市场传播》,杨琳译,北京:经济管理出版社,2005 年。

54. ［英］莱斯利·德·彻纳东尼:《品牌制胜——从品牌展望到品牌评估》,蔡晓熙等译,北京:中信出版社,2002 年。

55. ［英］乔恩·米勒(Jon Miller)、戴维·缪尔(David Muir):《强势品牌的商业价值》,叶华、周海昇译,北京:中国人民大学出版社,2007 年。

56.［英］斯图尔特·克莱纳德、德·迪尔洛夫:《品牌——如何打造品牌的学问》,项东译,西安:陕西师范大学出版社,2003 年。

57.［英］约翰·齐曼:《元科学导论》,刘珺珺等译,长沙:湖南人民出版社,1988 年。

58.［英］约翰逊(Johnson,G)、斯科尔斯(Scholes,K):《战略管理》(第 6版),王军等译,北京:人民邮电出版社,2004 年。

**(二)国内论著**

1.《辞源》(修订本),北京:商务印书馆,1998 年。

2.《剑桥国际英语词典》,上海:上海外语教育出版社,2004 年。

3.《朗文当代高级英语辞典(新版)》,北京:外语教学与研究出版社,2005 年。

4.《列宁全集》第 6 卷,北京:人民出版社,1984 年。

5.《列宁全集》第 38 卷,北京:人民出版社,1986 年。

6.《列宁全集》第 55 卷,北京:人民出版社,1990 年。

7.《列宁哲学笔记》,北京:人民出版社,1993 年。

8.《马克思恩格斯全集》第 3 卷,北京:人民出版社,1960 年。

9.《马克思恩格斯全集》第 19 卷,北京:人民出版社,1965 年。

10.《马克思恩格斯全集》第 42 卷,北京:人民出版社,1979 年。

11.《马克思恩格斯选集》第 1 卷,北京:人民出版社,1995 年。

12.《毛泽东选集》第一卷,北京:人民出版社,1991 年。

13.《斯大林选集》上卷,人民出版社,1979 年。

14.《西方哲学原著选读》上卷,北京:商务印书馆,1981 年。

15.《中国大百科全书·军事卷Ⅱ》,北京·上海:中国大百科全书出版社,1998 年。

16.《中国大百科全书·哲学Ⅰ》,北京·上海:中国大百科全书出版社,1987 年。

17.艾丰:《名牌论》,北京:经济日报出版社,2001 年。

18.白长虹、范秀成:《市场学》(第 3 版),天津:南开大学出版社,2007 年。

19.北京三木广告公司:《整合营销传播》,北京:工商出版社,1997 年。

20.陈力丹、闫伊默:《传播学纲要》,北京:中国人民大学出版社,2007 年。

21. 陈祝平:《品牌管理》,北京:中国发展出版社,2005年。

22. 程裕祯:《中国文化要略》,北京:外语教学与研究出版社,1998年。

23. 戴元光、邵培仁、龚炜:《传播学原理与应用》,兰州:兰州大学出版社,1988年。

24. 董天策:《传播学导论》,成都:四川大学出版社,1995年。

25. 冯契主编:《哲学大辞典》,上海:上海辞书出版社,1992年。

26. 郭贵春:《当代科学实在论》,北京:科学出版社,1991年。

27. 郭庆光:《传播学教程》,北京:中国人民大学出版社,1999年。

28. 郭毅等:《基于关系视角的营销理论》,上海:华东理工大学出版社,2006年。

29. 胡正荣:《传播学总论》,北京:北京广播学院出版社,1997年。

30. 黄合水:《品牌资产》,引自马谋超:《品牌科学化研究》,北京:中国市场出版社,2005年。

31. 黄楠森、李宗阳、涂荫森主编:《哲学概念辨析辞典》,北京:中共中央党校出版社,1993年。

32. 金岳霖:《知识论》,北京:商务印书馆,1983年。

33. 李彬:《传播学引论》,北京:新华出版社,1993年。

34. 李德顺、马俊峰:《价值论原理》,西安:陕西人民出版社,2002年。

35. 李世丁:《整合致胜:打造强势品牌的锐利武器》,广州:广东经济出版社,2001年。

36. 刘凤军:《品牌运营论》,北京:经济科学出版社,2000年。

37. 吕魏主编:《广告学》,北京:北京师范大学出版社,2006年。

38. 罗茂初等:《数据库营销》,北京:经济管理出版社,2007年。

39. 马雷:《冲突与协调——科学合理性新论》,北京:商务印书馆,2006年。

40. 苗力田主编:《亚里士多德全集》第8卷,北京:中国人民大学出版社,1994年。

41. 欧阳康:《哲学研究方法论》,武汉:武汉大学出版社,1998年。

42. 芮明杰、刘明宇、任江波:《论产业链整合》,上海:复旦大学出版社,2006年。

43. 邵培仁:《传播学》,北京:高等教育出版社,2000 年。

44. 申光龙:《整合营销传播战略管理》,北京:中国物资出版社,2001 年。

45. 王方华、洪祺琦:《关系营销》,太原:山西经济出版社,1998 年。

46. 王方华等:《整合营销》,太原:山西经济出版社,1998 年。

47. 王雷:《品牌传播学》,石家庄:河北人民出版社,2005 年。

48. 卫军英:《整合营销传播:观念与方法》,杭州:浙江大学出版社,2005 年。

49. 卫军英:《关系创造价值——整合营销传播理论向度》,北京:中国传媒大学出版社,2006 年。

50. 卫军英:《整合营销传播理论与实务》,北京:首都经济贸易大学出版社,2006 年。

51. 熊超群:《如何提升品牌竞争力》,北京:企业管理出版社,2005 年。

52. 徐莉莉主编:《品牌战略》,杭州:浙江大学出版社,2007 年。

53. 许基南:《品牌竞争力研究》,北京:经济管理出版社,2005 年。

54. 许思园:《论中国文化二题》,《中国文化研究集刊》第 1 辑,上海:复旦大学出版社,1984 年。

55. 余明阳、杨芳平:《品牌学教程》,上海:复旦大学出版社,2005 年。

56. 余明阳、朱纪达、肖俊菘:《品牌传播学》,上海:上海交通大学出版社,2005 年。

57. 张岱年:《中国传统哲学的批判继承》,见《文化与哲学》,北京:教育科学出版社,1988 年。

58. 张金海:《20 世纪广告传播理论研究》,武汉:武汉大学出版社,2002 年。

59. 张晓明、胡惠林、章建刚:《2008 年中国文化产业发展报告》,北京:社会科学文献出版社,2008 年。

60. 周林东:《科学哲学》,上海:复旦大学出版社,2004 年。

61. 朱耀廷主编:《中国传统文化通论》,北京:北京大学出版社,2005 年。

62. 朱哲主编:《中国文化讲义》,武汉:武汉理工大学出版社,2006 年。

63. 竺培芬:《整合营销传播学》,上海:上海交通大学出版社,2000 年。

（三）国内论文

1. 科嘉艺营销广告公司:《金嗓子喉宝实效动态整合营销传播》,《中国广告》2003 年第 3 期。

2. 金正电子科技有限公司、广东平成广告有限公司:《惊险的一跳,精彩的一跳:金正 DVD 整合营销传播案例》,《国际广告》2000 年第 1 期。

3.《实践是检验真理的唯一标准》,《光明日报》1978 年 5 月 11 日。

4. 陈刚:《整合营销传播在中国市场》,《中国广告》2004 年第 10 期。

5. 陈欢:《重新审视整合营销传播》,《中国广告》2002 年第 1 期。

6. 陈明涛:《关系营销与交易营销的探讨》,《管理现代化》2006 年第 2 期。

7. 陈胜乔:《整合营销传播,请打破舒尔茨的理论框框》,《中国民营报》2005 年 7 月 15 日。

8. 傅永军:《现代性与社会批判理论》,《文史哲》2000 年第 5 期。

9. 高运锋:《整合营销传播过程的关键因素构成——以五种整合营销传播模式分析为基础》,《现代广告·学刊》2005 年总第 115 期。

10. 郭媛媛、王季、宋占丰:《关系营销理论新发展》,《企业活力》2007 年第 1 期。

11. 韩德昌、姚飞:《"关系"对关系营销的影响》,《经济管理》2006 年第 1 期。

12. 何佳讯、卢泰宏:《论中国营销的转型方向与研究方法》,《中国流通经济》2003 年第 3 期。

13. 何西军:《网络时代的整合营销传播——IMC 理论模型研究》,武汉大学博士论文,2002 年。

14. 何雁编译:《IBM 再创辉煌——"整合品牌传播"的成功范例》,《企业文化》2003 年第 3 期。

15. 胡锋、李敏伦:《关系营销的经济学渊源及其在我国的适用性》,《管理现代化》2001 年第 4 期。

16. 胡晓云:《现代中国广告学理论研究历程及现状》,《现代广告·学刊》2005 年总第 110 期。

17. 景奉杰、王毅:《关系营销是交易营销的革命吗》,《武汉大学学报》(哲社版)2004 年第 57 卷第 5 期。

18. 廖昶:《四特集团 IMC 计划实施研究》,《企业经济》2004 年第 8 期。

19. 刘亚猛:《什么是"理论"》,《外国语言文学》2006 年第 4 期。

20. 刘宜红、高群:《整合营销传播策略在银行宣传营销中的运用》,《福建农林大学学报(哲社版)》2003 年第 2 期。

21. 卢泰宏、周志民:《基于品牌关系的品牌理论:研究模型及展望》,《商业经济与管理》2003 年第 2 期。

22. 潘天群:《科学哲学是否已走向终结?》,《中华读书报》2007 年 2 月 14 日。

23. 曲飞宇、张婷婷:《三星电子在中国的整合营销传播策略及其启示》,《物流技术》2004 年第 9 期。

24. 屈云波:《IMC,会遭遇水土不服吗?》,《企业研究》2002 年第 8 期。

25. 芮成钢:《与营销大师对话》,《北京青年报》2002 年 1 月 28 日。

26. 申光龙:《整合营销传播:IMC》,《IT 经理世界》1999 年第 2 期。

27. 舒咏平:《出版发行中的整合营销传播》,《编辑之友》2002 年第 6 期。

28. 唐世奇:《企业网站为何沦为"死站"》,《医学美学美容(财智)》2007 年第 11 期。

29. 王佳、卢小雁:《宜家的整合营销传播战略及其启示》,《企业经济》2005 年第 4 期。

30. 王凌:《昆仑润滑油的整合营销传播策略》,《企业研究》2005 年第 4 期。

31. 魏炬、朱晓娜:《整合营销传播适用性比较分析》,《辽宁大学学报》(哲社版)2007 年第 35 卷第 1 期。

32. 武刚:《我国城市燃气行业导入整合营销传播的思考》,《城市燃气》2004 年第 12 期。

33. 武少玲:《海尔集团的整合营销传播策略及其启示》,《商场现代化》2005 年第 5 期。

34. 蜥蜴团队:《传播也是竞争力——谈"酷儿"的整合营销传播策略》,《企业文化》2003 年第 10 期。

35. 向华:《整合营销传播:科龙的实践》,《销售与市场》2000 年第 11 期。

36. 谢慧敏、张志林:《科学实在论的范式转移:从"描述"到"建构"》,《广东青年干部学院学报》2002 年第 1 期。

37. 谢慧敏、张志林:《科学实在论的范式转移:从"描述"到"建构"》,《广东青年干部学院学报》2002 年第 1 期。

38. 徐建忠:《整合营销策略在金龙公司的实施》,《商用汽车》2001 年第 12 期。

39. 杨建海:《寿险的整合营销传播模式》,《企业研究》2002 年第 13 期。

40. 余育德:《"结合"比"联系"更全面——关于理论与实践关系问题的再认识》,《湖北社会科学》1988 年第 6 期。

41. 张家祎、贾雷:《21 金维他:两年,八千万到四个亿——19 年老品牌整合营销传播策划的 19 点启示》,《中国广告》2003 年第 7 期。

42. 张京:《顾客关系营销的应用研究》,《世界标准化与质量管理》2006 年第 3 期。

43. 张汝伦:《作为第一哲学的实践哲学及其实践概念》,《复旦学报(社会科学版)》2005 年第 5 期。

44. 赵家祥:《理论与实践关系的复杂性思考——兼评惟实践主义倾向》,《北京大学学报(哲社版)》2005 年第 42 卷第 1 期。

45. 钟超军:《15 个月"感动"2000 万人——动感地带整合营销传播全案分析》,《通信企业管理》2004 年第 12 期。

46. 胡锦涛:《胡锦涛在中国共产党第十七次全国代表大会上的报告》,新华网,http://news. xinhuanet. com/newscenter/2007–10/24/content_693868_4. htm,2007 年 10 月 24 日。

47.《全球网民人数达 12 亿》,中青网 http://www. youth. cn,2008 年 1 月 14 日。

48. 世界经理人网,http://brand. icxo. com/2006brand/top500_1. htm,2008 年 4 月 18 日。

49. 温家宝:《十一届人大一次会议的政府工作报告》,http://npc. people. com. cn/GB/28320/116286/116574/ 959453. html,2008 年 3 月 5 日。

50.《我国手机普及率近 40%,接近世界平均水平》,央视网,http://news. cctv. com/science/20070824/109094. shtml。

51. 张鑫:《IMC,你被谁抛弃?》,博锐管理在线,http://esoftbank. com. cn/wz/ 46_6025. html,2005 年 7 月 16 日。

52.《中国品牌生命周期:平均不足 2 年》,《新华每日电讯》2006 年 10 月 28 日,http://news. xinhuanet. com /mrdx/2006-10/28/content_5260213. htm。

53.《中国互联网络发展状况统计报告》第 1—27 次,见中国互联网络信息中心(CNNIC)网,http://www. cnnic. cn。

## 二、英文文献
### (一)英文论著

1. American Productivity & Quality Center(1998). *Integrated Marketing Communication Consortium Benchmarking Study Best-Pratices Report. Houston*,TX:American Productivity & Quality Center.

2. Arens William F. ,Bovee Couetland L. (1994). *Contemporary Advertising* (5th ed. ). Richard D. Irwin Inc.

3. Barbara R. Lewis, Dale Littler ( 1997 ). *The Blackwell Encyclopedic Dictionary of Marketing*,Blackwell Publishers Ltd.

4. Caywood C. ,Clarke L. (1997). *The Handbook of Strategic Public Relations & Integrated Communications.* NewYork:McGraw-Hill.

5. Chris Fill(2002),*Marketing Communication:Contexts,Strategies and Applications*(3 edition). Pearson Edication Lit.

6. Cornelissen,Christensen(2006),*Understanding the Development and Diffusion of IMC:A Metaphorical Perspective*,NRG .

7. Davis S. ,Dunn M. (2002). *Building the Brand-Driven Business.* Jossey-Bass,USA.

8. Delozier(1976). *The Marketing Communication Process.* London:McGraw-Hill.

9. Duncan Tom,Moriarty Sandra E. (1997). *Driving Brand Value:Using Integrated Marketing to Manage Profitable Stakeholder Relationships.*

10. Duncan Tom ( 2001 ). *IMC:Using Advertising and Promotion to Build Brands.*

11. Duncan Tom(2004). *Principles of Advertising and IMC.*

12. Duncan T. ,Caywood C. (1996) ,"The concept,process,and evolution of integrated marketing communications". In Thorson E. ,Moore J. (eds) *Integrated Communication:Synergy of Persussive Voices.* Mahwam,NY:Lawrence Erlbaum.

13. Esther Thorson,Jeri Moore(1996). *Integrated communication:Synergy of persuasive voises.* Mahwah:Lawrence Erlbaum Associates.

14. Fortini-Campbell L. (2002). *Presentation made at the Strategic Communications Management Seminar*,Kellogg Gradute School of Management. Northwestern University.

15. Freeman R. E. (1984). *Strategic Management.* Boston,MA:Pitman.

16. Houghton Mifflin Company(1999). *Webster's Ⅱ New College Dictionary.* Houghton Mifflin Company,Boston New York.

17. Hutton J. (1995). *Integrated Marketing Communications and the Evolution of Marketing Thought.* Presentted to the American Academy of Advertising Annual Conference,New York.

18. Kliatchko J. (2002). *Understanding Integrated Marketing Communications.* Pasig city,Philippines:InKwell Publishing.

19. Kotler Philip (2000). *Marketing Management*,10$^{th}$ ed. London:Prentice Hall International(UK)Limited.

20. Kotler Philip. (1997). *Marketing Management*,Prentice Hall.

21. Nagel(1961). *The Structure of Sciencde*,New York.

22. Peter R. Dickson (1997). *Marketing Management* (2nd Edition),the Dryden Press.

23. Roberts,K. H. (1984),*Communication in Organizations.* Chicago:Science Research Associates(queto,p. 4).

24. Rogart L. (1986)*Strategy in Advertising:Matching Media and Messages of Markets and Motiveation*,Lincoln,IL:NTC Business.

25. Russell J. Thomas, Lane W. Ronald (1997). *Kleppner's Advertising Procedure*(13$^{th}$ ed.),影印本,北京:清华大学出版社。

26. Schultz Don. E. ,Barnes S. (1999). *Strategic Brand Communication Cam-*

*paigns.* Lincolnwood,IL:NTC/Contemporary Publishing.

27. Schultz Don E., Kitchen Philip J. (2000). *Communicating Globally:An Integrated Marketing Approach*,by McGraw-Hill.

28. Schultz Don E., Schultz Heidi (2003). *IMC, The Next Generation: Five Steps For Delivering Value and Measuring Financial Returns.* by McGraw-Hill.

29. Schultz Don E., Tannenbaum Stanley I., Lauterborn Robert F. (1992). *Integrated Marketing Communications:Pulling It Together & Making It Work*(Lincolnwood,IL:NTC Business Books,1992).

30. Schultz Don E., Tannenbaum Stanley I., Lauterborn Robert F. (1994). *The New Marketing Paradigm:Integrated Marketing Communications*,McGraw-Hill Professional.

31. Semenik R. J. (2002). *Promotion and Integrated Marketing Communications*,South-Western. Cincinnati,OH:South-Western,Thomson Learning.

32. Sirgy M. Joseph(1998). *Integrated Marketing Communications:A Systems Approach*(影印版),北京:清华大学出版社。

33. Smith P. R. (2002). *Marketing Communications:An Integrated Approach (3 rd ed).* London:Kogan Page Limited.

34. Thomas C., O'Guinn,Chris T. Allen,Richard J. Semenik(1998). *Advertising*,大连:东北财经大学出版社。

35. Thorson E., Moore J. (1996). *Integrated Communication:Synergy of Persussive Voices.* Mahwam,NY:Lawrence Erlbaum.

36. Wells William, Burnett John, Moriarty Sandra (2000). *Advertising Principles & Practice*(5$^{th}$ ed.). Prentice Hall.

37. William O. Bearden,Thomas N. Ingram,Raymond W. Laforge (1995). *Marketing Principles & Perspectives*,Richard D. Irwin Inc.

（二）英文论文

1. Anantachart S. (2001). "To Integrate or not to Integrate:exploring how Thai Markers Perceive Integrated Marketing Communications", in Roberts M., King R. (eds) *The Proceedings of the 2001 Special Asia-Pacific Conference of the American Academy of Advertising*,University of Florida,Gainesville,Florida.

2. Beard F. (1997). "IMC use and Client-ad Agency Relationships". *Journal of Marketing Communications*, 3(4).

3. Benkahla Shawn M(2006). "A Study of The History and Use of Integrated Marketing Communications Within Publications from 1991–2005", *Thesis for the degree of Master of Science in Journalism*, West Virginia University.

4. Carolyn Ray(2007). "Integrated Brand Communications: A Powerful new Paradigm", 见 http://www.brandchannel.com/papers_review.asp? sp_id=650, 2007 年 6 月 20 日。

5. Caywood C., Schultz D. E., Wang P. (1991). "Integrated Marketing Communications: A Survey of National Goods Advertisers", unpublished report. Bloomington, in: *Medill School of Journism*, Northwestern University.

6. Cornelissen J. P., Lock A. D. (2000). "Theroetical Concept or Management Fashion? Examining the Significance of IMC". *Journal of Advertising Research*, 40(5).

7. Cornelissen J. P. (2001). "Integrated Marketing Communications and the Language of Marketing Development". *International Journal of Advertising*, 20(4).

8. Danny Moss, Gary Warnaby(1998). "Communications Strategy? Strategy Communication? Integrating different Perspectives". *Journal of Marketing Communications*, 4.

9. Duncan T, Moriarty S. E. (1998). "A Communication-Based Marketing Model for Managing Relationships". *Journal of Marketing*, 1998, 56(2): 1–13.

10. Duncan T., Caywood C. (1996). "The Concept, Process, and Evolution of Integrated Marketing Communications". In Thorson E., Moore J. *Integrated Communication: Synergy of Persuasive Voices*. Mahwah, NJ: Lawrence Erlbaum.

11. Duncan T. R., Everrett S. E. (1993). "Client Perceptions of Integrated Communication". *Journal of Advertising Research*, 32(3).

12. Duncan Tom(2005). "IMC in Industry: More Talk Than Walk". *Journal of Advertising*, 34(4).

13. Eagle Lynne, Kitchen Philip, Bulmer Sandy(2007). "Insight into Interpreting Integrated Marketing Communications—A two-nation Qualitative Compari-

son". *European Journal of Marketing*,41(7/8).

14. Eagle L. , Kitchen P. J. , Rose L, Moyle B(2003). "Brand Equity and Brand Vulnerability". *European Journal of Marketing*,2003,37(10).

15. Eagle L. C. , Kitchen P. J. (2000). "IMC, Brand Communication, and Corporate Cultures:Client/ Advertising Agency Co-ordination and Cohesion". *European Journal of Marketing*,34(5/6).

16. Eagle Lynne, Kitchen Philip(2007). "Sandy Bulmer. Insight into Interpreting Integrated Marketing Communications—A two-nation Qualitative Comparison". *European Journal of Marketing*,41(7/8).

17. Gould S. J. (2000). "The State of IMC Research and Applications". *Journal of Advertising Research*,40(5).

18. Gould S. J. ,Lerman D. B. ,Grein A. E. (1999). "Agency Perception and Practices on Global IMC". *Journal of Advertising Research*,39(1).

19. Gould S. J(2004). "IMC as theory and as a Poststructural Set of Pratices and Discourses:A Continuously Evolving Paradigm Shift". *Journal of advertising Research*,March 2004.

20. Gronroos(1997). "Value-driven Relationship Marketing from Products to Resources and Competences". *Journal of Marketing Management*,1997,13(13).

21. Holm Olof(2006). "Integrated Marketing Communications:From Tactics to Strategy". *Corporate Communications:An International Journal*,11(1).

22. Hume S. (1991). "Campus adopts 'new advertising' ". *Advertising Age*, 62(39).

23. Hume Scott(1991). "Campus Adopts 'New Advertising' ". *Advertising Age*,September 23,1991.

24. Hutton J. (1995). "Integrated Marketing Communications and the Evolution of Marketing Thought". *Presentted to the American Academy of Advertising Annual Conference*,New York.

25. Ilchul Kim, Dongsub Han, Schultz Don E(2004). "Understanding The Diffusion of IMC". *Journal of Advertising*,2004,March.

26. Kallmeyer J. ,Abratt R. (2001). "Perception of IMC and Organizational

Change among Agencies in South Africa". *International Journal of Advertising*, 20 (3).

27. Keller, Kevin Lane (2001). "Mastering the Marketing Communications Mix: Micro and Macro Perspectives on Integrated Marketing Communication Programs". *Journal of Marketing Management*, 17(9).

28. Kitchen Philip. J. , Schultz D. E. (1997). "Integrated Marketing Communications in US Advertising Agencies: An Exploratory Study". *Journal of Advertising Research*, 37(5).

29. Kitchen Philip. J. , Schultz D. E. , Ilchul Kim, et al (2004). "Will agencies ever 'get' (or understand) IMC?" *European Journal of Marketing*, 38 (11/12).

30. Kitchen Philip J. , Li Tao (2005). "Perceptions of Integrated marketing Communications: a Chinese ad and PR agency perspective". *International Journal of Advertising*, 24(1).

31. Kitchen Philip J. , Joanne Brignell, et al (2004). "The Emergence of IMC: A Theoretical Perspective". *Journal of Advertising Research*, 44(3).

32. Kitchen Philip J. , Schultz Don E(1999). "A Muti-Country Comparison of the Drive for IMC". *Journal of Advertising Research*, 39(1).

33. Kliatchko Jerry (2005). "Towards a new Definition of Integrated Marketing Communications(IMC)". *International Journal of A dvertising*, 24(1).

34. Levinson J. C. (2001). "Integrated Marketing, Executive Excellence", *Provo*, 18(11).

35. Leyland F. Pitt, Berthon Pierre, Caruana Albert, Berthon Jean-Paul (2005). "The State of Theory in three Premier Advertising Journals: a Research Note". *International Journal of Advertising*, 24(3).

36. Low G. S. (2000). "Correlates of Integrated Marketing Communications", *Journal of Advertising Research*, 40(2).

37. McArthur, Griffin (1997). "A Marketing Management View of Integrated Marketing Communications". *Journal of Advertising Research*, 37(5).

38. Miller D. A. , Rose P. D. (1994). "Integrated Communications: A Look at

Reality", *Public Relations Quarterly* ,39(1).

39. Miller S. , Berry L. (1998). "Brand Salience Versus Brand Image: Two Theories of Advertising Effectiveness". *Journal of Advertising Research* ,38.

40. Nowak G. , Phelps, J. (1994). "Conceptualizing the Integrated Marking Communications' Phenomenon: an Examination of Its Impact on Advertising Practices and Its Implications for Advertising Research". *Journal of Current Issues and Research in Advertising* ,16(1).

41. Pettegrew, L. S. (2000-2001). If IMC is So Good, "Why Isn't It Being Implemented? Barriers to IMC Adoption in Corporate America". *Journal of Integrated Communications* ,11.

42. Phelps J. E. , Harris T. E. , Johnson E. (1996). "Exploring Decision-making Approaches and Responsibility for Developing Marketing Communications Strategy". *Journal of Business Research* ,37(3).

43. Reid M. (2003). "IMC-performance Relationship: further Insight and Evidence from the Australian Marketplace". *International Journal of Advertising* , 22 (2).

44. Reid M. , Wakeford N(2002). "Integrated Marketing Communications and Performance". *ANZMAC* 2002 *Conference Proceedings*.

45. Rohrlich, Fritz, (2001), "Cognitive Scientific Realism", *Philosophy of science* ,68(2).

46. Schultz Don E (1993). "Integrated Marketing Communications: Maybe Definition is in the Point of View". *Marketing news* ,27(17).

47. Schultz Don E(1993). "We Simply can't afford to go back to Mass Marketing". *Marketing News* ,27(4).

48. Schultz Don E, Kitchen Philip J (2000). "A Response to 'Theoretical Concept or Management Fashion?'". *Journal of Advertising Research* ,40(5).

49. Schultz Don E. (1995). "Should students learn IMC?" *Marketing News* , 29(20).

50. Schultz Don E. (1996). "IMC Has Become a Global Concept". *Marketing News* ,30(5).

51. Schultz Don E. (1999). "New Media, old Problem: Keeping Marcom Integrated". *Marketing News*, 33(7).

52. Schultz Don E. (2006). "Brand Valuation Requires both CFO and CMO". *Marketing News*, 40(17).

53. Schultz Don E. (2006). "IMC is do or die in new Pull Marketplace". *Marketing News*, 40(13).

54. Schultz Don E. (1995). "Making Mid-decade Course Corrections". *Marketing News*, 29(4).

55. Schultz Don E. (1998). "New Century need new Marcom Methods". *Marketing News*, 32(3).

56. Schultz Don E., Cole Bill, Bailey Scott(2004). "Implementing the 'connect the Dots' approach to Marketing Communication". *International Journal of advertising*, 23(4).

57. Schultz Don E., Schultz H. (1998). "Transitioning Marketing Communication into the Twenty-first Century". *Journal of Marketing Communications*, 4(1).

58. Sheehan K. B., Doherty C. (2001). "Re-Weaving the Web: Integrating Print and Online Communications". *Journal of Interactive marketing*, 15(2).

59. Spotts H. E., Lambert E. D., Joyce M. L. (1998). "Marketing Déjà vu: The Discovery of Integrated Marketing Communications". *Journal of Marketing Education*, 20(3).

60. Sreedhar Madhavaram, Vishag Badrinarayanan, Robert E. McDonald (2005). "Integrated Marketing Communication (IMC) and Brand Identity As Critical Components of Brand Equity Strategy—A Conceptual Framework and Research Propositions". *The Journal of Advertising*, Winter.

61. Stewart D. W. (1996). "Market-back Approach in the Design of Integrated Communication Programs: a Change in the Paradigm and a Focus on the Determinants of Success". *Journal of Bussiness Research*, 37.

62. Swain William N(2004). "Perceptions of IMC after a Decade of Development: Who's at the Wheel, and How Can We Measure Success?" *Journal of Advertising Research*, 44(3).

63. Swain Willian N. (2001). "We like it, We're doing It. But do We Know what it is(yet)? An Exploratory Study of Integrated Marketing Communications?" *WJMCR* 4:4, September 2001.

64. Taylor, Francis (2001). "Integrated Brand Communication Planning: Retail Application". *Journal of Marketing Communications*, 2001, 7(1).

65. Thorson Ed. Esther (1992). "Integrated Communication Proposes Blending PR with Advertising Direct Marketing: Opportunity for One Clear Voice for Users? Or Danger of Deemphasizing Fiels's Highest Value?" *PR Reporter*.

66. Wallace R (2001). "Proving our Value: Measuring Package design's Return on Investment". *Design management journal*, 2001 Summer.

67. Weightman Ben (1999). "Integrated Communications: Organization and Education". *Public Relations Quarterly*, 44(2).

68. Zeithaml V (1988). "Consumer Perception of Price. Quality and Value: A Means-End Model and Synthesis of Evidence". *Journal of Marketing*, 52(July).

# 附录：调查问卷

问卷编号:A                                    调查员:

## "整合营销传播(IMC)在中国的实践现状"调查问卷
## (广告公司类)

请在所选答案代号上画"√";如无特殊说明,均为单选。

1.你听说过"整合营销传播"一词吗?

　　□1. 没听说过　　　　(若选此项,直接跳答至第14题)

　　□2. 听说过　　　　　(若选此项,请继续)

2.你最初是从哪里知道"整合营销传播"一词的?

　　□1. 书籍上　　　　□2. 报纸杂志上　　　　□3. 网络上

　　□4. 课堂上　　　　□5. 办公室　　　　　　□6. 其他

3.你最早知道"整合营销传播"一词大概是几年前?

　　□1. 一年前　　　□2. 两年前　　　　□3. 三年前

　　□4. 四年前　　　□5. 五年前　　　　□6. 六年甚至更早

4.现在你对"整合营销传播"理论的看法是

| □1 | □2 | □3 | □4 | □5 |
|----|----|----|----|----|
| 十分新颖 | 比较新颖 | 一般 | 有点过时 | 很过时 |

| □1 | □2 | □3 | □4 | □5 |
|----|----|----|----|----|
| 十分成熟 | 比较成熟 | 一般 | 不太成熟 | 很不成熟 |

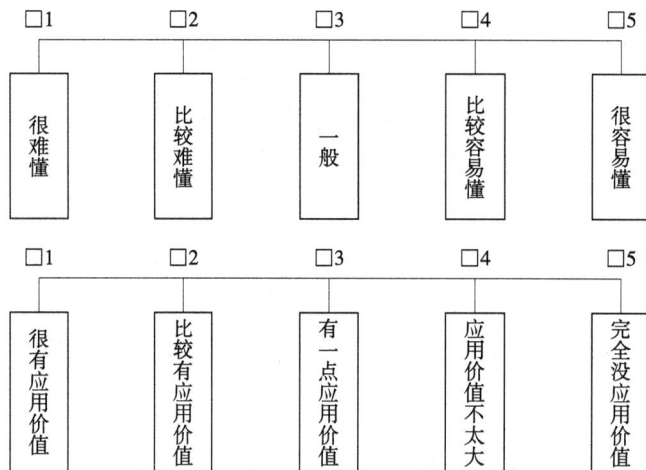

□1　　　□2　　　□3　　　□4　　　□5

| 很难懂 | 比较难懂 | 一般 | 比较容易懂 | 很容易懂 |

□1　　　□2　　　□3　　　□4　　　□5

| 很有应用价值 | 比较有应用价值 | 有一点应用价值 | 应用价值不太大 | 完全没应用价值 |

5. 贵公司是否有"整合营销传播"的实践行动

　　□1. 还没有　　（若选此项,请直接跳答第 13 题）

　　□2. 已经有　　（若选此项,请继续）

6. 贵公司开展"整合营销传播"实践行动已有

　　□1. 5 年以上　　□2. 4 年以上　　□3. 3 年以上

　　□4. 2 年以上　　□5. 1 年以上　　□6. 几个月

7. 贵公司开展"整合营销传播"实践行动具体是指(可多选)

　　□1. 公司名称含"整合营销传播"一词

　　□2. 公司业务对外宣传中有"整合营销传播"一词

　　□3. 公司经营理念有"整合营销传播"一词

　　□4. 公司专门设置"整合营销传播"部门

　　□5. 公司已代理企业若干"整合营销传播"业务

　　□6. 其他

8. 在代理企业"整合营销传播"的实践行动时,贵公司与客户的合作总体上

　　□1. 非常愉快　□2. 比较愉快　□3. 一般　□4. 不太愉快　□5. 非常不愉快

9. 在代理企业"整合营销传播"的实践行动时,贵公司认为客户对"整合营销传播"的认识总体上

　　□1. 非常深刻　□2. 比较深刻　□3. 一般　□4. 比较模糊　□5. 基本不懂

10. 在代理企业"整合营销传播"的实践行动时,贵公司遇到的障碍有(可多选)

　　□1. 难以与客户沟通　□2. 难以突破企业的组织结构限制

　　□3. 难以监测传播效果

□4. 难以做到真正的整合　□5. 代理酬金偏低

□6. 客户执行时容易走样　□7. 其他

11. 你认为其中最大的障碍是（单选）

□1. 难以与客户沟通　□2. 难以突破企业的组织结构限制

□3. 难以监测传播效果

□4. 难以做到真正的整合　□5. 代理酬金偏低

□6. 客户执行时容易走样　□7. 其他

12. 你对"整合营销传播"实践在中国的前景

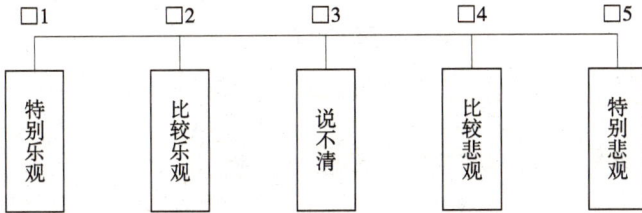

□1　　□2　　□3　　□4　　□5

特别乐观　比较乐观　说不清　比较悲观　特别悲观

13. 贵公司是否有加快"整合营销传播"实践步伐的打算

□1. 有　　　□2. 还没有　　　□3. _____

14. 您认为本公司在当地属于

□1. 特大公司　□2. 较大公司　□3. 中等规模公司

□4. 较小规模公司　□5. 小公司

15. 贵公司名称是（全称）_____

16. 您所在部门是_____

17. 您的职务是_____

※您的填答全部完毕，非常感谢您的慷慨和友善，祝您身体健康、事业有成！※

问卷编号:B　　　　　　　　　　　　　调查员：

## "整合营销传播(IMC)在中国的实践现状"调查问卷
## （企业类）

请在所选答案代号上画"√"；如无特殊说明,均为单选。

1. 你听说过"整合营销传播"一词吗？

　□1. 没听说过　　　（若选此项,直接跳答至第14题）

　□2. 听说过　　　　（若选此项,请继续）

2. 你最初是从哪里知道"整合营销传播"一词的？

　□1. 书籍上　　　□2. 报纸杂志上　　　□3. 网络上

　□4. 课堂上　　　□5. 办公室　　　　　□6. 其他

3. 你最早知道"整合营销传播"一词大概是几年前？

　□1. 一年前　　　□2. 两年前　　　□3. 三年前

　□4. 四年前　　　□5. 五年前　　　□6. 六年甚至更早

4. 现在你对"整合营销传播"理论的看法是

| □1 | □2 | □3 | □4 | □5 |
|---|---|---|---|---|
| 十分新颖 | 比较新颖 | 一般 | 有点过时 | 很过时 |

| □1 | □2 | □3 | □4 | □5 |
|---|---|---|---|---|
| 十分成熟 | 比较成熟 | 一般 | 不太成熟 | 很不成熟 |

| □1 | □2 | □3 | □4 | □5 |
|---|---|---|---|---|
| 很难懂 | 比较难懂 | 一般 | 比较容易懂 | 很容易懂 |

| □1 | □2 | □3 | □4 | □5 |
|---|---|---|---|---|
| 很有应用价值 | 比较有应用价值 | 有一点应用价值 | 应用价值不太大 | 完全没应用价值 |

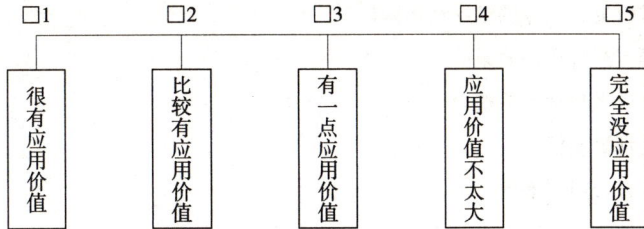

5. 贵企业是否有"整合营销传播"的实践行动

　□1. 还没有　　　（若选此项,请直接跳答第 13 题）

　□2. 已经有　　　（若选此项,请继续）

6. 贵企业开展"整合营销传播"实践行动已有

　□1. 5 年以上　　　□2. 4 年以上　　　□3. 3 年以上

　□4. 2 年以上　　　□5. 1 年以上　　　□6. 几个月

7. 贵企业开展"整合营销传播"实践行动具体是指(可多选)

　□1. 企业把"整合营销传播"视为战略思路

　□2. 企业运用"整合营销传播"宣传品牌

　□3. 企业运用"整合营销传播"达到促销目标

　□4. 企业专门设置"整合营销传播"部门

　□5. 企业与广告公司合作开展了若干"整合营销传播"活动

　□6. 其他

8. 在与广告公司合作开展"整合营销传播"的实践行动时,贵企业与广告公司的合作总体上

　□1. 非常愉快　□2. 比较愉快　□3. 一般　□4. 不太愉快　□5. 非常不愉快

9. 在与广告公司合作时,贵企业认为广告公司对"整合营销传播"的认识总体上

　□1. 非常深刻　□2. 比较深刻　□3. 一般　□4. 比较模糊　□5. 基本不懂

10. 在企业"整合营销传播"的实践行动时,贵企业遇到的障碍有(可多选)

　□1. 难以与广告公司沟通　□2. 难以突破企业的组织结构限制

　□3. 难以测量传播效果

　□4. 难以做到真正的整合

　□5. 代理酬金偏高

　□6. 广告公司水平低

　□7. 其他

11. 你认为其中最大的障碍是(单选)

　□1. 难以与广告公司沟通

☐2.难以突破企业的组织结构限制

☐3.难以测量传播效果

☐4.难以做到真正的整合

☐5.代理酬金偏高

☐6.广告公司水平低

☐7.其他

12.你对"整合营销传播"实践在中国的前景

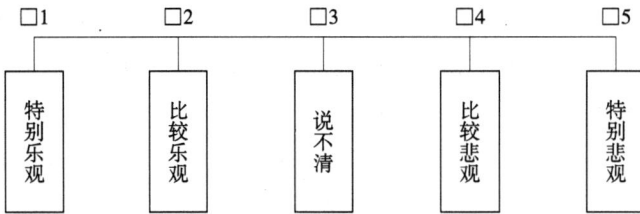

<table>
<tr><td>☐1</td><td>☐2</td><td>☐3</td><td>☐4</td><td>☐5</td></tr>
<tr><td>特别乐观</td><td>比较乐观</td><td>说不清</td><td>比较悲观</td><td>特别悲观</td></tr>
</table>

13.贵企业是否有加快"整合营销传播"实践步伐的打算

☐1.有          ☐2.还没有          ☐3.难说

14.您认为本企业在当地属于

☐1.特大企业          ☐2.较大企业          ☐3.中等规模企业

☐4.较小规模企业      ☐5.小企业

15.贵企业名称是(全称)_____

16.您所在部门是_____

17.您的职务是_____


※您的填答全部完毕,非常感谢您的慷慨和友善,祝您身体健康、事业有成! ※

# 后　记

想一想,我与"整合营销传播"真的很有缘分。1997年偶尔看到《国际广告》上一篇文章,第一次知道有"整合营销传播"这个概念。1998年读了唐·舒尔茨等人的《整合营销传播》(内蒙古人民出版社),第一次感觉到震撼。1999年为我校广告专业制订教学计划时,将"整合营销传播"列为专业选修课,第一次佩服自己的远见。2003年我读了张金海老师的《20世纪广告传播理论研究》中对"整合营销传播"的论述,第一次知道广告理论研究也可以是有深度的。2005年报考武汉大学广告学博士,专业考试试题是"请评述整合营销传播理论",第一次感觉到自己很无知。

能够进入武汉大学拜读张金海先生门下,实乃三生有幸。熟悉我的人都能看出我在观念上、思维上、学问上、性格上、为人处事上的种种变化,甚至有朋友开玩笑说我喝酒的风格也发生了变化。我认同这种种变化。这些变化是受张老师的潜移默化。张老师曾说到他年轻时拜访钱钟书,出门时的感觉真的是"高山仰止"。实际上,与张老师在一起我多少次都有这种感觉。本书是在我博士毕业论文基础上的成果,而博士毕业论文从最初的选题到最终的成文,始终都有张老师的心血。如果允许我在扉页上加一句题词的话,我愿意写上"此书献给我的人生导师张金海先生"。

本书能够得以出版,还要感谢很多老师。武汉大学的冉华教授、强月新教授、夏琼教授、吕尚彬教授、车英教授在我开题时给了我很多宝贵的意见。华中科技大学的舒咏平教授、武汉理工大学的夏晓鸣教授,在我博士答辩时提出了很多好的意见和建议,我将铭记在心。厦门大学陈培爱教授、复旦大学孟建教授、上海师范大学金定海教授对我的论文给予了极高评价,在此表示感谢。

还要感谢我的众多朋友们。武汉大学程明慷慨赠予我他收藏的众多资料,湖南师范大学徐卫华在我写作痛苦时常给我鼓励,中国地质大学刘传红为本书出版穿针引线,人民出版社洪琼博士为本书出版操心费力。谢谢关心我的各位朋友。

还要感谢中南民族大学的诸位老师和同仁,我的每一个进步都离不开你们的帮助和支持。

最后,感谢我的家人——父母、妻子、儿子,家永远是我心底最温情的港湾。

"青青子衿,悠悠我心。但为君故,沉吟至今。"千言万语,感激涕零!

2012 年 5 月于武汉南湖畔

责任编辑:洪　琼

**图书在版编目(CIP)数据**

整合营销传播理论批评与建构/黄迎新 著. -北京:人民出版社,2012.11
ISBN 978-7-01-011082-0

Ⅰ.①整… Ⅱ.①黄… Ⅲ.①市场营销学-研究 Ⅳ.①F713.50

中国版本图书馆 CIP 数据核字(2012)第 172133 号

整合营销传播理论批评与建构
ZHENGHE YINGXIAO CHUANBO LILUN PIPING YU JIANGOU

黄迎新　著

人民出版社 出版发行
(100706　北京市东城区隆福寺街 99 号)

环球印刷(北京)有限公司印刷　新华书店经销

2012 年 11 月第 1 版　2012 年 11 月北京第 1 次印刷
开本:710 毫米×1000 毫米 1/16　印张:18.25
字数:300 千字　印数:0,001-2,500 册

ISBN 978-7-01-011082-0　定价:45.00 元

邮购地址 100706　北京市东城区隆福寺街 99 号
人民东方图书销售中心　电话 (010)65250042　65289539